教育部职业教育与成人教育司全国职业教育与成人教育教学用书规划教材

全国职业教育会计专业课程改革规划新教材

U0871181

企业会计岗位核算

QIYE KUAIJI GANGWEI HESUAN

（上篇）

天津市第一商业学校会计专业教材编写组 编

海洋出版社

2013年·北京

内 容 简 介

“会计岗位核算”是会计专业的必修课程，也是核心课程。本书是专为全国职业院校会计专业编写的改革创新教材。

全书共分上、下两篇，上篇包括“出纳岗位核算”、“往来岗位核算”、“存货岗位核算”、“长期资产岗位核算”、“资金筹集岗位核算”5个模块；下篇包括“职工薪酬岗位核算”、“成本岗位核算”、“收入、费用、利润岗位核算”、“总账报表岗位核算”4个模块。

本书特色：

- 以必须具备的岗位职业能力为课程依据
- 紧紧围绕企业典型工作任务确定课程内容
- 运用案例教学法进行模块式编写

适用范围：

- 职业院校会计专业学生教材
- 实际会计工作人员岗位核算培训教材
- 国家、省、市职业教育会计实务技能竞赛辅导教材

图书在版编目(CIP)数据

企业会计岗位核算.上篇/天津市第一商业学校会计专业教材编写组编. —北京：海洋出版社，2013.5

ISBN 978-7-5027-8550-5

Ⅰ.①企… Ⅱ.①天… Ⅲ.①企业管理—会计—中等专业学校—教材 Ⅳ.①F275.2

中国版本图书馆CIP数据核字(2013)第083094号

总 策 划：吕允英
责任编辑：吕允英
责任校对：肖新民
责任印刷：赵麟苏
排　　版：翔鸣图文工作室
出版发行：海洋出版社
地　　址：北京市海淀区大慧寺路8号(716房间)
10081
经　　销：新华书店
技术支持：(010)62100059

发 行 部：(010)62174379(传真)(010)62132549
(010)68038093(邮购)(010)62100077
网　　址：www.oceanpress.com.cn
承　　印：北京旺都印务有限公司
版　　次：2013年5月第1版
2013年5月第1次印刷
开　　本：787mm×1092mm 1/16
印　　张：23
字　　数：520千字
印　　数：1～3000册
定　　价：40.00元

本书如有印、装质量问题可与发行部调换

前　言

Preface

为适应我国职业教育对教学改革和教材建设的需要，立足职业院校学生培养目标，注重素质教育与能力培养相结合，天津市第一商业学校会计专业教材编写组参照《企业会计准则》、《企业会计制度》等内容，编写了《会计岗位核算》教材。

会计岗位核算是会计专业的必修课程，也是核心课程。本书共分上、下两篇，上篇包括“出纳岗位核算”、“往来岗位核算”、“存货岗位核算”、“长期资产岗位核算”、“资金筹集岗位核算”5个模块；下篇包括“职工薪酬岗位核算”、“成本岗位核算”、“收入、费用、利润岗位核算”、“总账报表岗位核算”4个模块。本书具有以下特点：

1.编写体例突破传统教材模式，把课程改革的理念贯穿于教材始终，归纳了企业的典型工作任务，围绕财务会计岗位进行设计，运用案例教学法进行模块式编写，力求增强内容的实用性和针对性，实现理论与实践的统一，原理与技能的统一，显性知识、能力与隐形知识、能力的统一。

2.教材内容新颖，贴近岗位实际，以会计工作岗位为中心，以工作过程为导向，精心设计各岗位的知识点及业务操作项目。同时关注学生的就业方向及实际岗位要求，强调职业能力和职业素养的培养。

3.写作方法注重实务，学做结合。本书分为9个模块，每个模块分析了职业岗位的任职要求、岗位职责，融入了会计核算基本方法、基本规范和工作流程。内容安排上先进行必要知识的讲授，再进行案例实训，通过“学中做，做中学”，快速培养学生的实际账务处理能力。

本教材关注社会经济发展对会计岗位不同人才层次和规格的多样化需求，不仅适合职业院校会计专业学生学习使用，还可作为实际会计工作人员岗位核算的培训教材。

本教材建议216学时，学时分配见下表（供参考）：

学时分配建议表

模块	课程内容	建议学时（理论）	建议学时（实训）	合计
一	出纳岗位核算	20	20	40
二	往来岗位核算	12	10	22
三	存货岗位核算	12	10	22
四	长期资产岗位核算	10	10	20
五	资金筹集岗位核算	6	4	10
六	职工薪酬岗位核算	6	4	10
七	成本岗位核算	26	20	46
八	收入、费用利润岗位核算	12	10	22
九	总账报表岗位核算	8	12	20
机动		4	0	4
总计		116	100	216

本教材由天津市第一商业学校林宏担任上篇主编，刘国艳担任下篇主编，并负责全书的统稿工作。具体写作分工如下：模块一由陈学珍编写，模块二由赵春梅编写，模块三由隋京、王麟编写，模块四由林宏编写，模块五由苏金其编写，模块六由刘国艳编写，模块七由魏珉、刘国艳编写，模块八由苗富云、李瑛编写，模块九由林宏、苗富云编写。同时聘请企业专家郭杰、于华、孟昭霞、武贵宝提供相关企业案例，马宇宸、翟晶晶、赵娟负责表格、图片设计，天津市中兴财会计师事务所注册会计师郭杰主审。

本书在编写过程中，参阅、借鉴、引用了大量企业财务会计、出纳实务，会计岗位实训等方面的书刊资料和业界的研究成果，浏览了许多相关网站，但由于编写时间仓促，参考文献中不能一一列举，在此一并致谢；同时由于编者水平有限，书中难免有疏漏和不足之处，恳请专家、同行和读者予以批评指正。

编　者

2013年5月

目　录
Contents

模块一　出纳岗位核算

任务一　出纳概述 2
任务二　货币资金管理制度 9
任务三　原始凭证 17
任务四　出纳账簿的设置与登记 30
任务五　现金和银行存款收付业务 36
任务六　银行存款的清查 62
任务七　实训 68

模块二　往来岗位核算

任务一　往来核算会计岗位认识 90
任务二　应收及应付票据业务核算 93
任务三　应收及应付账款业务核算 109
任务四　预付及预收账款业务核算 128
任务五　其他往来业务核算 133
任务六　实训 141

模块三　存货岗位核算

任务一　存货会计核算岗位认识……158
任务二　原材料核算……169
任务三　周转材料的核算……192
任务四　其他存货核算……202
任务五　实训……214

模块四　长期资产岗位核算

任务一　长期资产会计核算岗位认识……240
任务二　固定资产核算……248
任务三　无形资产与长期待摊费用核算……284
任务四　实训……294

模块五　资金筹集岗位核算

任务一　资金核算会计岗位认识……314
任务二　企业所有者投资核算……318
任务三　银行借款核算……326
任务四　实训……348

参考文献……361

模块一 出纳岗位核算

- 任务一　出纳概述
- 任务二　货币资金管理制度
- 任务三　原始凭证
- 任务四　出纳账簿的设置与登记
- 任务五　现金和银行存款收付业务
- 任务六　银行存款的清查
- 任务七　实训

模块导入

在一次招聘会上，刘敏应聘明新公司出纳员一职。明新公司财务负责人问："你认为出纳是干什么的？"刘敏回答："出纳就是管公司的钱，跑银行，负责现金、银行收支。"明新公司财务负责人问："你认为你已具备了做出纳的条件了吗？"刘敏回答："是的。首先，我是会计专业毕业生，已考取会计从业资格证书，我做事严谨，有相关的专业知识和基本技能。"并把相关证书和成绩拿给明新公司财务负责人看……

问题（1）刘敏面试能成功吗？

（2）如果你是刘敏，你将如何回答？

任务一

出纳概述

任务目标

通过本任务的学习，学生应能够

☑ 理解出纳的概念和作用

☑ 认识出纳人员应该具备的专业素养和基本技能

☑ 掌握出纳的职责和任务

☑ 学会出纳工作流程和账务处理程序

业务认知

一、出纳的概念、作用和组织

（一）出纳的概念

“出纳”是会计学中的一个专业名词，也是会计核算中的一个专业岗位名称。就字面解释，“出”意指支出、发出；“纳”意指收入、接纳。按其经济意义，是指货币资金的收入和支出。出纳是国家机关、企事业单位严格按照国家有关现金管理制度和银行结算办法，办理货币收支、保管票据等核算工作的总称。从事出纳工作的人员称为出纳员。出纳工作是会计循环中的起始环节，是国家与企业、企业与企业、企业与职工以及企业内部各部门之间经济关系的纽带，出纳工作是会计核算的重要组成部分，对于加强经济管理，完善会计核算有重要意义。

（二）出纳的作用

出纳在企、事业单位中的工作很多，如物资的采购、工资的发放、零星费用的开支、债权债务的结算、银行借款的借入归还、税金的解缴等。出纳工作直接反映和监督货币收支、保管、结存的情况。搞好出纳工作，组织好资金的收支和调动，可以有效地监督单位的各项经济活动，管好用好资金，有利于各项经济指标的完成。出纳的作用可归纳如下：

1.实施会计监督

出纳是进行会计监督的重要关口。在实际工作中，出纳处理每一笔经济业务，都必须遵照财政、财务制度，把关守口，稽核经济业务的合法性、真实性，拒绝办理一切违法的不合理收支或要求，履行会计的监督职能。

2.保护企、事业单位财产安全完整

出纳工作直接管理并保管货币、有价证券、票据和有关重要核算资料，担负着保护单位财产安全、完整的重大责任。出纳工作的高质量，直接保证了单位资金的安全完整。

3. 为加强会计管理、提高会计工作质量提供重要基础

出纳工作在企、事业单位的会计核算和财务管理工作中处于“前哨”岗位。出纳对经济活动的监督，隶属于财务管理，其收付实现后，即进入了会计核算。因此出纳是把财务管理和会计核算有机结合在一起的重要岗位。鉴于大多数企、事业单位的财务管理和会计核算工作是由统一的机构和同一班人员分工负责共同工作的，因而出纳工作直接影响到整个会计工作的质量。

（三）出纳工作的分类

出纳的主要工作对象是货币资金的收付与保管，而货币资金有现金、银行存款、其他货币资金（如银行汇票、本票）以及商业汇票和其他有价证券。因此，为适应工作对象的不同，出纳可划分为现金出纳和银行出纳。

现金出纳主要负责本单位与外单位、本单位与内部职工及单位内各部门间的现金收付结算业务，同时负责保管现金、有价证券及其他重要的现金凭证。

银行出纳主要负责通过银行结算，实现银行存款的收付，同时负责与银行的及时对账。

一般地，配备多少出纳人员是根据企业出纳业务量的多少和业务繁简程度而定的。按照规定，出纳工作岗位可以一人一岗，一人多岗或一岗多人。

一人一岗：规模不大、业务量不多的小型企业可设一名专职出纳。

一人多岗：规模小、业务简单的小企业可以专设一名兼职出纳。但出纳不得兼任稽核、会计档案保管和收入、费用、债权债务账目的登记工作。

一岗多人：规模大、业务量多的大中型企、事业单位可设多名专职出纳。如现金出纳和银行存款出纳。现金出纳负责管理现金、有价证券和各种票据，并负责登记现金日记账；银行出纳业务负责管理银行存款和登记银行存款日记账。

二、出纳的职责和任务

（一）出纳的职责

1. 出纳的工作内容

根据财政部《会计人员工作规则》的规定，出纳岗位的主要工作是：

（1）办理现金收付和银行结算业务，填制和审核有关原始凭证。

（2）登记现金和银行存款日记账，进行账实、账账的核对工作。

（3）保管库存现金和各种有价证券。

（4）保管有关印鉴、空白收据和空白支票。

由于各单位业务范围、规模大小不同，视工作需要，在严格遵守内部控制制度前提条件下，有的单位出纳员还可以分工兼任会计核算的其他工作，例如填制记账凭证工作。

2. 出纳的职责范围和工作要求

根据出纳的工作内容，可以明确出纳的职责范围和工作要求是：

（1）严格按照国家现金管理办理现金收、付款项。按照银行结算制度的规定办理银行结

算，规范使用支票，严格控制签发空白支票。出纳人员办理收付业务，必须根据负责人员批准的审核无误的收付款凭证，核对每笔收付款凭证反映的经济业务，做到付款有授权，收款有依据，避免错收错付。

（2）办理往来结算，建立清算制度；掌握银行存款余额，不准签发空头支票，不准出租、出借银行账户为其他单位办理结算。

（3）执行工资计划，监督工资使用，审核工资单据，提供工资数据，发放工资奖金。

（4）根据收付款凭证，逐笔顺序登记现金和银行存款日记账。每日终了，现金日记账和银行存款日记账均要结出余额。现金日记账余额与库存现金核对相符，如有差错，立即报告会计主管人员，及时查找原因。随时掌握银行存款余额，定期与银行对账单核对，月末编制银行存款余额调节表调节平衡。

（5）保管结存现金和各种有价证券，保证账款相符、账票相符。库存现金不应超过库存限额，送存营业收入款或向银行提取现金时应有保安措施，保险箱由专人负责，严格保密密码，妥善保管钥匙，不得将保险箱钥匙及密码交由其他人员开启保险箱。

（6）有关印鉴和空白支票要由两人以上分别妥善保管，避免一人同时保管空白支票和所有印鉴。设立支票领用簿，严格支票的审批、领用、注销手续。

（7）出纳人员不得兼管会计稽核、会计档案保管和收入、费用、债权债务账簿的登记工作。

（二）出纳的任务

出纳人员的任务，是由出纳的职责决定的，也是出纳人员履行职责所应达到的要求。出纳的任务如下：

1.反映货币资金的收支内容和结存状况

货币资金是企、事业单位开展经济活动最基本的物质基础。因此，及时组织货币资金的收付，正确反映货币资金的收入数额、支出用途、结存状况，对加强各单位的资金管理，保证各项业务活动的顺利开展有极其重要的意义。

2.监督经济活动合法性和合理性，正确处理各项经济关系

货币资金的收付活动反映了企、事业单位的经济活动，出纳人员应在收付活动中监督经济活动是否符合政策法规的规定，是否有利于经济效益的提高，是否符合诚信原则。例如：现金收支是否符合现金管理条例；费用开支是否符合开支标准和计划预算；各项经济关系的处理是否正确得当；货款清算是否及时等。

3.保证货币资金的有效使用和安全完整

出纳工作通过日记账的记录，可以及时提供货币资金的使用和结存情况，保证资金的合理有效使用。同时，出纳人员通过严格的制度和强烈的责任心，防止差错、丢失或偷盗抢劫的发生，保证货币资金的安全完整，使企、事业单位的各项经济活动顺利进行。

三、出纳工作的原则和出纳人员职业素质

（一）出纳工作的原则

为了保证出纳工作的质量和货币资金的安全，必须制定出纳工作的规章制度，使出纳工

作有章可循。由于出纳的主要工作对象是货币资金的收付和保管，为防止错弊，出纳的工作应遵循如下原则：

1.钱、账分管原则

出纳人员应专人专职，严格执行“管钱不管账，管账不管钱”的规定，分工明确，责任清楚；做到有钱就有账，以账管钱，账钱相符。

2.内部牵制原则

内部牵制，是指在处理经济业务过程中相互联系、相互制约的职责分工制度。具体地说，现金收支的授权、经办（出纳）、记录（会计）应由不同的人员担任，互相监督，防止错弊。出纳人员应定期换岗。建立稽核制度，设立专人负责稽核工作，明确稽核责任。

3.定期检查，完善监督制度

会计主管人员应对出纳人员的工作进行定期或不定期检查，考核出纳工作质量，必要时可以复核现金账实，审计财务收支。

4.经济责任制原则

出纳人员负有重要的经济责任和法律责任。凡是由于出纳人员责任心不强、工作疏忽造成的错收，应主动退回对方；错付应负责追回；出纳人员失职导致所保管的现金短缺、有价证券遗失以及超限额保存现金被盗抢的，出纳人员应赔偿。出纳人员挪用贪污公款构成犯罪的，应追究刑事责任。

（二）出纳人员的职业素质

出纳人员肩负着货币资金核算与管理的繁重工作，出纳人员要胜任出纳工作，必须具备良好的思想素质与技术和业务能力。

1.思想素质

（1）具有良好的职业道德。出纳人员要有很强的责任心，工作过程要细心；要实事求是，如实反映货币资金的收支事项；做到清正廉洁；注意保守机密；敢于坚持原则，坚定不移地履行出纳的工作规范，监督经济活动的合法性，抵制违法乱纪行为。

（2）具有良好的职业敏感度。熟悉银行的产品，科学理财，充分发挥资金的使用效益，及时为企业提供最新的银行信息。

（3）具有较强的安全意识。对于现金、有价证券、票据、各种印鉴的保管，应各负其责，并相互牵制。同时对外做好安全措施。

（4）具有较高的政策水平和守法意识。出纳人员分管的工作政策性很强，因而必须熟悉各种财经法规、金融法规和各项会计制度，有守法的意识。

（5）具有协作精神。会计工作环环紧扣，出纳要按时完成本岗位工作，不得拖延、迟办；资料传递及时，并协助其他岗位的工作。

2.技术和业务能力

（1）具备必要的财会专业知识。出纳人员首先取得会计从业资格证书。作为专职出纳人员，不但要具备处理一般会计事项的基本知识，还要具备处理出纳业务的专业知识和技能。

（2）规范的书写。出纳人员书写的数字和文字要求做到规范、清晰、工整。

（3）票币整点与防伪技术。现钞的整理、清点、捆扎、真伪辨认是出纳人员日常工作的重要内容。

（4）台式计算器的应用。在结算过程中，出纳人员往往要按计算结果当场开出票据或收付现金。这就要求出纳人员计算速度又快又准。而出纳人员常用的计算工具就是台式计算器。

（5）出纳专用机具的使用。出纳人员应该熟练操作验钞机、点钞机、支票打印机。

（6）银行转账业务的办理。各单位的往来款项除按现金管理规定可使用现金外，都要通过银行办理转账结算，出纳人员要灵活使用各种银行结算方式办理转账业务。

（7）登记账簿。出纳要根据审核无误的收、付款凭证规范登记现金日记账和银行存款日记账。

（8）计算机的运用。在日常工作中，出纳人员必须熟练运用一些常用的计算机基本知识，以提高工作效率和工作质量。实行会计电算化的单位，会财务软件的使用是出纳人员的基本技能之一。

四、出纳工作日程及账务处理程序

（一）出纳工作日程

想一想

出纳员每天上班要做的第一件事应该是什么？下班前，出纳员不能忘记做的事情又是什么？

出纳既是一项技术性工作，又是一项事务性工作。要想将工作有条不紊地完成就需要出纳员制订一个有效的工作日程：

（1）上班的第一时间先检查保险柜里的现金、有价证券及其他贵重物品是否完好无损。

（2）对一天的工作做出安排。必要时，向有关领导和会计主管请示资金安排计划。

（3）如库存现金不足先到银行提取现金。

（4）按规定办理各项收、付业务。

（5）根据审核无误的收付款凭证或原始凭证登记现金日记账和银行存款日记账。

（6）每天下班前清点现金，将现金实有数与现金日记账进行核对。

（7）每天下班前整理办公用品，确保没有遗漏资料，检查抽屉和保险柜是否锁好。

（8）在银行下班前送存超额现金。

（9）因特殊情况造成当天工作未能完成的，第二日优先办理。

（10）每月或定期对其保管的支票、发票、有价证券、重要结算凭证进行清点、核对。

（11）根据单位需要定期核对日记账，报送出纳报表或报告。

（二）出纳账务处理程序

无论企业会计采用的账务处理程序是记账凭证账务处理程序，还是科目汇总表账务处理程序或其他处理程序，对于出纳员来说，出纳业务处理的步骤和方法都是基本相同的。其基本程序如图1–1所示。

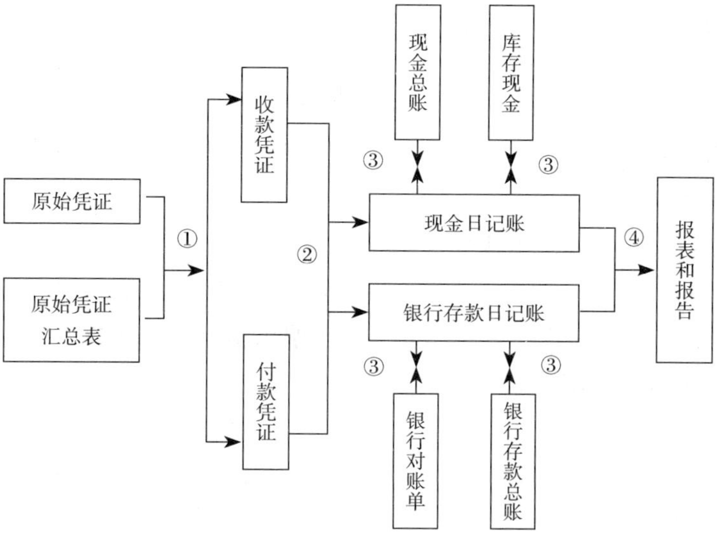

图1–1　出纳业务处理基本程序

注：①根据原始凭证或原始凭证汇总表填制收款凭证、付款凭证。
②根据收款凭证、付款凭证逐笔登记现金日记账、银行存款日记账。
③现金日记账的余额每天与库存现金核对，定期与现金总账核对；银行存款日记账余额定期与银行存款总账核对，银行存款日记账与每月开户银行出具的银行存款对账单核对。
④根据日记账的记录、计算情况，按照本单位管理的要求定期或不定期地报送出纳核算信息。

思考与练习

一、单项选择题

1. 出纳人员既包括会计部门的出纳人员，也包括业务部门的各类（　　）。
   A. 收款员（收银员）　B. 采购员　C. 管理员　D. 办事员
2. 银行转账业务的经办人是（　　）。
   A. 出纳　B. 会计　C. 采购　D. 秘书
3. 每月出纳人员根据银行对账单和银行存款日记账逐笔钩对，编制（　　）。
   A. 银行存款收支表　B. 银行存款余额调节表
   C. 银行存款核对表　D. 银行存款明细表
4. 下列（　　）是出纳岗位的工作。
   A. 办理现金收支和银行结算业务　B. 编制转账凭证
   C. 财产清查　D. 会计档案保管

二、多项选择题

1. 出纳工作岗位可以（　　）。

A. 一人一岗　　B. 一人多岗　　C. 多岗多人　　D. 一岗多人

2. 出纳人员不得兼任（　　）。

A. 稽核工作

B. 收入、支出、费用账目的登记工作

C. 会计档案保管工作

D. 债权债务账目的登记工作

E. 收付记账凭证的编制

3. 出纳人员一般应具备的基本业务技能有（　　）。

A. 规范的书写

B. 银行转账业务的办理

C. 现钞的整理

D. 票币整点与防伪技术

E. 出纳专用机具的使用

4. 出纳人员的素质要求有（　　）。

A. 具备必要的财会专业知识

B. 具有良好的职业道德

C. 有较强的安全意识

D. 具备良好的职业敏感度

5. 与现金和银行存款有关的记账凭证可由（　　）编制。

A. 会计　　B. 出纳　　C. 采购　　D. 秘书

三、简答题

1. 出纳的概念及作用是什么？

2. 出纳的工作内容是什么？

3. 出纳的职责范围和工作要求是什么？

4. 出纳的任务是什么？

5. 出纳的工作原则是什么？

6. 出纳的账务处理程序是怎样的？

四、实践题

出纳人员应具备哪些条件？进行社会调查，在班级进行汇总。

任务二

货币资金管理制度

任务目标

通过本任务的学习，学生应能够

☑了解现金管理的意义和有价证券管理

☑掌握并熟知现金管理的主要内容

☑掌握银行存款账户的种类和开户规定、使用规定、日常管理规定，在实际工作中依法办事

导　入

王明是一名刚刚毕业的会计专业中专毕业生，毕业后在一家公司当出纳员。该公司发放职工防暑降温费，当天该公司收到一笔销售货款，王明即用该笔收入支付了职工的防暑降温费。

问题：王明该种做法对吗？这种做法属于什么行为？试着说一说现金管理的有关规定。

业务认知

一、现金管理制度

（一）现金管理的意义

1.库存现金的概念

库存现金，是指由出纳员保管存放在企业保险柜的用于日常零星开支的库存现款。

2.库存现金管理的意义

库存现金管理，是指银行对在其开立账户的企、事业单位现金使用范围和数量的控制。在各单位的日常经济活动中，必然会发生现金的收付，但现金作为一种流通手段，其流通量一定要与商品流通的需要量相适应，否则会给社会经济生活带来不利影响。

（二）现金管理的主要内容

1.现金的使用范围

根据《现金管理条例》的规定，企业可以在下列范围内使用库存现金：

（1）职工工资、各种工资性津贴。

（2）个人劳动报酬。

（3）支付给个人的各种奖金。

（4）各种劳保、福利费用以及国家规定对个人的其他现金支付。

（5）向个人收购农副产品和其他物品的价款。

（6）单位预借给出差人员必须随身携带的差旅费。

（7）结算起点（1 000元）以下的零星支出。

（8）中国人民银行确定需要支付现金的其他支出。

2. 库存现金限额的管理

库存现金限额，是指为保证单位日常零星开支需要，允许企业保留现金的最高数额。各单位的库存现金都要核定限额。

库存现金限额由单位提出计划，报开户银行审批，一般按开户单位3～5天日常零星开支所需核定，边远地区等可适当放宽至15天。限额一经核定，企业必须遵守。库存现金不足限额应及时补足，超过限额的现金应及时送存银行。

3. 现金收支的规定

为保证现金收支的合法合规，出纳员在办理现金收支时，必须遵守以下规定：

（1）履行合法手续。企业的现金收支都必须履行合法手续，如收妥现金，应立即给交款人开具收据，并加盖“现金收讫”章；现金支出必须有经过授权的合法凭据，手续完备；借款必须有经过批准的借据，不能以“白条”代替。

（2）收入必须合理合法。单位收取现金的来源必须合理合法，不得拒收银行结算凭证，不得编造用途套取现金。

（3）不准“坐支”现金。坐支现金，是指企业从现金收入中直接支付现金的行为。根据《现金管理条例》及其细则的规定，企业支付现金，可以从企业库存现金限额中支付，也可以从开户银行提取，但不得擅自坐支现金。

（4）必须在规定范围内使用现金，不得超限额留存现金。

（5）不得违法留存现金，不准“公款私存”，不准保留账外公款，不得设置“小金库”。

（6）不准谎报用途套用现金。企业从开户银行提取现金，应当在现金支票写明用途，由本单位财会部门负责人签章，经开户银行审核后，予以支付现金。

（7）不得用银行账户代其他单位和个人存入和支取现金。

4. 现金、票据和印鉴的保管

1）现金的保管

现金是流动性最强的资产，无需变现即可直接使用，现金是不法分子谋取的最直接目标。因此企业应根据《现金管理暂行条例》建立健全现金保管制度，防止由于制度不严、工作疏忽而给企业单位造成损失。主要包括以下几点：

（1）超过库存限额的现金应在下班前送存银行。

（2）库存现金，包括纸币和铸币，应实行分类保管。出纳员对库存票币分别按照纸币的票面金额和铸币的币面金额，以及整数和零数分类保管。

（3）除工作时间需要小量备用金可放在出纳员的抽屉内外，限额内的库存现金当日核对清楚后，一律放在出纳专用的保险柜内，不得随意存放。

（4）每天下班前要进行现金盘点，并与现金日记账核对。根据企业需要编制现金日报表。

（5）库存现金低于限额时，出纳员可以当天签发现金支票从银行提取现金补足限额。

（6）企业的库存现金不准以个人名义存入银行，防止有关人员利用公款私存取得利息收入。

（7）出纳员不得将库存现金出借给没有办理手续或没经主管人员批准的个人。

2）票据的保管

（1）银行结算票据的保管

企业的空白支票和收到的银行结算票据一般由出纳员保管，出纳员应将空白支票和收到外单位的支票、银行汇票、银行本票、商业汇票等银行结算票据存放在出纳专用的保险柜内。企业应建立票、印分管制度。出纳员应及时办理到期票据。

（2）企业空白内部单据的保管

企业内部单据的保管包括空白收据和空白支付证明单等。出纳员应将企业空白内部单据存放在出纳专用的保险柜内。如空白收据一经填制，并加盖印鉴后，就可成为办理结算的书面证明，因此出纳人员应按规定保管和使用。出纳人员在使用企业内部单据时应注意以下几点：

①不得将企业空白内部单据带出本单位使用。

②不得转借、赠送和买卖企业空白内部单据。

③不得弄虚作假、开具实物与票面不符的单据，不得开具存根联与其他联次不符的单据。

④作废的单据要加盖“作废”戳记，各联次要连同存根一起保管，不得撕毁、丢失。

⑤出纳员再次领用单据时，需将已用完的单据存根交还保管人员核销，留待以后备查。

3）印鉴的保管

与出纳工作有关的印鉴主要包括：支票印鉴、收款专用章等。支票印鉴一般由会计人员或指定人员专人保管。根据内部会计控制规范规定，支票印鉴应至少有两人以上保管。规定由出纳员保管的印鉴应放存在出纳专用的保险柜内，不得随意存放或将印鉴带出本单位使用。

（三）违反现金管理制度的处分

各单位领导及会计机构负责人应经常检查和监督出纳人员在工作中切实执行现金管理的各项规定，对违反规定的出纳人员，应责令其改正，并做出相应的处理。

银行有权对开户单位的现金收支实行监督，对违反现金管理条例的行为，有权作出处罚。例如：

（1）开户单位有下列情形之一的，开户银行应责令其停止违法活动，并可据情节轻重处以罚款。

①超出规定范围、限额使用现金。

②超出核定库存现金限额留存现金。

（2）开户单位有下列情形之一的，开户银行应予以警告或罚款，情节严重的，可在一定期限内停止对该单位的贷款或停止对该单位的现金支付。

①给予比转账结算优惠待遇的。

②拒收支票、银行汇票和银行本票的。

③用不符合财务制度的凭证顶替库存现金的。

④编制用途套取现金的。

⑤利用账户替其他单位和个人套取现金的。

⑥保留账外公款的。

⑦未经批准坐支或未按开户银行核定的坐支范围和限额坐支现金的。

二、银行存款管理制度

想一想

个体工商户李权有在一家银行办理业务时，看到银行营业大厅中贴有单位结算账户办理年检的通知，他就在想："我以本人名字开立的账户是个人结算账户还是单位结算账户？这账户是否要参加年检？"你能回答他的问题吗？

出纳在办理转账结算时，必须遵守银行结算的各项管理制度。

（一）银行结算账户的概念和种类

1. 银行结算账户的概念

根据《账户管理办法》的规定，人民币银行结算账户（以下简称银行结算账户），是指银行为存款人开立的用于办理现金存取、转账结算等资金收付活动的人民币活期存款账户。它是存款人办理存、贷款和资金收付活动的基础。

按照存款人的不同，银行结算账户可分为单位银行结算账户和个人银行结算账户。单位银行结算账户是指存款人以单位名称开立的银行结算账户。个体工商户凭营业执照以字号或经营者姓名开立的银行结算账户纳入单位银行结算账户管理。

2. 银行结算账户的种类（图1-2）

- 银行结算账户
  - 单位银行结算账户
    - 基本存款账户
    - 一般存款账户
    - 专用存款账户
    - 临时存款账户
  - 个人银行结算账户

图1-2 银行结算账户分类

1）基本存款账户

基本存款账户是指存款单位办理日常转账结算和现金收付的账户。存款单位的工资、奖金等现金的支取，只能通过基本存款账户办理。一个单位只能选择一家银行的一个营业机构开立一个基本存款账户，不得在多家银行开立基本存款账户。存款单位在银行开立基本存款账户，必须持有中国人民银行当地分支机构核发的开户许可证，企、事业单位开立或撤销基本存款账户，必须向中国人民银行分支机构申报。

2）一般存款账户

一般存款账户是存款单位在基本存款账户以外的银行借款转存、与基本存款账户的存款单位不在同一地点的附属非独立核算单位开设的账户。存款单位可以通过一般存款账户办理转账结算和现金缴存，但不能办理现金支取。一个单位不得在同一家银行的几个分支机构开立一般存款账户。

存款单位开立一般存款账户，应填制开户申请书并提供规定的证明文件，经银行同意后开设。

3）专用存款账户

专用存款账户是存款单位在因特定用途需要开立的账户。如基本建设专项资金账户等。存款单位应根据有关文件的规定到指定的银行开立专用存款账户。该账户的资金应按规定收入或使用。

4）临时存款账户

临时存款账户是存款单位在因临时经营活动需要开设的账户。存款单位可以通过临时存款账户办理转账结算和根据国家现金管理的规定办理现金收付。

单位在外地进行临时经营活动或设立临时机构凭临时营业执照或有关批准文件，可向当地银行申请开立临时存款账户。

（二）银行账户使用规定

出纳人员在办理银行存款的收付结算时，必须遵守银行以下规定：

（1）认真执行国家政策、法令，遵守银行信贷、结算和现金管理等规定。银行检查监督时应提供账户使用的有关资料。

（2）单位在银行开立账户，能供本企业经营范围内的资金收付，不准出租、出借或转让账户。

（3）各种银行结算凭证，必须如实填写款项来源或用途，不得巧立名目，套取现金，不得利用账户进行非法交易。

（4）银行的账户必须有足够的资金保证支付，不准签发空头的或远期的支付凭证。

（5）正确、及时记载和银行的往来业务，定期与银行核对账目，发现不符，及时与银行联系，查对清楚。

（三）银行账户的日常管理

出纳人员在日常收付核算中，要认真审核收付款项的合法性、合理性、准确性，及时登记银行存款日记账，每日结出余额，以便掌握银行存款的结存情况，要做到：

（1）所有收入的银行结算票据，及时解存银行，发现有不符合规定的或有退票情况出现，立即向主管人员报告并采取措施追索款项。

（2）所有银行支付事项，必须先经主管人员批准，选择合适的支付方式，及时办理。

（3）及时掌握应收未收款项的信息，积极催讨，组织货币资金的回笼，加速资金周转。

（4）经常及时与银行对账，发现差错及时查明原因，予以纠正。

会计主管人员应经常监督检查银行账户的收支结存情况，合理调度资金，满足正常开展业务活动的需要。

三、有价证券和发票的管理制度

（一）有价证券的管理

有价证券是一种具有储蓄性质的、最终可兑换成货币资金的票据。票据持有人拥有到期索取票款的权利。目前，常见的有价证券一般有国库券、国家重点建设工程债券、金融债券、企业债券和股票等。

有价证券由于到期时持券人可到指定地点兑换成货币资金，也可以抵押、转让，因此，具有与现金类似的性质，与现金的保管原则相同。

出纳人员在收到有价证券时应在备查簿中登记，记录面额、到期日、发行单位等资料。有价证券平时一般存放于保险柜中，应经常查看保存情况，防止失窃、霉变。备查簿应另行严格保管，对证券的面值和号码要严格保密。出纳人员还应经常注意票据到期或中签偿付，到期及时办理兑换手续。

（二）发票的管理

发票是商品交易、劳务供应的法定凭证，是会计核算的原始凭证，是税务稽查的重要依据。发票由税务机关统一办理，单位应严格按税务机关的管理规定，申领使用发票。

（1）单位需要的发票，只能到主管税务机关申领购买，严禁使用假发票。

（2）申领购买的空白发票，应妥善保管。单位应建立必要的发票领、用、存管理制度。

（3）销售商品、提供劳务等业务活动均应开具发票，不得销售不开票，不得虚开发票，不得代开发票。

（4）填写错误的发票，应重开。完整保存开错发票的各联，不得私自销毁。

（5）在发票的有效期内开具发票，已过有效期和已用完的发票，应及时到税务机关办理更换、申购手续。

（6）在税务机关规定的期限内及时办理已开发票的纳税事宜。

思考与练习

一、单项选择题

1. 下列说法正确的是（　　）。

A. 企业现金收入应于当月送存开户银行

B. 企业可以在本单位的现金收入中直接支付

C. 企业收入现金可以存入个人账户

D. 超过库存限额的现金应在下班前送存银行

2. 下列各项中，根据《现金管理暂行条例》规定，不能用现金结算的是（　　）。

A. 职工工资和奖金　　B. 交回借支差旅费余额

C. 购买原材料，价款 20 000 元　　D. 向农民收购农副产品

3. 存款人因办理日常转账和现金收付，可以在银行开立（　　）。

A. 基本存款账户　　B. 一般存款账户

C. 专用存款账户　　D. 临时存款账户

4. 一般存款账户不能办理的业务是（　　）。

A. 借款转存　　B. 借款归还　　C. 现金缴存　　D. 现金支取

5. 出差人员报销差旅费，出纳库存现金不足时，下列做法正确的是（　　）。

A. 出纳将私人现金先垫付　　B. 从本单位现金收入中直接支付

C. 出纳个人打欠条　　D. 开出现金支票支付

6. 现金结算起点为（　　）元。

A. 500　　B. 5 000　　C. 100　　D. 1 000

7. 开户银行应当根据开户单位的实际需要，核定开户单位（　　）的日常零星开支所需的库存现金限额。

A. 3～5天　　B. 5～10天　　C. 3～10天　　D. 3～6天

8. 开户单位在规定的现金使用范围内从开户银行提取现金，应当写明用途，由（　　）签字盖章，经开户银行审核后，予以支付现金。

A. 单位负责人　　B. 财会部门负责人

C. 出纳　　D. 内部审计人员

9. 每日应将现金日记账与（　　）核对，做到账款相符。

A. 库存现金　　B. 现金总分类账　　C. 收付款凭证　　D. 银行存款日记账

10. 单位的库存现金不准以个人名义存入银行，属于（　　）。

A. 现金开支审批制度　　B. 现金清查制度

C. 现金保管制度　　D. 钱账分管制度

二、多项选择题

1. 发票由税务机关统一办理，下列关于发票说法正确的有（　　）。

A. 单位需要的发票，只能到主管税务机关申领购买，严禁使用假发票

B. 申领购买的空白发票，应妥善保管

C. 销售商品如果消费者不索要发票可以不开

D. 填写错误的发票，应重开。完整保存开错发票的各联，不得私自销毁

2. 银行结算账户的种类有（　　）。

A. 基本存款账户　　B. 一般存款账户　　C. 临时存款账户　　D. 专用存款账户

3. 以下各项属于出纳人员业务范围的有（　　）。

A. 保管库存现金和有价证券　　B. 保管空白支票和空白收据

C. 保管有关印鉴　　D. 保管会计档案

4. 下列做法不正确的有（　　）。

A. 从本单位的现金收入中直接支付现金

B. 用不符合财务制度的凭证顶替库存现金

C. 单位之间相互调剂现金

D. 私营企业将企业收入的现金以个人名义存入储蓄

5. 以下项目属于违反现金管理制度的行为有（　　）。

A. 出差人员随身携带的差旅费超过1 000元

B. 用本单位银行账号为他人支取现金

C. 用现金收入进行现金支出

D. 将本单位现金借给其他单位临时支用

6. 根据《现金管理条例》的有关规定，下列业务可以使用现金结算的是（　　）。

A. 各种劳保、福利费用　　B. 职工工资、津贴

C. 个人劳务报酬　　D. 出差人员必须随身携带的差旅费

7. 下列关于印鉴保管说法正确的有（　　）。

A. 支票和印鉴可以由同一人保管

B. 支票和印鉴至少由两人保管

C. 负责保管印鉴的人员不得带出工作单位使用

D. 如需更换印鉴，只要本单位同意即可

8. 根据《现金管理条例》的有关规定，下列说法正确的是（　　）。

A. 不准未经批准坐支现金　　B. 不准谎报用途套取现金

C. 不准违法留存现金　　D. 单位之间可以借用现金

三、判断题

1. 每天终了，银行存款日记账必须结出余额，并与银行对账单核对相符。（　　）

2. 基本存款账户的存款人可以通过本账户办理转账结算和现金缴存，但不能办理现金支取。（　　）

3. 存款人用于基本建设的资金，可以向其开户银行出具相应的证明，并开立临时存款账户。（　　）

4. 通常所说的“日清”，是指企业每天都要登记现金日记账、结出余额，并将现金日记账余额与实有库存现金进行核对。（　　）

5. 每个公司一般允许开设两个基本存款账户。（　　）

6. 收购农副产品和其他物品可以使用现金。（　　）

四、实践题

1. 出纳员王平在3月10日下班前，收到业务部交来现金3 700元，王平想快下班了就将现金锁在了抽屉里。请问王平的做法正确吗？

2. 如果你是出纳员，会计主管把空白支票和印鉴都交由你保管，你该怎样做？

3. 你和甲公司黄丽是好朋友，黄丽来借收据，你应该怎么做？

任务三

原 始 凭 证

任务目标

通过本任务的学习，学生应能够

☑ 了解原始凭证的意义和种类

☑ 认识涉及现金收支、银行存款转账结算的各种原始凭证

☑ 掌握原始凭证的填制方法，做到在实际工作中规范填写相关原始凭证

导 入

王红参加工作在一家公司当出纳，某日开出支票一张，见表1-1。

表1-1　王红开出的支票

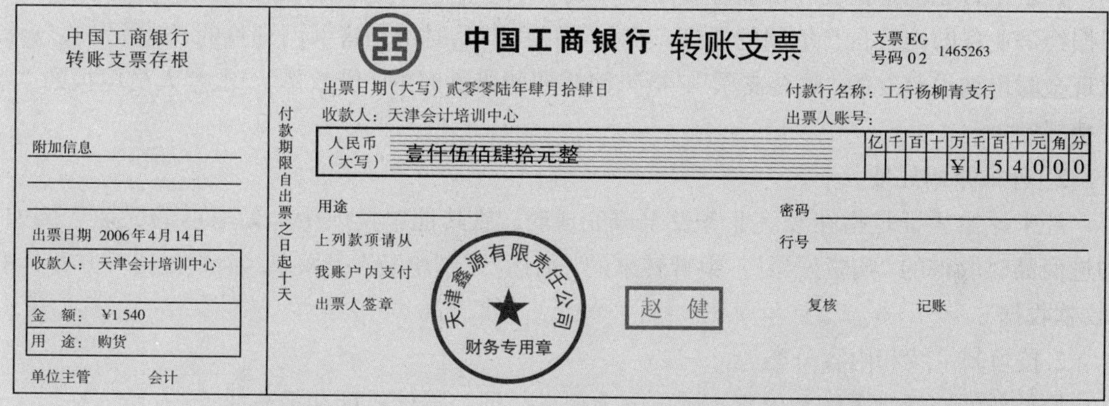

中国工商银行
转账支票存根

附加信息

出票日期　2006年4月14日

收款人：　天津会计培训中心

金　额：　¥1 540

用　途：　购货

单位主管　　　会计

付款期限自出票之日起十天

中国工商银行　转账支票　　支票EG 号码02　1465263

出票日期（大写）贰零零陆年肆月拾肆日　　付款行名称：工行杨柳青支行

收款人：天津会计培训中心　　出票人账号：

人民币（大写）　壹仟伍佰肆拾元整

亿	千	百	十	万	千	百	十	元	角	分
				¥	1	5	4	0	0	0

用途　　　　密码

上列款项请从　　　　行号

我账户内支付

出票人签章　　天津鑫源有限责任公司 财务专用章　　赵　健　　复核　　记账

问题：王红开出的支票是否规范？如果不规范问题在哪？如何规范填写支票？

业务认知

一、原始凭证的意义和种类

（一）原始凭证的意义

一切会计记录都要有真实的凭据，而不能凭空记账，所以在经济业务发生时必须填制相应的原始凭证，并由有关经办人员签名或盖章，以示负责。原始凭证是经济业务发生或完成时所取得或填制的，是进行会计核算、具有法律效力并作为记账原始依据的最初凭证。如销

售产品时填制的销货发票，借出备用金时的借款依据，出差报销差旅费时的旅馆住宿发票、汽车票、火车票、轮船票等，这些票据都记录或证明了某项经济业务的发生或完成情况。

及时、准确地填制和审核原始凭证，对于保证会计核算的客观性、正确性和会计信息的质量，以及对企业经济活动进行有效的会计监督，都具有重要意义：

（1）及时、准确、真实地填制和审核原始凭证，是会计核算的基础，是确保会计核算资料的客观性、正确性的前提条件。

（2）通过原始凭证的填制和审核，监督、检查企业、行政事业单位发生的每项业务的合法性、真实性。

（3）通过填制和审核原始凭证，明确经办经济业务的部门和人员的经济责任，促使企业、行政事业单位加强岗位责任制，提高管理水平。

（二）原始凭证的种类

各单位的经济活动是多种多样的，它们所使用的原始凭证的格式、填制手续、方法也不尽相同，按照不同的标准，可以对原始凭证进行不同的分类。

1. 按取得来源分类

原始凭证按取得来源不同分为自制原始凭证和外来原始凭证。

1）自制原始凭证

自制原始凭证是指在经济业务发生或完成时，由本单位内部经办经济业务的部门或人员，根据经济业务的内容自行填制的凭证。例如：销售商品时由销售部门开具的“销货发票”，提取现金时出纳员签发的“现金支票”，员工因需要暂借款时的“借款单”，出差人员填报的“差旅费报销单”。

2）外来原始凭证

外来原始凭证是指在经济业务发生或完成时，从其他单位或个人处取得的凭证。例如：购进商品时取得的“购货发票”，银行转来的“电话费”、“电费”等发票，企业收到对方开具的“收款收据”。

2. 按填制手续和内容分类

原始凭证按填制手续和内容不同可分为一次凭证、累计凭证和汇总凭证。

1）一次凭证

一次凭证指一次填制完成、只记录一笔经济业务的原始凭证。一次凭证的填制手续是一次完成的，是一次有效的凭证。例如：购进材料验收入库时填制的收料单，车间领用材料时填制的领料单，发票、收据等。填制一次凭证时，应将经济业务的内容清楚填写，经办的部门和人员应签章以明确经济责任。

2）累计凭证

累计凭证指在一定时期内多次记录发生的同类型经济业务的原始凭证。其特点是在一张凭证内可连续登记相同性质的经济业务，随时结出累计数及结余数，并按照费用限额进行费用控制，期末按实际发生额记账。累计凭证是多次有效的原始凭证。限额领料单就是一种典型的累计凭证。

3）汇总凭证

汇总凭证指对一定时期内反映经济业务内容相同的若干张原始凭证，按照一定标准综合填制的原始凭证。汇总凭证即可提供经营管理所需要的总量指标，又可简化核算手续。如：工资汇总表、耗用材料汇总表等。

二、原始凭证的填制要求

1. 记录真实

原始凭证所填列的经济业务内容和数字必须真实可靠，符合实际情况。

2. 内容完整

原始凭证所要求填列的项目必须逐项填列齐全，不得遗漏和省略；有关经办单位和人员必须按法规要求认真签章，做到责任明确，各负其责。

3. 填写清楚

原始凭证要求使用蓝、黑墨水，用水笔或特殊书写笔书写，文字清楚、工整，易于辨认，不得臆造文字；业务内容应简明扼要；业务数量、单价和金额要按规定填写；金额数字不得随笔连写，空白金额行应加斜线注销，合计金额前要加写人民币符号“¥”；大小写数字规范，金额保持一致；两联或两联以上套写的凭证，必须全部写透。

4. 填写及时

原始凭证必须在经济业务发生或完成的当时、当地及时进行填写或及时取得；并按规定程序及时送交会计机构、会计人员进行审核。

业务核算

一、现金收支原始凭证的填制方法

（一）现金收入原始凭证的填制方法

1. 发票

发票是指企、事业单位在购销商品，提供和接受劳务以及从事其他经营活动时开具的票据。它是进行会计核算的原始凭证，也是税务机关进行税务稽查的重要依据。在经济活动中，发票是一切企、事业单位和个人销售商品和提供劳务以及其他业务活动取得收入时开具给对方的合法凭证。

1）普通发票

（1）基本内容

普通发票的基本内容包括：发票的名称、字轨号码、联次及用途、客户名称、商品名称、计量单位、数量、单价、大小写金额、开票人、开票日期、开票单位名称等，其格式见表1–2。

表1-2 普通发票格式

天津商业零售发票

发票联

NO.0666612

购货单位（人）：天津华普电器有限公司 2009年3月18日

货号	品名及规格	单位	数量	单价	金额						
					万	千	百	十	元	角	分
CJF	笔记本	本	100	15		1	5	0	0	0	0
合计金额（大写）	⊕万壹仟伍佰零拾零元零角零分				¥	1	5	0	0	0	0
结算方式	转账支票	开户银行及账号		工行河西分行							

第二联 发票联

销货单位（盖章有效） 收款人： 开票人：

（2）基本联次

普通发票的基本联次为三联，第一联为存根，开票方留存备查；第二联为发票联，购买方作为付款的原始凭证；第三联为记账联，销售方作为记账原始凭证。

（3）领购

依法办理税务登记的单位和个人，在领取税务登记证件后，向主管税务机关申请领购发票。申请领购发票的单位和个人应当提供经办人的身份证明、税务登记证副本、财务印鉴、发票领购簿和纳税申报表，经税务机关审核后，方可购买所需的发票。

（4）开具

销售商品、提供劳务以及其他业务活动的单位对外发生经济业务收取款项时，均应向付款方开具发票；付款方应向收款方索取发票，并不得要求变更品名和金额。

开具发票应当按照规定的时限、顺序，逐栏、全部联次一次性如实开具，并加盖单位财务印鉴或发票专用章。不符合规定的发票不得作为财务报销凭证，任何单位和个人有权拒收。

（5）开具注意事项

发票不得转借、转让、代开；未经税务机关批准不得拆借使用；不得自行扩大专用发票使用范围；禁止倒买倒卖发票，开具发票的单位和个人应当在办理变更或者注销税务登记时，要同时办理发票及发票购领簿的变更和结税结票手续。

（6）保管

开具发票的单位和个人应按照税法规定存放和保管发票，不得擅自销毁。

2）增值税专用发票

增值税专用发票是按照税法规定应当缴纳增值税的单位和个人在销售货物或者应税劳务时购买方向销售方开具的发票，是计算和缴纳增值税款的基础和前提。

增值税专用发票不仅是纳税人经济活动中的重要会计凭证，也是兼记销货方纳税义务和购货方进项税额的合法证明。增值税一般纳税人应纳税额的计算，是通过销项税额抵扣进项税额来实现的。而进项税额，主要是凭购入货物或应税劳务取得的增值税专用发票上注明的增值税额确定的。

（1）使用范围

增值税专用发票原则上仅限于一般纳税人领购和使用，而小规模纳税人可以由基层税务机关为其代开增值税发票，但其增值税率按小规模纳税人执行的税率计算。

（2）基本内容

发票内容包括购货方名称、税务登记号、货物或劳务的名称、不含税的单位售价，增值税率、购货总金额和税额，购货方开户银行、账号，销售方名称，纳税人税务登记号，销售方开户银行、账号，经营地址以及填开日期。其格式见表1–3。

表1–3　增值税专用发票格式

北京市增值税专用发票

（全国统一发票监制章　北京市　国家税务局监制）　发票联

NO. 04838848

开票日期：2009年6月9日

购货单位	名　　称：天津华普电器有限公司 纳税人识别号：022779154961786611 5 地 址 、电 话：西青区杨柳青镇第五大街99号 开户行及账号：工商银行杨柳青分行 02208070356328371 0086				密码区	245687478/>+<1248<-<　加密版本:01 *+--457-</148<-22-45　8641516972 *-4-78>879458136845<7+0　14785412 9/92/279>>->98>><1　478131	
货物或应税劳务名称	规格型号	单位	数　量	单　价	金　额	税率	税　额
纸箱					5 200.00	17%	884.00
合　　计					¥ 5 200.00	17%	884.00
价税合计（大写）	陆仟零捌拾肆元整				（小写） 6 084.00		
销货单位	名　　称：北京密云纸箱厂 纳税人识别号：420563426735637 地 址 、电 话：北京市密云路3号 开户行及账号：工商银行密云支行 42045276341				备注		

（北京密云纸箱厂　发票专用章）

第二联　发票联　购货方记账凭证

收款人：　　复核：　　开票人：刘叶　　销货单位（章）

增值税专用发票一式四联，如万元版发票，第一联为存根联，为销货方留存备查；第二联为发票联，购买方作为付款的原始凭证；第三联为税款抵扣联，购货方作扣税凭证；第四联为记账联，销货方作为销售凭证。

（3）领购

依据办理税务登记的单位和个人，在领购增值税专用发票时，要将开具的25份增值税专用发票按顺序编号进行装订，对电脑版打印的还要附一张打印清单。经税务机关审核后，携带购票相关章证（身份证、税务登记证副本、财务印鉴）购票，电脑版发票购买后还要读入“金穗卡”，已备开票使用。

（4）开具范围

增值税一般纳税人销售货物或提供应税劳务，必须向购买方开具增值税专用发票。将货物无偿赠送给他人可根据实际需要开具增值税专用发票。向消费者销售应税项目；销售免税项目；将货物用于集体福利或个人消费不得开具增值税专用发票。

（5）注意事项

在填开时出现错误的，应留存错填的专用发票，并在错填的增值税专用发票上加盖“误填作废”字样。

（6）保管

纳税人应按税务机关的要求，加强专用发票的保管，对专用发票要单独存放，有条件的企业应设专人保管，并且对已开具的增值税专用发票进行编号，避免发票丢失，同时将税款抵扣联装订成册；月末如实填列“增值税专用发票”购、用、存报表。

2. 收据

收据分为非经营性收据和内部收据。

1）非经营性收据

非经营性收据是指国家机关、事业单位等按规定收取相关费用和咨询服务费所开具的收据。非经营性收据由国家财政部门统一印制或加盖监制章，国家机关、事业单位在收取各种规定的费用时必须开具非经营性收据。非经营性收据的格式见表1–4。

表1–4　非经营性收据格式

天津市行政事业性收费统一发票

收费日期：2009年6月8日　　　　发票号码：8479542

交费单位或个人	天津华普电器有限公司	收费许可证字号							85
收费项目	收费标准	金额							备注
		万	千	百	十	元	角	分	
印刷费	800			8	0	0	0	0	
	合计		¥	8	0	0	0	0	
人民币合计（大写）	零万零千捌百零拾零元零角零分								

第二联　发票联

收费单位（公章）　　负责人：　　开票人：周文

2）内部收据

内部收据一般用于单位内部职能部门与职工之间的现金往来与外部单位和个人之间的非经营性资金往来。例如：职工向单位缴纳的水电费、房租等，内部收据一般由单位根据自己的需要设计印制或向商店购买，无需到税务部门领购。

需要注意的是企业支付款项收到的内部收据不可以进行账务处理，必须取得正式收据，否则视为白条。

(二)现金支付原始凭证的填制方法

1.工资表

工资表是各单位按月向职工支付工资的原始凭证。出纳人员按每个员工的工资数计算工资总额，根据实发工资金额填制现金支票提取现金、发放工资，或者通过银行代发工资，并附以工资发放清单。工资表的格式见表1–5。

表1–5　工资表格式

工资结算汇总表

单位：天津华普电器有限公司　　　　2009年6月　　　　单位:元

人员类别	应付工资					其他	代扣款项			实发工资
	标准工资	各种奖金	各种津贴	缺勤扣款	合计		房租	水电	储金	
生产人员	47 775	11 025	9 985	68	68 717	12 250	2 205	1 837.50	1 850	75 074.50
管理人员	16 600	3 486	3 593	35	23 464	4 565	913	664	700	25 752
医务人员	396	84	80		560	110	22	16	30	602
长病人员	1 000		200		1 200	275	50	40	80	1 305
小计	65 771	14 595	13 678	103	93 941	19 725	3 190	2 557.50	2 660	102 733.50
退休人员	7 040		1 280		8 320	1 888	352	288	150	9 418
合　计	72 811	14 595	14 958	103	102 261	19 088	3 542	2 845.50	2 810	112 151.50

复核：　　　　制表：

2.报销单

报销单是各单位内部有关人员为单位购买零星物品，接受外单位或个人劳务费或服务而办理报销业务，以及单位职工报销医药费等使用的单据。报销单的格式见表1–6。

表1–6　报销单格式

报　销　单

2009年2月17日

报支部门	销售科			报支金额 ¥300.00 人民币大写：叁佰元整	
报销内容	办公用品　　现金付讫			附原始凭证 2张	
领导批示	孙石	部门主管	江涛	报支人	徐静

财务核审：王进

3.借款单

借款单是单位内部所属机构出于购买零星办公用品等原因向出纳借款时使用的凭证。借款人经借款单位(或有关部门)领导人批准填写借款单，并交财会部门办理借款手续。出纳对借款单审核无误后支付现金。借款单一般为一式多联，用蓝色圆珠笔复写，也有单联的借款单。借款单的格式见表1-7。

表1-7 借款单格式

借 支 单

2009年6月4日

借款部门	采购部	职别	职员	出差人姓名	李明
借款事由	公务出差西安				
借款金额人民币（大写）		壹仟伍佰元整	现金付讫		¥1 500.00
批准人	王政	部门负责人	刘一明	财务负责人	张震

收款人：李明

4.差旅费报销单

差旅费报销单是企业派出的公出人员返回单位报销差旅费时填制的报销凭证。它是单联式的，由报销人员依据车船票、住宿费收据归类填写，途中伙食补助费和住宿费按差旅费规定标准计算、填制，然后交出纳作为现金补退的依据。

差旅费报销单背后应粘附车票、住宿费发票等外来原始凭证，经所在部门领导审核签字后，送财务部门，出纳人员根据相关规定审核后予以报销，作为记账的依据。差旅费报销单的格式见表1-8。

表1-8 差旅费报销单格式

差旅费报销单

报销日期2009年3月8日

部门				销售科				姓名		丁志峰				出差事由		采购材料		
出发地点				到达地点				机车船票			出差补助			住宿费		市内交通费	其他费用	合计
起点	月	日	时	终点	月	日	时	人数	车次	金额	标准	天数	金额	天数	金额			
无锡	3	5	8	义乌	3	5	12	1	765	60	50	1	50	1	80	10	10	210
义乌	3	6	10	上海	3	6	13	1	1621	50	50	1	50	1	100	10	10	220
上海	3	7	14	无锡	3	7	16	1	624	30	50	1	50			10	10	100
合计										140			150		180	30	30	530
共 页总计报销金额（大写）伍佰叁拾元整 ¥530.00。前预支600.00元 应退回/付出 70.00																		

附件 份

批准人意见：孙石　　会计审核：王进　　部门领导：王超　　报销人：丁志峰

5.现金存款单

现金存款单是出纳将库存现金存入银行时填写的凭证。现金存款单一般一式三联，出纳人员应正确填写收款人账号及开户银行名称、大小写金额，银行受理后在第一联回单上加盖“现金收讫”章，然后退给单位，企业出纳员以此作为记账的依据。现金存款单的格式见表1-9。

表 1–9　现金存款单格式

中国工商银行现金存款单（第一联回单）

2009 年 2 月 16 日

存款单位	全称	天津华普电器有限公司	开户银行	工商银行杨柳青分行
	账号	022080703563283710086	款项来源	备用金

人民币（大写）叁仟零叁拾贰元整	百	十	万	千	百	十	元	角	分
			¥	3	0	3	2	0	0

票面	张数	万	千	百	十	元	角	分	票面	张数	万	千	百	十	元	角	分	
壹佰元	18		1	8	0	0	0	0										工商银行杨柳青分行
伍拾元	4			2	0	0	0	0										2009.2.16
拾元	100		1	0	0	0	0	0										现金收讫(1)
伍元	2				1	0	0	0										（收款银行盖章）
贰元	5				1	0	0	0										收款员
壹元	12				1	2	0	0										复核员

会计：　　　　复核：　　　　记账：

二、银行收支原始凭证的填制方法

银行结算，也称转账结算，是指单位之间的款项收付不动用现金，而由银行把款项从付款单位的存款账户划转到收款单位的存款账户的货币结算。

根据中国人民银行颁布的《支付结算方法》，我国的银行结算方式包括汇票、本票、支票、信用卡、汇兑、托收承付、委托收款等，所以我国的银行结算方式又称“三票一卡三种结算方式”。

1. 支票及相关凭证

支票分为现金支票、转账支票和普通支票。

支票一页两面。正面分为存根联和正联（底纹按行别分色，大写金额栏加红水纹）。

现金支票正面格式见表 1–10，背面格式见表 1–11；转账支票、普通支票正面格式见表 1–12 和表 1–13，背面格式见表 1–14。

表 1–10　现金支票正面格式

中国工商银行
支票存根

附加信息

出票日期　2009 年 1 月 5 日

收款人：	天津华普电器有限公司
金　额：	¥ 3 000.00
用　途：	提现备用

单位主管　　会计

中国工商银行　现金支票　　支票 EG 号码 02　1465263

付款期限自出票之日起十天

出票日期（大写）贰零零玖年零壹月壹零伍日　　付款行名称：工行杨河东支行

收款人：天津华普电器有限公司　　出票人账号：

人民币（大写） 叁仟元整	亿	千	百	十	万	千	百	十	元	角	分
					¥	3	0	0	0	0	0

用途　提现备用　　密码

上列款项请从　　行号

我账户内支付

出票人签章　天津华普电器有限公司　财务专用章　　复核　　记账

表1–11　现金支票背面格式

北京印钞厂证券分厂·2011年印刷

附加信息：	收款人签章 年　月　日	（粘贴单处）	根据《中华人民共和国票据法》等法律法规的规定，签发空头支票由中国人民银行处以票面金额5%但不低于1000元的罚款。
	身份证复印件名称　　发证机关		
	号码		

表1–12　转账支票正面格式

中国工商银行 转账支票　　支票号码 EG 02 1465268

出票日期（大写）贰零零玖年零叁月壹拾伍日　　付款行名称：工行杨柳青支行

收款人：红星工厂　　出票人账号：

付款期限自出票之日起十天

人民币（大写）	亿	千	百	十	万	千	百	十	元	角	分
伍万元整				¥	5	0	0	0	0	0	0

用途　购货　　密码

上列款项请从　　行号

我账户内支付

出票人签章　天津华普电器有限公司 财务专用章　赵健　　复核　　记账

中国工商银行 转账支票存根

附加信息

出票日期 2009年3月15日

收款人：	红星工厂
金　额：	¥50 000.00
用　途：	购货

单位主管　　会计

表1–13　普通支票正面格式

中国银行 支票　　支票号码 EG 02 04236295

出票日期（大写）　　付款行名称：

收款人：　　出票人账号：

付款期限自出票之日起十天

人民币（大写）	亿	千	百	十	万	千	百	十	元	角	分

用途　　密码

上列款项请从　　行号

我账户内支付

出票人签章　　复核　　记账

中国银行 支票存根

附加信息

出票日期　年　月　日

收款人：	
金　额：	
用　途：	

单位主管　　会计

表1–14　转账支票、普通支票背面格式

北京印钞厂证券分厂·2011年印制

<table>
<tr><td rowspan="2">附加信息：</td><td>被背书人</td><td>被背书人</td><td rowspan="2">（粘贴单处）</td><td rowspan="2">根据《中华人民共和国票据法》等法律法规的规定，签发空头支票由中国人民银行处以票面金额5%但不低于1000元的罚款。</td></tr>
<tr><td>背书人签章
年 月 日</td><td>背书人签章
年 月 日</td></tr>
</table>

填制支票的注意事项：

（1）签发支票应该使用碳素墨水或黑汁填写，或者采用支票打印机（或支票打印软件）输入相关内容后打印出来。

（2）表1–10、表1–12、表1–13的存根联，填写内容有：出票日期、收款人、金额小写（金额同支票正本）和用途。有支票领用簿的单位，单位主管不需签字，若无领用簿，主管人需签字。

（3）表1–10、表1–12、表1–13的正联，出票日期必须大写，月日不得少于两个字；收款人必须与收款单位的财务专用章一致（收款单位全称）；付款行名称、出票人账号据实填写；在填写人民币大写栏时要顶格书写，不得留下空格；小写金额数字前面加人民币符号"¥"；要填明用途；出票人签章必须与其预留银行签章一致；任何一行不得修改。

（4）表1–11现金支票背面，可根据需要填写，金额合计必须与正面金额一致，收款人签章处加盖预留银行签章。

（5）表1–14转账支票、普通支票背面，持票人委托开户银行收款时，应作委托收款背书，在支票背面背书人签章栏签章，记载"委托收款"字样并填写背书日期，在被背书人栏记载开户银行名称，并将支票和填制的进账单送交开户银行；持票人持用于转账的支票向付款人提示付款时，应在支票背面背书人签章栏签章，并将支票和填制的进账单交送出票人开户银行；收款人持用于支取现金的支票向付款人提示付款时，应在支票背面"收款人签章"处签章；持票人为个人的，还需交验本人身份证，并在支票背面注明证件名称、号码及发证机关。

2. 进账单

持票人将支票送交银行时，必须同时开具一式两联的进账单。第一联为收账通知，由银行盖章后交给持票人（白纸黑油墨），格式见表1–15，第二联由银行收存（白纸红油墨）。

出票人将支票送交银行时，必须同时开具一式三联的进账单。第一联为回单，由出票人银行盖章后交回出票人（白纸黑油墨）。第二联由银行收存，作贷方凭证（白纸黑油墨）。第三联为收账通知，由收款人银行盖章后交收款人（白纸红油墨）。第三联格式同持票人开具的进账单的第一联相同。见表1–15。

表1-15　进账单第一联格式

中国工商银行进 账 单（收账通知）　3

年　月　日

出票人	全　称		收款人	全　称	
	账　号			账　号	
	开户银行			开户银行	
金额	人民币（大写）				亿 千 百 十 万 千 百 十 元 角 分
票据种类		票据张数			
票据号码					
复核　记账			收款人开户银行签章		

此联是收款人开户银行交给收款人的收账通知

思考与练习

一、单项选择题

1. 填制原始凭证时，“人民币捌仟元零伍角整”的小写金额规范的是（　　）。

A. ￥8 000.50　B. ￥80 000.5　C. ￥8 000.50　D. ￥8 000.5

2. 审核原始凭证时，发现其金额有错误，应由（　　）。

A. 原填制单位重开　B. 原填制单位更正并加盖印鉴

C. 会计人员更正　D. 会计主管人员更正

3. 在填制会计凭证时，¥1 516.54的大写金额为（　　）。

A. 人民币壹仟伍佰壹拾陆元伍角肆分　B. 人民币壹仟伍佰拾陆元伍角肆分整

C. 人民币壹仟伍佰壹拾陆元伍角肆分整　D. 人民币壹仟伍佰拾陆元伍角肆分

4. 下列属于外来原始凭证的是（　　）。

A. 领料单　B. 限额领料单　C. 发票　D. 现金存款单

5. 下列属于累计原始凭证的是（　　）。

A. 领料单　B. 限额领料单　C. 发票　D. 现金存款单

二、多项选择题

1. 不得开具增值税专用发票的情况有（　　）。

A. 向消费者销售应税项目　B. 销售免税项目

C. 将货物用于集体福利　D. 用于个人消费

2. 原始凭证的填制要求为（　　）。

A. 记录真实　B. 填写及时　C. 填写清楚　D. 内容合法

3. 原始凭证按照来源不同可分为(　　)。

A. 累计凭证　　B. 外来原始凭证　　C. 汇总凭证　　D. 自制原始凭证

三、简答题

1. 原始凭证的概念及种类是什么？

2. 普通发票的基本联次有哪些？

3. 增值税专用发票的使用范围及基本联次是什么？

四、实践题

自己联系一个实习单位，进行下列练习：

1. 开一张现金支票从银行提取现金。

2. 开一张转账支票支付货款。

3. 采用电汇方式到银行办理一笔款项的划转。

4. 收到一张转账支票，填写进账单送存银行。

5. 填写现金交款单将5 000元现金送存银行。

任务四

出纳账簿的设置与登记

任务目标

通过本任务的学习，学生应能够

☑ 了解出纳日记账设置的意义和种类

☑ 认识日记账的启用规则

☑ 掌握现金日记账和银行存款日记账的登记方法，做到按记账规则规范登记现金、银行存款日记账

导　入

刘敏参加工作，在一家公司担任出纳，每天根据收、付款凭证逐日逐笔登记现金日记账，在登账过程中，使用蓝色或黑色墨水书写，当出现错误时，将错误之处用红笔进行更正，因每天业务量不大，每三天一结余额，并与库存现金进行核对。

问题：刘敏在登记现金日记账的过程中是否存在问题，如何规范登账？

业务认知

一、出纳日记账设置的意义和种类

出纳日记账（也称出纳序时账）是出纳人员根据经济业务发生时间的先后顺序，以收款凭证和付款凭证为依据，连续、系统、全面、综合地记录和反映本单位现金和银行存款收付业务及其结存情况的账簿。

出纳日记账一般可分为现金日记账和银行存款日记账两种。通过设置出纳日记账，可以反映和监督现金、银行存款收付业务的发生和完成情况，还可以检查分析现金、银行存款的各项收付业务在账簿中的记录是否全面、真实、准确。

二、出纳日记账登记的有关规定

（一）启用规则

为了保证账簿记录的严肃性和合法性，明确记账责任，出纳人员在账簿启用时，应在账簿扉页的“账簿启用及交接表”内填写单位名称、账簿名称、启用日期、账簿页数、会计主

管人员和记账人员等，并加盖单位公章以及会计主管人员和记账人员私章。调换会计主管人员和记账人员时，应在表内载明交接日期和交办人员姓名，并由交接双方盖章，以明确双方的责任。账簿启用及交接表的格式见表1-16。

表1-16　账簿启用及交接表格式

<table>
<tr><td>单位名称</td><td colspan="7"></td><td colspan="3">公　章</td></tr>
<tr><td>账簿名称</td><td colspan="7">（第　页）</td><td colspan="3" rowspan="4"></td></tr>
<tr><td>账簿编号</td><td colspan="7"></td></tr>
<tr><td>账簿页数</td><td colspan="7">本账簿共计　页　本账簿　页数　检点人盖章</td></tr>
<tr><td>启用日期</td><td colspan="7">公元　年　月　日</td></tr>
<tr><td rowspan="3">经管人员</td><td colspan="2">单位主管</td><td colspan="2">财务主管</td><td colspan="3">复　核</td><td colspan="3">记　账</td></tr>
<tr><td>姓名</td><td>盖章</td><td>姓名</td><td>盖章</td><td colspan="2">姓名</td><td>盖章</td><td>姓名</td><td colspan="2">盖章</td></tr>
<tr><td></td><td></td><td></td><td></td><td colspan="2"></td><td></td><td></td><td colspan="2"></td></tr>
<tr><td rowspan="6">接交记录</td><td colspan="2">经管人员</td><td colspan="4">接　管</td><td colspan="4">交　出</td></tr>
<tr><td>职别</td><td>姓名</td><td>年</td><td>月</td><td>日</td><td>盖章</td><td>年</td><td>月</td><td>日</td><td>盖章</td></tr>
<tr><td></td><td></td><td></td><td></td><td></td><td></td><td></td><td></td><td></td><td></td></tr>
<tr><td></td><td></td><td></td><td></td><td></td><td></td><td></td><td></td><td></td><td></td></tr>
<tr><td></td><td></td><td></td><td></td><td></td><td></td><td></td><td></td><td></td><td></td></tr>
<tr><td></td><td></td><td></td><td></td><td></td><td></td><td></td><td></td><td></td><td></td></tr>
<tr><td>备注</td><td colspan="10"></td></tr>
</table>

（二）登记规则

出纳人员在登记现金日记账和银行存款日记账时，应按下列要求操作：

（1）为了保证账簿记录的真实性和正确性，必须根据审核无误后的会计凭证登账。登账时应将会计凭证的日期、种类和编号及业务的内容摘要、金额等逐项记入账内，同时，要在会计凭证上注明账簿的页数或打“√”符号，表示已经登记入账，防止漏记、重记和错记情况的发生。

（2）为了使账簿记录保持清晰、持久，便于长期查阅、防止涂改，在登账时必须用蓝黑、炭素墨水书写，不得用圆珠笔和铅笔书写。红色墨水只能在结账、划线、改错、冲账时使用。书写字迹须清晰、工整、不得潦草。

（3）各种账簿都必须按编定的页次逐页、逐行顺序连续登记，不得隔页、跳行登记。如果发生隔页、跳行时，不得随意涂改，应在空页、空行用红线对角划掉，加盖“作废”或“此页空白”、“此行空白”字样，并由记账人员盖章。

（4）每登记满一张账页时，应加计本页发生额总数，结出余额，填在账页的最末一行，并在摘要栏注明“过次页”字样，然后，把发生额总数和余额填在下一张账页的第一行，并在摘要栏注明“承前页”字样。

（5）在记账过程中，若账簿记录发生错误，应根据错误的具体情况，采用正确的方法予以更正，不得涂改、挖补、刮擦或用褪色药水更改字迹。

（6）出纳人员应按日结出余额，在“借”或“贷”栏内写明“借”或“贷”字样，表明余额方向。

（7）账簿记录中书写的文字和数据适当留空，不得写满格，书写文字应紧靠本行左线和底线，字体大小一般应占格宽的1/2，以便出差错时可按规定方法改错。

（三）对账和结账规则

1. 对账

对账就是指对账簿记录所做的核对工作。为了保证账簿所提供会计资料正确、真实、可靠，会计人员在记完账后，还应定期做好对账工作，做到账证相符、账账相符、账实相符。对账工作主要包括以下3个内容：

1）账证核对

主要由出纳人员将现金日记账和银行存款日记账与其相关的收、付款凭证进行核对。

2）账账核对

主要由出纳人员将现金日记账和银行存款日记账的期末余额与其相应的现金和银行存款总账的期末余额进行核对。

3）账实核对

主要由出纳人员将现金日记账账面余额与实际库存现金数额进行核对；银行存款日记账的账面余额与银行对账单余额进行核对。

2. 结账

结账就是把一段时期（月、季、年）内所发生的经济业务全部登记入账后，结出各种账簿的本期发生额和期末余额的一种方法。结账可分为月结、季结、年结。

1）月结

月结的方法是：在最后一笔经济业务的记录下面划一条通栏红线，在红线下面的一行“摘要”栏内注明“本月合计”，在“借方”、“贷方”、“余额”三栏分别计算出本月借方、贷方发生额合计和月末余额，然后在此行下面再划一条通栏红线，表示本月结账工作结束。

2）季结

季结的方法是：在每季最后一个月的月结的下一行“摘要”栏内注明“本季合计”，在“借方”、“贷方”、“余额”三栏分别计算出本季三个月的借方、贷方发生额合计和季末余额，然后在此行下面划一条通栏红线，表示本季结账工作结束。

3）年结

年结的方法是：在每年最后一个季的季结的下一行“摘要”栏内注明“本年合计”，在“借方”、“贷方”、“余额”三栏分别计算出本年的借方、贷方发生额合计和年末余额，然后在此行下面划两条通栏红线，表示本年结账工作结束。

（四）更换规则

年度终了，出纳日记账必须更换新账簿。在年度更换新账簿时，应在本账簿“本年累计”的下一行“摘要”栏内注明“结转下年”字样，将计算出来的“借方”余额计入“贷方”栏，在“余额”栏内注明“0”，在“借或贷”栏注明“平”。同时在新账簿的第一页第一行“摘要”栏内注明“上年结转”字样，并将上年的年末余额记入新账簿的“余额”栏内，并在“借或贷”栏注明“借”。

业务核算

一、现金日记账的格式和登记方法

现金日记账是由出纳人员根据现金收款凭证、现金付款凭证和提取现金的银行付款凭证，按时间先后顺序逐日逐笔登记的账簿。通过登记现金日记账，可以逐日反映现金收入、付出和结存情况，加强对现金收付的监督和管理，便于与实际库存现金核对，以保证账实相符。

（一）现金日记账的格式

现金日记账一般采用订本式账簿，账页主要采用“三栏式”即“收入”（借方）、“付出”（贷方）、和“结存”三栏。现金日记账的格式见表1–17。

表1–17　现金日记账格式

09年		凭证号数	摘要	对应科目	借方									核对号	贷方									借或贷	余额								
月	日				百	十	万	千	百	十	元	角	分		百	十	万	千	百	十	元	角	分		百	十	万	千	百	十	元	角	分
8	1		期初余额																					借				5	5	0	0	0	0
	4	现付1	支付差旅费	其他应收款														2	5	0	0	0	0	借				3	0	0	0	0	0
	10	银付1	提取现金	银行存款			5	0	0	0	0	0	0											借			5	3	0	0	0	0	0
	10	现付2	支付工资	应付职工薪酬													5	0	0	0	0	0	0	借				3	0	0	0	0	0
	12	现付3	购办公用品	管理费用															1	8	0	0	0	借				2	8	2	0	0	0
	25	现收1	退回现金	其他应收款					2	0	0	0	0											借				3	0	2	0	0	0
	28	现收2	销售产品	主营业务收入					3	0	0	0	0																				
				应交税费						5	1	0	0											借				3	3	7	1	0	0
	30		本月合计				5	0	5	5	1	0	0				5	2	6	8	0	0		借				3	3	7	1	0	0

（二）现金日记账的登记方法

现金日记账的“年、月、日”、“凭证号数”、“摘要”、“对方科目”栏，根据已加盖“现金收讫”和“现金付讫”的收付款凭证的时间、凭证编号、摘要以及对应科目登记。“收入”栏根据现金收款凭证收入的金额登记，“付出”栏根据现金付款凭证付出的金额登记。每日终了，应结出本日余额并与实际库存现金核对，以保证账实相符；每月终了，还应结出本月收付发生额及余额并与现金总账核对，以保证账账相符。

下面举例说明现金日记账的登记方法。

天津华普电器有限公司2009年8月1日现金日记账余额为5 500元，8月份发生下列现金收付业务：

（1）8月4日，厂部采购员李平出差预借差旅费2 500元，以现金支付。编制会计分录：

借：其他应收款——李平　　2 500

　　贷：库存现金　　2 500

（2）8月10日，从银行提取现金50 000元备发工资。编制会计分录：

借：库存现金　　50 000

　　贷：银行存款　　50 000

（3）8月10日，以现金支付职工工资50 000元。编制会计分录：

借：应付职工薪酬——工资　　50 000

　　贷：库存现金　　50 000

（4）8月12日，以现金支付厂部办公用品费180元。编制会计分录：

借：管理费用　　180

　　贷：库存现金　　180

（5）8月25日，李平出差回来，退回现金200元（其余款项尚未报销）。编制会计分录：

借：库存现金　　200

　　贷：其他应收款——李平　　200

（6）8月28日，销售2件产品，售价300元，增值税51元，共收现金351元。编制会计分录：

借：库存现金　　351

　　贷：主营业务收入　　300

　　　　应交税费——应交增值税（销项税额）　　51

根据以上会计分录，逐日逐笔登记现金日记账，具体登记方法见表1-17。

二、银行存款日记账的格式和登记方法

银行存款日记账是由出纳人员根据银行收款凭证、银行付款凭证和送存银行的现金付款凭证，按时间先后顺序逐日逐笔登记的账簿。通过登记现金银行日记账，可以逐日反映银行存款的增减变动和结存情况，加强对银行存款的监督和管理，便于与银行对账单核对，以保证账实相符。

（一）银行存款日记账的格式

银行存款日记账一般采用订本式账簿，账页主要采用“三栏式”即“收入”（借方）、“付出”（贷方）、和“结存”三栏。其格式与现金日记账的格式相同。

（二）银行存款日记账的登记方法

银行存款日记账的“年、月、日”、“凭证号数”、“摘要”、“对方科目”栏，根据已加盖“银行收讫”和“银行付讫”的收付款凭证的时间、凭证编号、摘要以及对应科目登记。“收入”栏根据银行存款收款凭证收入的金额登记，“付出”栏根据银行存款付款凭证付出的金额登记。每日终了，应结出本日余额以便掌握每日银行存款的结存数，并定期与银行转来的对账单核对，以保证账实相符；每月终了，还应结出本月收付发生额及余额并与总账核对，以保证账账相符。其格式和登记方法与现金日记账相同。

思考与练习

一、单项选择题

1. 银行存款日记账的登记方法是（　　）。

A. 定期汇总登记　B. 月终一次登记　C. 每日汇总登记　D. 逐日逐笔登记

2. 现金日记账账页采用（　　）

A. 三栏式　B. 数量金额式　C. 多栏式　D. 任意一种明细账格式

3. 账簿记录中书写的文字和数据应占格的（　　）。

A. 1/2　B. 1/3　C. 2/3　D. 占满格

4. 记账时，如果发现隔页、跳行现象，应当在空页、空行处用（　　）画对角线注销。

A. 铅笔　B. 红色墨水　C. 蓝色墨水　D. 黑色墨水

5. 企业月末结账时，对需要结出当月发生额的账户，应当在摘要栏内注明“本月合计”字样，并在下面（　　）。

A. 不划红线　B. 通栏划单红线　C. 通栏划双红线　D. 只在金额栏下划红线

二、多项选择题

1. 现金日记账借方登记的依据有（　　）。

A. 现金收款凭证　B. 现金付款凭证

C. 与现金有关的银行存款收款凭证　D. 与现金有关的银行存款付款凭证

2. 下列各项中，采用订本式账簿的有（　　）。

A. 现金日记账　B. 银行存款日记账　C. 明细分类账　D. 总分类账

3. 正常记账可以使用（　　）。

A. 红墨水　B. 碳素墨水　C. 纯蓝墨水　D. 蓝黑墨水

4. 对账的主要内容包括（　　）。

A. 账账核对　B. 账证核对　C. 账表核对　D. 账实核对

三、判断题

1. 银行存款日记账属于总分类账。（　　）

2. 现金日记账是由出纳人员根据审核无误的现金收、付款凭证和与现金有关的银行存款付款凭证，序时逐笔登记的账簿。（　　）

3. 各种账簿必须按账户页次逐页逐行登记，不得跳行、隔页。如果发生跳行、隔页，应当将空行涂掉、将空页撕去。（　　）

4. 月末结账时，只需在最后一笔经济业务记录之下通栏划双红线，不需要再结计一次余额。（　　）

5. 每日终了，银行存款日记账必须结出余额，并与银行对账单核对相符。（　　）

四、实践题

进行社会调查，分成小组到单位参观现金日记账和银行存款日记账。

任务五

现金和银行存款收付业务

任务目标

通过本任务的学习，学生应能够

☑ 了解现金收入及支出的主要途径

☑ 理解现金收入及支出业务的处理程序

☑ 掌握现金基本业务核算

☑ 重点掌握支票结算的有关规定及业务核算

☑ 掌握银行汇票、银行本票的有关规定及业务核算

☑ 认识相关原始凭证，在实际工作中能做到根据原始凭证进行相关业务处理。

☞ 导　入

王明是一名刚刚毕业的会计专业中专毕业生，毕业后在一家公司当出纳员。一天，会计主管王兰让王明去银行支取现金3 000元。王明做了如下工作：①填写现金支票；②持现金支票到银行取款；③收到现金后马上回到公司；④将现金放在自己的抽屉里。

问题：王明提现金的工作步骤对吗？如果不对，问题在哪里？试着说一说提取现金应注意的事项。

业务认知

一、现金基本业务核算

（一）现金收入业务

1. 主要途径

各单位在办理有关经济业务时，按国家有关制度和规定，可在下列范围内收取现金

（1）部门或职工交回差旅费余款、赔偿款、备用金退回款。

（2）收取单位或个人的不能转账的销售收入。

（3）不足转账起点的小额收入。

除上述项目可直接收入现金外，其余款项原则上都必须通过银行转账结算。

2. 处理程序

1）一般现金收入业务的处理程序

一般现金收入业务，是指出纳人员直接收取由其他单位、部门或个人交来的现金业务。一般现金收入业务的处理程序为：

（1）受理收款业务，检查有关原始凭证是否齐全。

（2）审核现金来源是否合理合法。

（3）当面点清、收妥现金。

（4）开具收款收据，并加盖“现金收讫”印鉴。

（5）根据收款收据记账联和有关原始凭证，填制记账凭证。

（6）根据审核无误的记账凭证登记现金日记账。

一般现金收入业务的处理程序如图 1-3 所示。

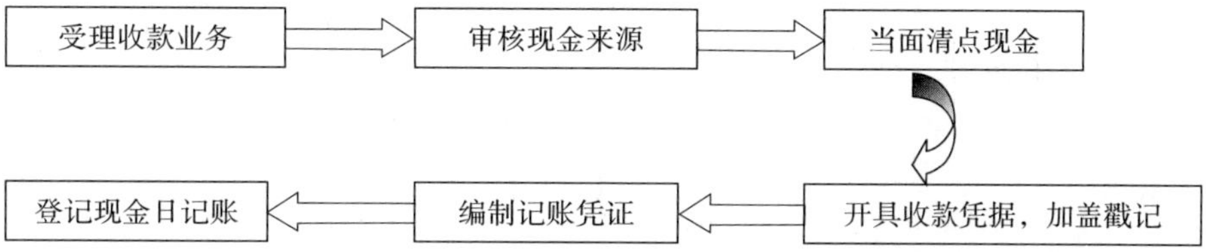

图 1-3　一般现金收入业务的处理程序

2）从银行提取现金的处理程序

企业为满足日常开支需要，可以按照有关规定从开户银行提取现金。从银行提取现金的处理程序为：

（1）填写现金支票。

（2）向开户银行提交现金支票。

（3）收取现金后，应当场点清，确认无误后方可离开柜台。

（4）取回现金后，取款人是出纳人员的，应及时将现金存入保险柜内；取款人不是出纳人员的，应将取回的现金交出纳人员存入保险柜内，取款人和出纳人员要当面点清。

（5）根据现金支票存根填制记账凭证。

（6）根据审核无误的记账凭证登记现金日记账。

从银行提取现金的处理程序如图 1-4 所示。

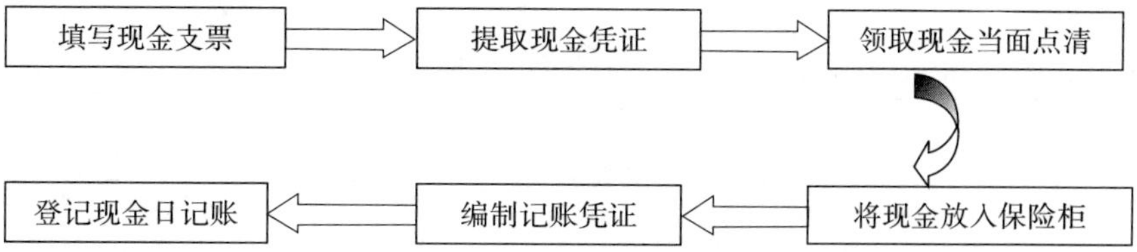

图 1-4　从银行提取现金的处理程序

（二）现金支出业务

1. 主要途径

根据国务院发布的《现金管理暂行条例》规定，开户单位可在下列范围内使用现金：

（1）职工工资、各种工资性津贴。

（2）个人劳动报酬。

（3）支付给个人的各种奖金。

（4）各种劳保、福利费用以及国家规定对个人的其他现金支付。

（5）向个人收购农副产品和其他物品的价款。

（6）单位预借给出差人员必须随身携带的差旅费。

（7）结算起点（1 000元）以下的零星支出。

（8）中国人民银行确定需要支付现金的其他支出。

2. 处理程序

1）一般现金支出业务的处理程序

一般现金支出业务，是指出纳人员将现金支付给收款单位或个人的业务。一般现金支出业务的处理程序为：

（1）受理付款业务，检查有关原始凭证是否齐全。

（2）审核现金支出是否合理合法。

（3）在审核无误的付款凭证上加盖“现金付讫”印鉴。

（4）支付现金，并要求收款人当面点清。

（5）根据有关原始凭证，填制记账凭证。

（6）根据审核无误的记账凭证登记现金日记账。

提　示

如果用现金支付职工工资，还需经过向银行提取现金的程序。

一般现金支出业务的处理程序如图1–5所示。

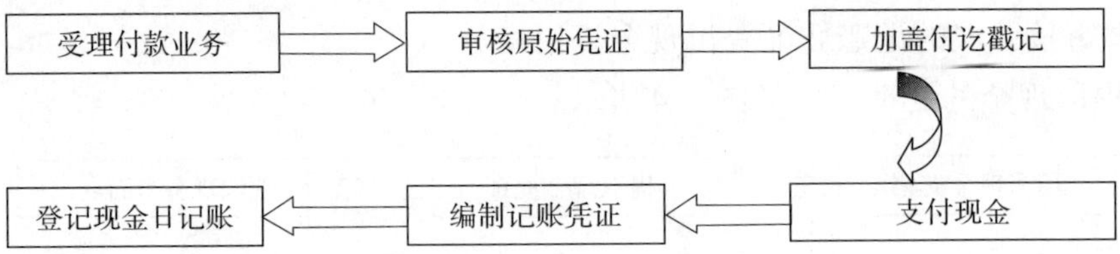

图1–5　一般现金支出业务的处理程序

2）向银行送存现金的处理程序

各单位对当日收取的现金或超过库存限额的现金，应及时送存开户银行。向银行送存现金的处理程序为：

（1）清点整理票币。

（2）填写现金送款簿（进账单），现金送款簿一式三联，第一联为回单联，银行盖章后交存送款单位，第二联为银行收入传票联，第三联为银行出纳留底联。

（3）向银行提交进账单和整理好的票币。

（4）开户银行受理后，在进账单上加盖印鉴后，将第一联退还给交款人。

（5）根据进账单回单联填制记账凭证。

（6）根据审核无误的记账凭证登记现金日记账。

向银行送存现金的处理程序如图1-6所示。

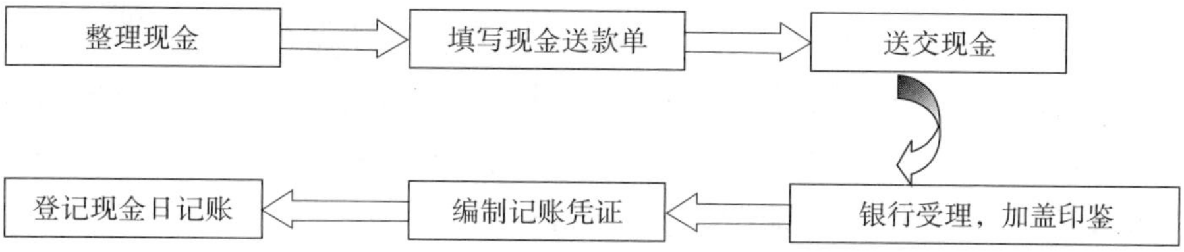

图1-6　向银行送存现金的处理程序

二、支票结算

（一）企业领购的规定

企业领购支票必须填写“支票领购单”和“购买凭证收费单”，并在第二联加盖预留银行印鉴，缴纳支票工本费和手续费。支票领购单的格式见表1-18。

表1-18　支票领购单格式

支票领购单

2009年2月1日

用　户	天津华普电器有限公司	账　号	022080703563283710086
领购数量	壹本	起讫号码	自　　号至　　号
领用单位签章:(预留银行签章)		领购单位经办人员姓名	黄静　　签收
		身份证号码	120101196812081234
		以下银行填写： 经发：　　验印：	

（注：起讫号码由银行填写）

（二）支票的种类

支票有现金支票、转账支票和普通支票3种。现金支票只能提现，不能转账；转账支票只能转账，不能提取现金；普通支票既可以提取现金，也可以转账。

（三）适用范围

单位和个人在同一票据交换区域各种款项的结算，均可使用支票。

（四）提示付款期

支票的提示付款期为10天，自出票日起算。超过提示付款期的，持票人开户银行不予办理，付款人不予付款。

（五）支票的书写和加盖印鉴

签发支票必须使用碳素墨水或墨汁填写，或用专用的支票打印机打印。一般而言，支票由出纳人员填写支票上的各要素，由会计机构负责人审核并加盖预留银行印鉴。

（六）背书的规定

背书是指在票据背面或粘单上记载有关事项并签章的票据行为。具体规定如下：

（1）收款人持用于支取现金的支票提示付款时，出纳员或经办人员应按银行规定交验有关身份证明，并在支票背面填写收款人姓名、身份证件名称、身份证件号码等，同时在支票背面背书人签章栏加盖预留银行印鉴，见表1-19。

表1-19　支票背书格式

<table>
<tr><td colspan="19">附加信息

黄静</td><td rowspan="3">被背书人

天津华普电器有限公司 财务专用章　王振通章

被背书人签章

2009年1月5日</td></tr>
<tr><td colspan="19">身份证件名称：公民身份证　　发证机关：和平公安局</td></tr>
<tr><td>号码</td><td>1</td><td>2</td><td>0</td><td>1</td><td>0</td><td>1</td><td>1</td><td>9</td><td>6</td><td>8</td><td>1</td><td>2</td><td>0</td><td>8</td><td>1</td><td>2</td><td>3</td><td>4</td></tr>
</table>

（2）持票人委托开户银行时，应作委托收款背书，在支票背面背书人签章栏加盖预留银印鉴、记载“委托收款”字样、背书日期，在被背书人栏记载开户银行名称。并将支票和填写的进账单送交开户银行。支票背面格式见表1-20。

表1-20　支票背面格式

被背书人　商业银行	被背书人	被背书人	粘贴单处
背书人签章 年　月　日	背书人签章 年　月　日	背书人签章 年　月　日	

（3）出票人委托开户银行付款时（即由出票银行委托开户银行直接将款项划入收款人账户），出票人将开好的支票和填写的进账单送交出票人开户银行即可，不用作背书。

（4）持票人将支票背书转让时（背书转让是指支票持有人将支票权利转让给他人的一种票据行为），应在支票背面背书人签章栏签章、记载背书日期，在被背书人栏记载收款单位名称。背书转让的支票，背书应当连续，但用于支取现金的支票不得背书转让。

（七）支票的处罚规定

出票人签发空头支票、签发与其预留银行签章不符的支票、签发支付密码错误的支票，银行予以退票，并按票面金额处以5%但不低于1 000元的罚款；持票人有权要求出票人赔偿支票金额2%的赔偿金。

（八）支票的挂失

支票在烧毁、遗失、被盗等情况下，失票人应立即到银行挂失止付。在挂失止付后3日，也可以在票据丧失后，向人民法院申请公示催告或提起诉讼。付款人在收到挂失止付通知之前已经向持票人付款的，不再承担责任。付款人和代理人付款人自收到挂失止付通知之日起12日内没有收到人民法院的止付通知的第13日起，持票人提示付款并依法向持票人付款的，不再承担责任。

失票人挂失时填写的挂失止付通知书需记载的事项包括：票据丧失时间、地点、原因，票据号码、收、付款人名称、金额、出票日期等。支票欠缺需记载事项之一的，银行是不予受理挂失的。

（九）支票的管理

（1）支票、预留银行印鉴和支票密码单应分别由专人保管。

（2）建立健全支票领用和收受支票的审查制度。

（3）为防止签发空头支票，签发之前，出纳员应查明银行存款余额。

（4）存款账户结清时，必须将全部剩余空白支票交回银行注销。

（5）支票遗失时应立即办理挂失止付或请求银行和收款单位协助防范。

三、银行汇票结算

（一）适用范围

单位和个人各种款项的结算，均可使用银行汇票。

（二）提示付款期

银行汇票的提示付款期为自出票日起1个月。

（三）银行汇票的签发

签发现金银行汇票，其申请人和收款人必须均为个人。

（四）丧失处理

银行汇票丧失，失票人可以凭人民法院出具的证明，向出票银行请求付款或退款。

（五）退款处理

申请人因银行汇票超过付款期限或其他原因要求退款时，应将银行汇票及解讫通知提交到出票银行，申请人为单位的，应出具该单位的证明；申请人为个人的，应出具本人的身份证件。出票银行对于在本行开立存款账户的申请人，只能将款项转入申请人账户，对于现金银行汇票和未在本行开立存款账户的申请人，才能退付现金。

（六）银行汇票的管理

（1）出纳员在收到银行签发的银行汇票交给请领人时，要做好登记，以便日后查对。

（2）汇票和预留银行印鉴，应分别由专人保管。

（3）建立健全汇票的使用和报账制度。

（4）汇票遗失时应立即办理挂失止付或请求银行和收款单位协助防范。

以下银行本票的管理基本相同。

四、银行本票结算

（一）银行本票的种类

银行本票分为不定额本票和定额本票两种。定额本票面额为1 000元、5 000元、10 000元和50 000元。

（二）适用范围

单位和个人在同一票据交换区域各种款项的结算，均可使用银行本票。

（三）提示付款期

银行本票的提示付款期为自出票日起最长不得超过2个月。

（四）丧失处理

银行本票丧失，失票人可以凭人民法院出具的证明，向出票银行请求付款或退款。

（五）退款处理

申请人因银行本票超过付款期限或其他原因要求退款时，应将银行本票提交到出票银行。申请人为单位的，应出具该单位的证明；申请人为个人的，应出具本人的身份证件。出票银行对于在本行开立存款户的申请人，只能将款项转入申请人账户，对于现金银行本票和未在本行开立存款账户的申请人，才能退付现金。

业务核算

一、现金基本业务核算

（一）现金收入业务核算

1.提取现金

例1–1　天津华普电器有限公司经天津国家税务局认定为一般纳税人，增值税率为17%（下同），2009年1月2日天津华普电器有限公司出纳员从银行提取现金1 000元备用。相关原始凭证见表1–21。

表1-21　例1-1原始凭证

中国工商银行
转账支票存根　（津）
XⅣ2350610

附加信息

出票日期　2009年1月2日

收款人：	天津华普电器有限公司
金　额：	￥1 000.00
用　途：	提现备用

单位主管　　会计

天津华普电器有限公司根据上述原始凭证，进行账务处理如下：

借：库存现金　　1 000

　　贷：银行存款　　1 000

2. 企业取得现金的销售收入

例1-2　2009年1月5日天津华普电器有限公司销售甲产品给高乐百货店，取得现金收入234元。相关原始凭证见表1-22。

表1-22　例1-2原始凭证

天津市增值税专用发票

天津市　发票联

开票日期：2009年1月5日

购货单位				密码区			
名　　称：高乐百货店				（略）			
纳税人识别号：2006123456							
地 址 、电 话：天津市万福路56号							
开户行及账号：工行第一支行10006789							
货物或应税劳务名称	规格型号	单位	数量	单价	金额	税率	税额
甲产品		箱	1	200	200.00	17%	34.00
合　　计			1	200	200.00	17%	34.00
价税合计（大写）	贰佰叁拾肆元整　（小写）￥234.00						
销货单位				备注			
名　　称：天津华普电器有限公司				天津华普电器有限公司 发票专用章			
纳税人识别号：022779154961786115							
地 址 、电 话：杨柳青镇第五大街99号 022-27391234							
开户行及账号：工商银行杨柳青分行 022080703563283710086							

第二联　发票联　购货方记账凭证

收款人：　　复核：　　开票人：　　销货单位（章）

天津华普电器有限公司根据上述原始凭证，进行账务处理如下：

借：库存现金　　　　234

　　贷：主营业务收入　　　　200

　　　　应交税费——应交增值税（销项税额）　　　　34

3.报销差旅费、交回借支差旅费剩余款

例1–3　2009年1月8日天津华普电器有限公司业务员肖力出差归来报销差旅费2 800元，收回余款200元。相关原始凭证见表1–23和表1–24。

表1–23　例1–3原始凭证1

差旅费报销单

原派出单位　天津华普电器有限公司　　　2009年1月8日　　　单据张数8　张（略）

事　　由　洽谈业务　　　姓名：肖力　　　职务　　　预付款3 000元

起止日期				地点	车船费	邮电	住勤费			途中标准	伙食补助		合计
月	日	月	日				标准	天数	金额		天数	金额	
1	2	1	7	上海	720	400	200	6	1 200		6	480	2 800
合 计													
人民币（大写）贰仟捌佰元整							应退（补）：200						

派出单位领导：　　　财务主管：　　　复核：　　　出纳：赵青云

表1–24　例1–3原始凭证2

收 款 收 据

No.0014605

入账日期：2009年1月8日

交款单位　肖力　　　　付款方式　现金

人民币（大写）　贰佰元整　　　　¥200.00

收款事由　出差归来，归还余款

（印章：天津华普电器有限公司 财务专用章）

2009年1月8日

单位盖章：　　　财务主管：　　　记账：　　　复核：　　　出纳：赵青云

天津华普电器有限公司根据上述原始凭证，进行账务处理如下：

借：管理费用　　　　2 800

　　库存现金　　　　200

　　贷：其他应收款——肖力　　　　3 000

4. 收到不足结算起点的小额收款

例1–4　2009年1月10日收到红日有限公司交来包装物押金200元。相关原始凭证见表1–25。

表1–25　例1–4原始凭证

收款收据　　No.0014606

入账日期：2009年1月10日

交款单位　红日有限公司	付款方式　现金
人民币（大写）　贰佰元整	¥200.00
收款事由　包装物押金	
	2009年1月10日

单位盖章：　　财务主管：　　记账：　　复核：　　出纳：赵青云

天津华普电器有限公司根据上述原始凭证，进行账务处理如下：

借：库存现金　　200

　贷：其他应付款——红日有限公司　　200

（二）现金支出业务核算

1. 将现金送存银行

例1–5　2009年1月12日，出纳人员将超过现金使用限额的3 032元送存银行。相关原始凭证见表1–26。

表1–26　例1–5原始凭证

中国农业银行现金存款单（第一联回单）

2009年1月12日

存款单位				
	全　称	天津华普电器有限公司	开户银行	工商银行杨柳青分行
	账　号	022080703563283710086	款项来源	备用金
人民币（大写）叁仟零叁拾贰元整				百 十 万 千 百 十 元 角 分：¥ 3 0 3 2 0 0

票面	张数	万	千	百	十	元	角	分	票面	张数	万	千	百	十	元	角	分	
壹佰元	18		1	8	0	0	0	0										本存款单金额银行全部收讫
伍拾元	4			2	0	0	0	0										
拾元	100		1	0	0	0	0	0										（收款银行盖章）
伍元	2				1	0	0	0										收款员
贰元	5				1	0	0	0										
壹元	12				1	2	0	0										复核员

会计：　　复核：　　记账：

天津华普电器有限公司根据上述原始凭证，进行账务处理如下：

借：银行存款　　　　　　　　　　3 032

　　贷：库存现金　　　　　　　　　　3 032

2.出差人员借支差旅费

例1-6　2009年1月15日，职工张明出差借款1 000元。相关原始凭证见表1-27。

天津华普电器有限公司根据上述原始凭证，进行账务处理如下：

借：其他应收款——张明　　　　　　1 000

　　贷：库存现金　　　　　　　　　　1 000

表1-27　例1-6原始凭证

借　款　单

部门：采购部门　　　　2009年1月15日　　　　第4号

今借到			
人民币（大写）壹仟元整 ¥ 1 000.00　　现金付讫			
借款用途　采购材料			
主管人批准：同意 王振通 2009.1.15	财务负责 人意见	部门负责 人意见	借款人 签章　张明

②会计记账

会计：顾田　　复核：王进　　出纳：赵青云　　经手：张明

3.报销差旅费、支付预借差旅费不足款

例1-7　承例1-6，2009年1月19日天津华普电器有限公司业务员张明出差归来报销差旅费1 100元，不足部分以现金付讫。相关原始凭证见表1-28和表1-29。

表1-28　例1-7原始凭证1

差旅费报销单

原派出单位：天津华普电器有限公司　　2009年1月19日　　单据张数5　张（略）

事　　由：采购材料　　姓名：张明　　职务：　　预付款：1 000元

起止日期				地点	车船费	邮电	住勤费			途中标准	伙食补助		合计
月	日	月	日				标准	天数	金额		天数	金额	
1	15	1	18	石家庄	300	100	150	4	600		4	100	1100
合计													
人民币（大写）壹仟壹佰元整						应退（补）：100							

派出单位领导：　　财务主管：　　复核：　　出纳：赵青云

表1–29　例1–7原始凭证2

支付证明单											
2009年1月19日											
事由或品名	数量	单位	单价	金额							
				十	万	千	百	十	元	角	分
借支差旅费不足款							1	0	0	0	0
		现金付讫									
共计金额	零拾零万零仟壹佰零拾零元零角零分　¥100.00										
受款人	张明	未能取得单据原因									

主管人：　　会计：　　记账：　　出纳：张青云　　经手：张明

天津华普电器有限公司根据上述原始凭证，进行账务处理如下：

借：管理费用　　1 100

　　贷：库存现金　　100

　　　　其他应收款——张明　　1 000

4.发放工资等

例1–8　2009年1月20日，用现金30 898元发放本月工资。原始凭证略。

天津华普电器有限公司账务处理如下：

借：应付职工薪酬——工资　　30 898

　　贷：库存现金　　30 898

提　示

目前，不少企业不再采用现金发放工资、奖金等，通过委托银行从企业基本账户直接划转工资、奖金等到各职工的个人账户。避免了每月提现时的不安全因素，以及清点、分装、发放等工作过程，大大减少了出纳员的工作量。

5.购买办公用品等

例1–9　2009年1月21日，办公室李杰报销办公用品费140元。相关原始凭证见表1–30。

天津华普电器有限公司根据上述原始凭证，进行账务处理如下：

借：管理费用　　140

　　贷：库存现金　　140

（三）现金清查

为了加强现金管理，保证账实相符，防止发生差错、丢失及贪污盗窃、侵占挪用，应对库存现金进行清查。现金清查是指对库存现金的盘点与核对，包括出纳人员每日终了清点现金和清查小组进行的定期或不定期的盘点核对。

表1-30　例1-9原始凭证

天津市商业零售发票

购货单位(人)：天津华普电器有限公司　　2009年1月21日

货号	品名及规格	单位	数量	单价	金额						
					万	千	百	十	元	角	分
	计算器	个	2	70			1	4	0	0	0
合计金额（大写）	零万零仟壹佰肆拾零元零角零分					¥	1	4	0	0	0
结算方式		开户银行及账号									

第二联　发票联

销货单位(盖章有效)　　　　收款人：　　　　开票人：

1.清查方法

现金清查一般采用实地盘点法。清查前先将所有凭证入账并结出“现金日记账”余额，将余额数填列在现金盘点报告表中。然后实地清点库存现金并将实有数填在现金盘点报告表中。如发现账实不符，应立即查明原因，在报告表中列明并进行处理。

清查小组清查时，出纳人员必须在场，主要检查是否存在挪用现金、“白条”抵库、超限额留存现金等情况以及账实是否相符等。

2.长短款账务处理

现金清查中发现有待查明原因的现金溢余也称长款；现金短缺也称短款。每日终了结算现金收支、财产清查等发现的现金短缺或溢余，应当计入当期损益；如为现金短缺，属于应由责任人赔偿的部分，借记“其他应收款”或“现金”等账户，按实际短缺的金额扣除应由责任人赔偿部分后的金额，借记“管理费用”账户，贷记“库存现金”；如为现金溢余，应按实际溢余的金额，借记“库存现金”，属于应支付给有关人员或单位的，贷记“其他应付款”账户，现金溢余金额超过应付给有关单位或人员的部分，贷记“营业外收入”账户。

1）长款账务处理

例1-10　2009年1月25日的现金清查中，发现库存现金多于账面余额120元。相关原始凭证见表1-31。

天津华普电器有限公司根据上述原始凭证，进行账务处理如下：

借：库存现金　　　　　　　　120

　　贷：其他应付款——现金溢余　　　　120

表 1-31　例 1-10 原始凭证

库存现金盘点表

盘点日期：2009 年 1 月 25 日

清点现金			核对账目	
货币面额	张数	金额	项目	金额
100 元	20	2 000.00	现金账面余额	2 141.00
50 元	4	200.00	实点现金	2 261.00
20 元	0	0	长款（或~~短款~~）	120
10 元	5	50.00	备注：	
5 元	1	5.00		
2 元	1	2.00		
1 元	4	4.00		
5 角	0	0		
2 角	0	0	原因不明	
1 角	0	0		
5 分	0	0		
2 分	0	0		
1 分	0	0		
实点合计		2 261.00		

企业负责人：王振通　　会计主管：张震　　出纳员：赵青云　　清点人员：刘燕

例 1-11　2009 年 1 月 26 日现金长款经核查无法查明原因，经批准计入“营业外收入”处理。原始凭证略。

天津华普电器有限公司账务处理如下：

借：其他应付款——现金溢余　　120

　　贷：营业外收入——现金溢余　　120

2）短款账务处理

例 1-12　2009 年 1 月 27 日的现金清查中，发现库存现金少于账面余额 60 元。相关原始凭证见表 1-32。

天津华普电器有限公司根据上述原始凭证，进行账务处理如下：

借：其他应收款——现金短缺　　60

　　贷：库存现金　　60

例 1-13　2009 年 1 月 31 日经核查 27 日的现金短缺属于出纳员的责任，应由其赔偿，出纳员赵青云交回赔款，相关原始凭证见表 1-33。天津华普电器有限公司账务处理如下：

借：库存现金　　60

　　贷：其他应收款——现金短缺　　60

表1-32　例1-12原始凭证

库存现金盘点表

盘点日期：2009年1月27日

清点现金			核对账目	
货币面额	张数	金额	项目	金额
100元	10	1 000.00	现金账面余额	1 424.00
50元	6	300.00	实点现金	1 364.00
20元	2	40.00	~~长款~~（或短款）	60
10元	0	0	备注：出纳员工作失误	
5元	3	15.00		
2元	2	4.00		
1元	5	5.00		
5角	0	0		
2角	0	0		
1角	0	0		
5分	0	0		
2分	0	0		
1分	0	0		
实点	合计	1 364.00		

企业负责人：王振通　　会计主管：张震　　出纳员：赵青云　　清点人员：刘燕

表1-33　例1-13原始凭证

收 款 收 据

入账日期：2009年1月31日　　No.0014606

交款单位　赵青云　　付款方式　现金

人民币（大写）　陆拾元整　　¥ 60. 00

天津华普电器有限公司
财务专用章

收款事由　赔款

2009年1月31日

单位盖章：　　财务主管：张震　　记账：　　复核：　　出纳：赵青云

二、支票核算

（一）支票核算步骤

1. 付款单位核算步骤

（1）签发支票。

（2）将支票交给收款单位或直接将支票交给付款单位开户银行，办理转账。

（3）有关人员根据支票存根填制记账凭证。

2. 收款单位核算步骤

（1）收取支票，审核支票。

（2）在支票背面背书。

（3）填写进账单。

（4）将支票及进账单送交银行。

（5）有关人员根据进账单的回单联填制记账凭证。

（二）支票核算实例

1. 现金支票核算实例

天津华普电器有限公司2009年1月5日签发现金支票，提取3 000元补足现金库存限额。具体核算步骤如下：

（1）签发现金支票，并加盖预留银行的印鉴，见表1-34。

表1-34　现金支票加盖预留银行的印鉴

中国工商银行
支票存根

附加信息

出票日期　2009年1月5日

收款人：	天津华普电器有限公司
金　额：	￥3 000.00
用　途：	提现备用

单位主管　　会计

中国工商银行　现金支票　　支票EG 号码02

付款期限自出票之日起十天

出票日期（大写）贰零零玖年零壹月零伍日　　付款行名称：工行杨柳青支行

收款人：天津华普电器有限公司　　出票人账号：02208070356328710086

人民币（大写）	叁仟元整	亿	千	百	十	万	千	百	十	元	角	分
						￥	3	0	0	0	0	0

用途　提现备用　　密码

上列款项请从　　行号

我账户内支付

出票人签章　天津华普电器有限公司 财务专用章　王振通章　　复核　　记账

（2）将现金支票沿虚线剪下，交给银行。

（3）有关人员根据支票存根填制相关记账凭证。

借：库存现金　　3 000

　贷：银行存款　　3 000

2. 转账支票核算实例

天津华普电器有限公司2009年1月15日向红星工厂购买材料，价款30 000元，增值税5 100元，价税以转账支票支付。

1）付款方——天津华普电器有限公司核算步骤

（1）签发转账支票，并加盖印鉴，见表1-35。

表1-35　转账支票加盖印鉴

中国工商银行转账支票存根	中国工商银行　转账支票
附加信息	支票EG　号码02
	出票日期（大写）贰零零玖年零壹月壹拾伍日　付款行名称：工行杨柳青支行
	收款人：红星工厂　出票人账号：02208070356328710086
	付款期限自出票之日起十天
出票日期 2009年1月15日	人民币（大写）叁万伍仟壹佰元整　亿 千 百 十 万 千 百 十 元 角 分：¥ 3 5 1 0 0 0 0
收款人：红星工厂	用途　购货　密码
金　额：¥35 100.00	上列款项请从我账户内支付　行号
用　途：购货	出票人签章　天津华普电器有限公司财务专用章　王振通章　复核　记账
单位主管　会计	

（2）将转账支票沿虚线剪开，将其交给红星工厂，并从红星工厂取得发票等相应凭证。

（3）有关人员根据支票存根填制相关记账凭证。

借：在途材料　30 000

　　应交税费——应交增值税（进项税额）　5 100

　　贷：银行存款　35 100

2）收款方——红星工厂核算步骤

（1）收取支票并审核支票。

（2）在支票的背面背书，见表1-36。

表1-36　在支票背面背书

被背书人　商业银行	被背书人	被背书人	
委托收款 红星工场在 此处加盖章印 背书人签章 年　月　日	背书人签章 年　月　日	背书人签章 年　月　日	粘贴单处

（3）填写进账单，见表1-37。

表1–37　进账单

中国工商银行进 账 单（收账通知）　3

2009年1月15日

出票人			收款人		
	全　　称	天津华普电器有限公司		全　　称	红星工厂
	账　　号	022080703563283710086		账　　号	650839458700250734
	开户银行	工商银行杨柳青支行		开户银行	工商银行南苑分理处

金额	人民币（大写）	亿	千	百	十	万	千	百	十	元	角	分
	叁万伍仟壹佰元整				¥	3	5	1	0	0	0	0

票据种类	转账支票	票据张数	1
票据号码	1465268		

复核　　记账

中国工商银行天津市南苑分理处 2009 1 15 转讫

收款人开户银行签章

此联是收款人开户银行交给收款人的收账通知

（4）将支票及进账单送交银行。

（5）有关人员根据退回的进账单第一联填制记账凭证。

借：银行存款　　35 100

　　贷：主营业务收入　　30 000

　　　　应交税费——应交增值税（销项税额）　　5 100

三、银行汇票核算

（一）银行汇票核算步骤

1. 付款单位核算步骤

（1）填写一式三联的银行汇票申请书并在第二联加盖预留银行的签章。

（2）将银行汇票申请书送交银行，由银行签发汇票并用压数机压印出票金额。

（3）从银行处领取银行汇票申请书的回单联及银行汇票与解讫通知书（即银行汇票的第二联与第三联）。

（4）有关人员根据银行汇票申请书的回单联（存根联）填制记账凭证。

（5）出纳人员将银行汇票与解讫通知交供应部门，采购人员持银行汇票及解讫通知进行采购业务或进行款项结算，并将银行汇票及解讫通知交给收款单位，由收款单位填写实际结算金额。

（6）有关人员根据从收款单位取得的发票等单据填制相关记账凭证。

（7）实际结算金额小于票面金额，开户银行会自动将款项划回，出纳人员从银行取得多余款收账通知联后，相关人员根据多余款收账通知联填制多余款入账的记账凭证。

2. 收款单位核算步骤

（1）销售部门从购货方取得银行汇票及解讫通知后，交给财会部门。

（2）出纳人员审核银行汇票的有关项目，主要审查以下内容：

①银行汇票和解讫通知是否齐全、汇票号码和记载的内容是否一致。

②收款人是否确为本单位或本人。

③银行汇票是否在提示付款期限内。

④必须记载的事项是否齐全。

⑤出票人签章是否符合规定，是否有压数机压印的出票金额，并与大写出票金额一致。

⑥出票金额、出票日期、收款人名称是否更改，更改的其他事项是否由原记载人签章证明。

（3）根据发票等单据在银行汇票和解讫通知上填写实际结算金额和多余金额。

（4）出纳人员填写进账单并在进账单的第二联上加盖预留银行的印鉴，同时应在汇票背面“持票人向银行提示付款签章”处签章，然后将银行汇票及解讫通知、进账单送交开户银行。

（5）有关人员根据进账单的回单联填制记账凭证。

（二）银行汇票核算实例

天津华普电器有限公司2009年1月5日向红星工厂购买材料，采用银行汇票结算方式，天津华普电器有限公司将款项50 000元交给银行，银行签发一张票面金额为50 000元的银行汇票，双方实际结算金额为46 800元，多余款项自动退回。

1.付款方——天津华普电器有限公司核算步骤

（1）填写银行汇票申请书，并在第二联加盖印鉴，送交银行，见表1–38。

表1–38 银行汇票申请书加盖印鉴

中国工商银行 **银行汇票申请书**（存 根） 1

申请日期 2009年1月5日 第1号

<table>
<tr><td>申 请 人</td><td colspan="2">天津华普电器有限公司</td><td>收 款 人</td><td colspan="10">红星工厂</td></tr>
<tr><td>账号或住址</td><td colspan="2">022080703563283710086</td><td>账号或住址</td><td colspan="10">650839458700250734</td></tr>
<tr><td>用 途</td><td colspan="2">支付购货款</td><td>代理付款行</td><td colspan="10"></td></tr>
<tr><td rowspan="2">汇票金额</td><td rowspan="2">人民币
（大写）</td><td rowspan="2" colspan="2">伍万元整</td><td>千</td><td>百</td><td>十</td><td>万</td><td>千</td><td>百</td><td>十</td><td>元</td><td>角</td><td>分</td></tr>
<tr><td></td><td></td><td>¥</td><td>5</td><td>0</td><td>0</td><td>0</td><td>0</td><td>0</td><td>0</td></tr>
<tr><td colspan="3">上列款项请从我账户内支付
天津华普电器有限公司 财务专用章
王振通章
盖章</td><td colspan="11">科 目（借）
对方科目（贷）
转账日期 年 月 日
复核 记账</td></tr>
</table>

此联申请人留存

（2）银行签发汇票并用压数机压印出票金额，见表1–39。

（3）从银行取得银行汇票申请书的回单及银行汇票及解讫通知。

（4）有关人员根据银行汇票申请书的回单填制记账凭证。

表1-39　银行汇票压印出票金额

付款期限
壹个月

工商银行　银行汇票（卡片）1

汇票号码
第　　号

出票日期（大写）　贰零零玖年零壹月零伍日

代理付款行：　　　　行号

收款人：红星工厂　　　　账号：650839458700250734

出票金额　人民币（大写）　伍万元整

实际结算金　人民币（大写）

千	百	十	万	千	百	十	元	角	分
		¥	5	0	0	0	0	0	0

申请人：天津华普电器有限公司　　　　账号或住址：022080703563283710086

出票行：工商银行杨柳青支行　　行号：______

备　注：

复核　　　　经办

科目（借）______
对方科目（贷）______
销账日期　　年　月　日
复核　　　记账

汇票专用章

此联出票行结清汇票时作汇出汇款借方凭证

附件1张（表1-39）

天津华普电器有限公司账务处理如下：

借：其他货币资金——银行汇票存款　　　50 000

　　贷：银行存款　　　　　　　　　　　　50 000

（5）出纳人员将银行汇票及解讫通知交采购人员购买材料，办理转账。

（6）由收款单位（红星工厂）有关人员填写实际结算金额，见表1-40。

表1-40　银行汇票填写实际结算金额

付款期限
壹个月

工商银行　银行汇票2

汇票号码
第　　号

出票日期（大写）　贰零零玖年零壹月零伍日

代理付款行：　　　　行号

收款人：红星工厂　　　　账号：650839458700250734

出票金额　人民币（大写）　伍万元整

实际结算金　人民币（大写）　肆万陆仟捌佰元整

千	百	十	万	千	百	十	元	角	分
		¥	4	6	8	0	0	0	0

申 请 人：天津华普电器有限公司　　　　账号或住址：022080703563283710086

出 票 行：工商银行杨柳青支行　　行号：______

备　　注：

凭票付款
出票行盖章

汇票专用章

多余金额

千	百	十	万	千	百	十	元	角	分

科目（借）______
对方科目（贷）______
销账日期　年　月　日
复核　　　记账

此联代理付款行付款后左联行往账借方凭证附件

附件2张（表1-40；增值税专用发票略）

天津华普电器有限公司账务处理如下：

借：在途材料　　　　　　　　　　　　　　40 000

　　应交税费——应交增值税（进项税额）　　6 800

　　贷：其他货币资金——银行汇票存款　　　　　46 800

（7）相关人员根据收到的多余款收账通知联填制记账凭证，见表1-41。

附件1张（表1-41）

表1-41　多余款收账通知联

付款期限 壹个月

工商银行　银行汇票2

汇票号码 第　　号

出票日期（大写）　贰零零玖年零壹月零伍日　　　代理付款行：　　　　行号

收款人：红星工厂　　　　账号：650839458700250734

出票金额　人民币（大写）　伍万元整

实际结算金　人民币（大写）　肆万陆仟捌佰元整

千	百	十	万	千	百	十	元	角	分
		¥	4	6	8	0	0	0	0

申 请 人：天津华普电器有限公司　　　账号或住址：022080703563283710086

出 票 行：工商银行杨柳青支行　　行号：

备　注：

出票行盖章　　　　　　　　日

多余金额

千	百	十	万	千	百	十	元	角	分
			¥	3	2	0	0	0	0

科目（借）

对方科目（贷）

销账日期　年　月　日

复核　　　记账

此联出票行结清多余款后交申请人

天津华普电器有限公司账务处理如下：

借：银行存款　　　　　　　　　　　3 200

　　贷：其他货币资金——银行汇票存款　　　3 200

2.收款方——红星工厂核算步骤

（1）会计人员收到银行汇票及解讫通知时，加以审核。

（2）根据发票等单据上的金额在银行汇票和解讫通知上填写实际结算金额和多余金额。

（3）填写进账单并在进账单的第二联上加盖印鉴，同时在汇票背面“持票人向银行提示付款签章”处加盖印鉴，见表1-42，并将银行汇票、解讫通知一并交给银行。

（4）有关人员根据进账单回单填制相关记账凭证。

附件3张（增值税专用发票；出库单；收款通知书略）

红星工厂进行账务处理如下：

借：银行存款　　　　　46 800

　　贷：主营业务收入　　40 000

应交税费——应交增值税（销项税额）　　6 800

表1-42　银行汇票背面加盖印鉴

被背书人　商业银行城南办事处	被背书人	被背书人	粘贴单处
委托收款 红星工厂在 此处加盖印章 背书人签章 年　月　日	背书人签章 年　月　日	背书人签章 年　月　日	

四、银行本票核算

（一）银行本票核算步骤

1.付款单位核算步骤

（1）付款单位使用银行本票，应向银行填写“银行本票申请书”，填明收款人名称、支付金额、申请日期等事项并在第二联加盖预留银行的印鉴，申请人和收款人均为个人的，如需要支取现金，应先在“支付金额”栏填写“现金”字样，然后填写支付金额。

（2）将银行本票申请书送交银行，由银行签发银行本票，不定额本票用压数机压印出票金额。

（3）从银行处领取银行本票申请书的回单联及银行本票。

（4）有关人员根据银行本票申请书的回单联（存根联）填制记账凭证。

（5）出纳人员将银行本票交供应部门，采购人员持银行本票进行采购业务或进行款项结算，并将银行本票交给收款单位进行结算。

（6）有关人员根据从收款单位取得的发票等单据填制相关记账凭证。

2.收款单位核算步骤

（1）销售部门从购货方取得银行本票后，交给财会部门。

（2）出纳人员审核银行汇票的有关项目，主要审查以下内容：

①收款人是否确为本单位或本人。

②银行本票是否在提示付款期限内。

③必须记载的事项是否齐全。

④出票人签章是否符合规定，不定额银行本票是否有压数机压印的出票金额，并与大写金额一致。

⑤出票金额、出票日期、收款人名称是否更改，更改的其他事项是否由原记载人签章证明。

（3）出纳人员填写进账单并在进账单的第二联上加盖留银行的印鉴，同时应在银行本票背面“持票人向银行提示付款签章”处签章，然后将银行本票及进账单送交开户银行，银行审查无误后办理转账。

（4）有关人员根据进账单的回单联填制记账凭证。

（二）银行本票核算实例

天津华普电器有限公司2009年1月5日向红星工厂购买材料，采用银行本票方式结算，材料价款20 000元，增值税3 400元，天津华普电器有限公司会计人员将款项23 400元交存银行，有银行签发一张银行本票办理结算。

1.付款方——天津华普电器有限公司核算步骤

（1）天津华普电器有限公司会计人员填写银行本票申请书，并在其第二联加盖印鉴，连同款项一并交给银行。

（2）由银行签发银行本票，会计人员取回本票及银行本票申请书回单联，见表1-43。

（3）相关人员根据银行本票申请书的回单填制相关的记账凭证。

（4）将本票交采购人员办理采购业务。

（5）有关人员根据取得的发票填制相关的记账凭证。

表1-43 银行本票

商业银行
本票（卡片）

地名
本票号码

付款期限
个月

出票日（大写） 贰零零玖年零壹月零伍日

第 号

<table>
<tr><td colspan="4">收款人：红星工厂</td></tr>
<tr><td colspan="4">凭票即付 人民币（大写） 贰万叁仟肆佰元整</td></tr>
<tr><td>转账</td><td>现金</td><td rowspan="2"></td><td rowspan="2">出纳 复核 经办</td></tr>
<tr><td colspan="2">备注</td></tr>
</table>

此联出票行留存，结清本票时作借方凭证附件

1）取得银行本票时

附件1张（表1-43）

账务处理如下：

借：其他货币资金——银行本票存款 23 400

贷：银行存款 23 400

2）用银行本票购买材料时

附件2张（银行本票；增值税专用发票略）

账务处理如下：

借：在途材料 20 000

应交税费——应交增值税（进项税额） 3 400

贷：其他货币资金——银行本票存款　　　　23 400

2. 收款方——红星工厂核算步骤

（1）会计人员取得银行本票后，加以审核。

（2）会计人员填写进账单并在第二联加盖印鉴，见表1-44。

表1-44　进账单

中国工商银行进　账　单（收账通知）　3

2009年1月15日

出票人	全　称	天津华普电器有限公司	收款人	全　称	红星工厂
	账　号	835030489300000256		账　号	650839458700250734
	开户银行	商业银行城南办事处		开户银行	工商银行南苑分理处

金额	人民币（大写）贰万叁仟肆佰元整	亿	千	百	十	万	千	百	十	元	角	分
					¥	2	3	4	0	0	0	0

票据种类	银行本票	票据张数	1
票据号码			
复核	记账		

中国工商银行天津市南苑分理处 2009.1.15 转讫

收款人开户银行签章

此联是收款人开户银行交给收款人的收账通知

（3）在银行本票的背面“持票人向银行提示付款处”加盖印鉴，然后将进账单及本票一并交给银行。

（4）相关人员根据进账单的回单联填制相应的会计凭证。

附件3张（表1-44；增值税专用发票；出库单略）

账务处理如下：

借：银行存款　　　　23 400

　贷：主营业务收入　　　　20 000

　　　应交税费——应交增值税（销项税额）　　　　3 400

思考与练习

一、单项选择题

1. 银行汇票的提示付款期限自出票之日起最长不得超过（　　）。

A. 1个月　　B. 2个月　　C. 3个月　　D. 6个月

2. 支票适用于（　　）需要支付各种款项的单位或个人。

A. 国际结算中　　B. 同一票据交换区域内

C.不同票据交换区域间　　D.相同及不同票据交换区域

3.以下有关转账支票的叙述中，错误的是（　　）。

A.可用于转账结算　　B.可背书转让

C.可用于支取现金　　D.只在付款人所在同一票据交换区域内使用

4.银行审核支票付款的依据是支票出票人的（　　）。

A.电话号码　　B.身份证　　C.支票存根　　D.预留银行签章

5.支票的提示付款期限为自出票日起（　　）。

A. 10日　　B. 15日　　C. 20日　　D. 8日

6.支票的出票人签发的支票金额超过其付款时在付款人处实有存款金额的支票为（　　）。

A.空头支票　　B.无效支票　　C.透支支票　　D.可拒付支票

7.下列关于划线支票说法正确的是（　　）。

A.只能用于支取现金，不得转账　　B.只能用于转账，不得支取现金

C.既能用于支取现金，又能转账　　D.已作废的支票

8.某企业在现金清查中发现库存现金较账面余额多出200元。经反复核查，长款原因仍然不明，经批准后应转入（　　）科目。

A.“现金”　　B.“营业外收入”

C.“待处理财产损溢”　　D.“其他应付款”

二、多项选择题

1.按照《现金管理暂行条例》的规定，（　　）属于现金收入的范围。

A.职工交回差旅费剩余款　　B.从银行提取现金

C.将现金送存银行　　D.收取结算起点以下的小额销货款

2.下列项目中，可以使用现金的是（　　）。

A.支付500元购货款　　B.向个人收购农副产品1 500元

C.李某出差借支差旅费1 000元　　D.发放职工困难补助金600元

3.下列各项中，违反现金收入管理规定的是（　　）。

A.坐支现金

B.收入的现金于当日送存银行

C.将企业的现金收人按个人储蓄方式存入银行

D.“白条”抵库

4.企业发生的下列各项支出中，按规定可以用现金支付的有（　　）。

A.支付银行结算手续费800元　　B.支付职工朱某的医药费2 000元

C.支付购买设备的款项20 000元　　D.支付张某出差的差旅费3 000元

5.下列项目中，不能用现金支付的项目是（　　）。

A.向职工个人发放奖金5 000元　　B.偿还前欠M公司购货款10 000元

C.张山出差借支差旅费1 200元　　D.购买设备一台，价款20 000元

6. 下列各项中，通过“其他货币资金”账户核算的是(　　)。

A. 支票　　B. 银行汇票存款　　C. 备用金　　D. 银行本票存款

7. 可支取现金的支票有(　　)。

A. 现金支票　　B. 转账支票　　C. 普通支票　　D. 划线支票

三、简答题

1. 现金收入业务的处理程序是什么?

2. 现金支出业务的处理程序是什么?

3. 现金的使用范围是什么?

4. 支票的有关规定有哪些?

5. 银行本票的有关规定有哪些?

6. 银行汇票的有关规定有哪些?

任务六

银行存款的清查

任务目标

通过本任务的学习，学生应能够

☑ 了解银行存款清查的概念

☑ 掌握未达账项的概念及内容

☑ 能够熟练进行银行存款月末对账，找出未达账项，编制银行存款余额调节表

业务认知

一、银行存款清查

为了保证银行存款账目正确无误，企业应定期进行银行存款的清查。银行存款的清查是指企业对银行存款日记账账面记录与银行对账单逐笔核对，做到账实一致。

二、未达账项

企业收到银行对账单后，应将“银行存款日记账”的记录与“银行对账单”逐笔核对，核对时常常会出现银行对账单余额与本单位银行存款日记账余额不一致的情况，出现这种情况应及时查找原因，主要有两种可能；一是企业或银行记录有误(应及时更正)；二是发生未达账项。所谓未达账项，是指企业和银行之间由于凭证传递的时间差，造成一方已登记入账，而另一方尚未入账的款项。具体有4种情况：

1. 企业已经收款入账，而银行尚未收款入账

例如企业已送存银行转账支票，企业根据进账单回单联记银行存款增加，而银行因尚未收妥款项未入账。

2. 企业已经付款入账，而银行尚未付款入账

例如企业开出支票，企业已记银行存款减少，由于持票人尚未办理转账手续，银行尚未支付，因此未登记企业存款减少。

3. 银行已经收款入账，而企业尚未收款入账

例如企业委托银行代收款项，银行已经收到款项并登记企业存款增加，而企业因未接到收款通知，尚未记账。

4. 银行已经付款入账，而企业尚未付款入账

例如银行代企业划付水电费等公用事业费，银行已记存款减少，而企业因未接到付款通知，尚未记账。

业务核算

银行存款余额调节表的编制

当出现未达账项，应由对账人员编制“银行存款余额调节表”，消除未达账项的影响，使银行存款账面余额与银行对账单调节相符。银行存款余额调节表的编制方法是：在双方余额的基础上，分别加上应收的未达账项，减去应付的未达账项，结出余额。调节后的双方余额应相等。如果不相等，表明账面记录有误，需要进一步核对账目，查找原因并更正。

例 1-14 天津华普电器有限公司 2009 年 1 月 31 日的银行存款日记账余额为 372 400 元，银行对账单余额为 469 420 元，原始凭证见表 1-45 和表 1-46。

表 1-45 例 1-14 原始凭证

中国工商银行

对账单 A/C Statement

户名 Name 天津华普电器有限公司

账号 A/C No. 022080703563283710086 币种 Currency 人民币 月份 Month 9 页数 Page 1

日期 Date	凭证种类 Voucher Type	凭证号码 Voucher No.	摘要 Particulars	借方发生额 Debit	贷方发生额 Credit	余额 Balance
2009/01/01			货款		10 730.00	458 907.26
2009/01/01			运费	500.00		458 407.26
2009/01/02			货款		4 000.00	462 407.26
2009/01/03			提取现金	1 000.00		461 407.26
2009/01/04			货款	4 500.00		456 907.26
2009/01/05			货款	17 550.00		439 357.26
2009/01/14			电费	14 923.26		424 434.00
2009/01/15			汇款	10 000.00		414 434.00
2009/01/20			利息		3 596.00	418 030.00
2009/01/23			货款	21 060.00		396 970.00
2009/01/25			维修费	750.00		396 220.00
2009/01/29			电话费	1 680.00		394 540.00
2009/01/29			货款		4 680.00	399 220.00
2009/01/30			货款		70 200.00	469 420.00
合计				71 963.26	93 206.00	

此对账单如有差错请于 10 日内通知开户行，否则，则视为核对无误 打印时间 Print Date 2001/02/02

联系电话 Tel. 传真 Fax

开户行 Bank 东中支行

表1–46　银行存款日记账

09年		凭证号数	摘要	结算凭证	借方									核对号	贷方									核对号	余额								
月	日				百	十	万	千	百	十	元	角	分		百	十	万	千	百	十	元	角	分		百	十	万	千	百	十	元	角	分
1	1		承前页																					借		4	4	8	1	7	7	2	6
	1	银付1	支付运费																5	0	0	0	0										
	1	银收1	预收货款					4	0	0	0	0	0																				
	1	银付2	支付前欠货款														1	7	5	5	0	0	0										
	1	银收2	收到前欠货款				1	0	7	3	0	0	0											借		4	4	4	8	5	7	2	6
	3	银付3	预付货款															4	5	0	0	0	0										
	3	银付4	提取现金															1	0	0	0	0	0	借		4	3	9	3	5	7	2	6
	15	银付5	汇出采购款	略													1	0	0	0	0	0	0										
	15	银付6	支付电费														1	4	9	2	3	2	6	借		4	1	4	4	3	4	0	0
	21	银付7	购买材料														2	1	0	6	0	0	0										
	21	银收3	收到存款利息					3	5	9	6	0	0											借		3	9	6	9	7	0	0	0
	22	银付8	支付复印机维修费																7	5	0	0	0	借		3	9	6	2	2	0	0	0
	28	银付9	支付购买材料款														5	8	5	0	0	0	0										
	28	银收4	收到销货款					4	6	8	0	0	0											借		3	4	2	4	0	0	0	0
	30	银收5	收到订金				3	0	0	0	0	0	0											借		3	7	2	4	0	0	0	0
1	31		本月合计				5	3	0	0	6	0	0			1	2	8	7	8	3	2	6	借		3	7	2	4	0	0	0	0

经逐笔勾对，查明有以下几笔未达账项。

（1）1月28日，企业开出58 500元支票，持票人尚未向银行办理转账。

（2）1月29日，银行根据委托付款协议代企业支付电话费1 680元，企业尚未收到付款通知。

（3）1月30日，企业送存支票30 000元，银行尚未记账。

（4）1月30日，银行收到企业委托收取的货款70 200元，企业尚未收到收款通知。

根据上述资料编制的“银行存款余额调节表”，见表1–47。

附：未达账清单（表1–48）

调节后的余额既不是企业银行存款日记账的余额，也不是银行对账单的余额，它是企业银行存款的真实数字，也是企业当日可以动用的银行存款的极大值。

表 1–47　银行存款余额调节表

单位名称：天津华普电器有限公司　　2009 年 1 月 31 日　　账号：022080703563283710086

项　目	金　额	项　目	金　额
企业银行存款日记账余额	372 400	银行对账单余额	469 420
加：企业未收账款	70 200	加：银行未收账款	30 000
减：企业未付账款	1 680	减：银行未付账款	58 500
调整后余额	440 920	调整后余额	440 920

会计主管：张震　　复核：柳俊杰　　出纳：赵青云

表 1–48　未达账清单

企业未达账项					银行未达账项				
月	日	摘　要	未收	未付	月	日	摘　要	未收	未付
1	29	委托支付电话费		1 680	1	28	已开出支票对方未办理转账		58 500
1	30	委托收款	70 200		1	30	送存支票	30 000	
		合　计	70 200	1 680			合　计	30 000	58 500

提　示

编制“银行存款余额调节表”只是为了核对账目，并不能以此作为调整银行存款账面余额的原始凭证。对于银行已经入账而企业尚未入账的各项未达账项，必须在收到相关结算凭证后再进行账务处理。

思考与练习

一、单项选择题

1. 银行存款的清查是将（　　）进行核对。

A. 日记账和总分类账　　B. 日记账和收、付款凭证

C. 日记账和对账单　　D. 总分类账和收、付款凭证

2. 在记账无误情况下，造成银行对账单和存款日记账不一致的原因是（　　）。

A. 应付账款　　B. 应收账款　　C. 未达账项　　D. 外埠存款

3. 月末存在未达账项时，企业实际可动用的银行存款数额是（　　）。

A. 企业银行存款日记账上的余额

B. 银行对账单上的存款余额

C. 银行存款余额调节表中调整后的存款余额

D. 以上三项都不是

4. “银行存款余额调节表”调整后的存款余额表明的是（　　）。

A. 企业可以支用的银行存款实存数额　　B. 银行存款期末余额

C. 平衡余额　　D. 未达账项

5. 企业与银行核对双方账目时，必须注意有无未达账项，如果发现有未达账项，应据以编制（　　），检验双方的账面余额是否一致。

A. 银行存款盘点表　　B. 银行存款余额调节表

C. 未达账项清查表　　D. 账存实存对比表

二、多项选择题

1. 编制“银行存款余额调节表”时，计算调节后余额应用企业银行存款日记账余额（　　）。

A. 加企业未入账的收入款项　　B. 加银行未入账的收入款项

C. 加银行未入账的支出款项　　D. 减企业未入账的支出款项

2. 银行存款余额调节表是（　　）。

A. 原始凭证　　B. 只起到对账作用

C. 银行存款清查的方法　　D. 调整账面记录的原始依据

3. 下列可用作原始凭证，调整账簿记录的有（　　）。

A. 实存账存对比表　　B. 未达账项登记表

C. 现金盘点报告表　　D. 银行存款余额调节表

三、判断题

1. 企业在进行财产清查时，发现企业银行存款的期末余额少于银行对账单的余额，这种现象即是盘亏。（　　）

2. 在银行存款清查时出现的未达账项，可编制银行存款余额调节表来调整，编制好的银行存款余额调节表是调节账面余额的原始凭证。（　　）

3. 未达账项是指在企业和银行之间，由于凭证的传递时间不同，而导致的记账时间不一致，即一方已接到有关结算凭证已经登记入账，而另一方由于尚未接到有关结算凭证尚未入账的款项。（　　）

4. 银行存款的清查应采取以银行存款日记账与开户银行核对账目的方法进行。（　　）

四、计算与分析题

1. A公司5月31日的银行存款日记账账面余额为265 000元，而银行对账单上企业存款余额为180 000元，假定双方记账均无误。经逐笔核对，发现有以下未达账项：

（1）5月25日，企业开出转账支票20 000元，持票人尚未到银行办理转账，银行尚未登账。

（2）5月26日，企业委托银行代收款项100 000元，银行已收款入账，但企业未接到银行的收款通知，因而未登记入账。

（3）5月28日，企业收到购货单位签发的转账支票面额200 000元，企业已登账，银行尚未登记入账。

（4）5月30日，银行代企业支付水电费5 000元，企业尚未接到银行的付款通知，故未登记入账。

【要求】 根据以上有关内容，编制“银行存款余额调节表”。

2.假设东方工厂11月30日银行存款的账面余额218 000元。经核对，企业和银行双方记账过程都没有错误，只发现下列未达账项：

（1）11月30日，委托银行存款26 000元，银行已收款记入企业存款账户，但尚未通知企业。

（2）11月29日，企业开出支票购买办公用品1 500元，企业已减少存款记账，但支票尚未送到银行。

（3）11月30日，企业收到其他单位的支票8 000元，企业已记账，但银行未记账。

（4）11月30日，银行代企业支付水电费1 600元，银行已记账，但付款通知尚未送达企业。

【要求】 根据上述资料计算银行对账单的账面余额，编制银行存款余额调节表，并说明企业在12月1日可动用的银行存款最高限额。

任务七

实　训

实训目的

- ☑ 能够识别与现金、银行存款收支业务有关的原始凭证
- ☑ 能够准确填制记账凭证
- ☑ 掌握现金与银行存款的序时与总分类核算
- ☑ 能够根据经审核无误的会计凭证逐日逐笔地登记“现金日记账”与“银行存款日记账”，做到日清日结或日清月结

实训环境

会计模拟实验室，配有相关原始凭证、记账凭证、现金日记账、银行存款日记账、实物展台等。

实训要求

- 办理现金收付和结算业务，准确填制记账凭证
- 模拟银行办理存、付款业务填制记账凭证
- 登记“现金日记账”与“银行存款日记账”
- 保管库存现金和各种有价证卷，保管有关印鉴、空白收据和空白支票
- 掌握备用金的借支与报销

实训资料

【企业概况】

企业名称：天津华普电器有限公司

法定代表人：王振通

注册地址：天津市西青区杨柳青镇第五大街99号

电话：022-27391234

注册资本：1 000万元

企业类型：有限责任公司

经营范围及主要产品：家用电器

经营方式：生产销售

企业组织机构：企业下设两个基本生产车间、两个辅助生产车间、厂部办公室、供应部、销售部等

开户行：工商银行杨柳青分行

账号：0220807035632837100086

税务登记证号：022779154961786 6115

纳税人类型：一般纳税人

增值税率：17%

财务部门负责人：张震

会计：李智慧

出纳：赵青云

【业务资料】

该公司2009年1月日记账的余额如下：

现金日记账：810.36元

银行存款日记账：240 376.12元

该公司2009年1月有关业务如下：

实训1　4日，签发现金支票，提取现金2 000元备用，相关原始凭证见表1–49。

表1–49　实训1原始凭证

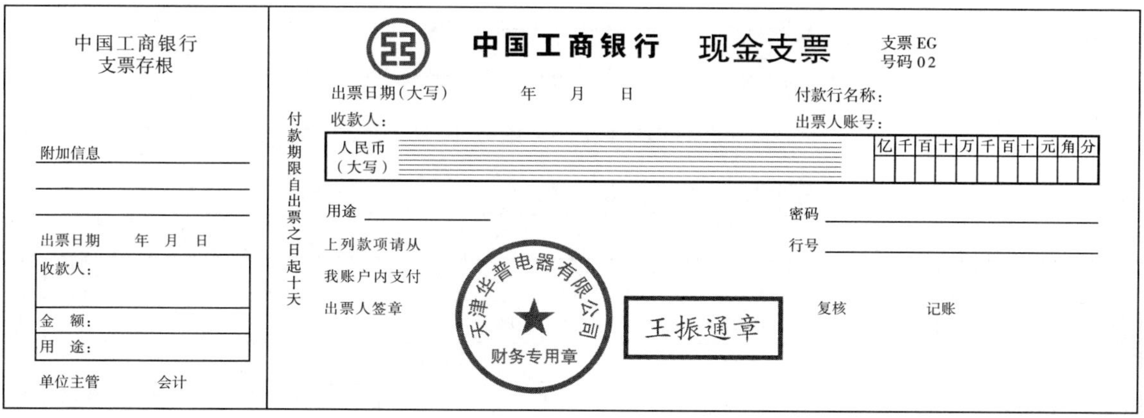
中国工商银行
支票存根

附加信息

出票日期　年　月　日

收款人：

金　额：

用　途：

单位主管　会计

中国工商银行　现金支票

支票EG
号码02

付款期限自出票之日起十天

出票日期（大写）　年　月　日

付款行名称：

收款人：

出票人账号：

人民币（大写）

亿	千	百	十	万	千	百	十	元	角	分

用途

密码

上列款项请从

行号

我账户内支付

出票人签章

复核　记账

实训2　5日，签发转账支票，支付财产保险费30 000元。相关原始凭证见表1–50。

表 1–50　实训 2 原始凭证

中国工商银行
转账支票存根

附加信息

出票日期　年　月　日

收款人：

金　额：

用　途：

单位主管　　会计

中国工商银行　转账支票　　支票 EG
号码 02

出票日期（大写）　年　月　日　　付款行名称：

收款人：　　出票人账号：

付款期限自出票之日起十天

人民币（大写）	亿	千	百	十	万	千	百	十	元	角	分

用途　　密码

上列款项请从　　行号

我账户内支付

出票人签章　　天津华普电器有限公司 财务专用章　　王振通章　　复核　　记账

实训 3　6 日，收到转账支票一张（表 1–51），系宏远机电贸易公司支付的前欠账款，填写进账单，支票背书连同进账单一并交于银行。相关原始凭证见表 1–51 和表 1–52。

表 1–51　实训 3 原始凭证 1

天津市商业银行　转账支票　　天津 00316274

出票日期（大写）贰零零玖年零壹月零陆日　　付款行名称：市商业银行东城支行

收款人：天津华普电器有限公司　　出票人账号：17408293

付款期限自出票之日起十天

人民币（大写）	亿	千	百	十	万	千	百	十	元	角	分
伍万贰仟元整				¥	5	2	0	0	0	0	0

用途　网络工程款　　密码

上列款项请从　　行号

我账户内支付

出票人签章　　宏远机电贸易公司 财务专用章　　张　其　　复核　　记账

表 1–52　实训 3 原始凭证 2

中国工商银行进 账 单（回　单）　　1

年　月　日　　第　号

出票人	全　称		收款人	全　称	
	账　号			账　号	
	开户银行			开户银行	

金额	人民币（大写）	亿	千	百	十	万	千	百	十	元	角	分

票据种类		票据张数		
票据号码				
单位主管　会计　复核　记账				出票人开户银行签章

此联是出票人开户银行交给出票人的回单

实训4　7日，向银行借入的三个月借款已划入公司存款账户，相关原始凭证见表1–53。

表1–53　实训4原始凭证

借款借据（回　单）

2009年 1 月 7 日

借款单位	天津华普电器有限公司	账　号	02208070356328371 0086
借款种类	三个月借款		
借款金额	人民币壹拾万元整	¥100 000.00	
借款原因或用途	购材料用	核定还款日期	2009年4月6日
		实际放款日期	2009年1月7日
		上项贷款已按银行核定金额发放，划入你单位存款户 （天津市工行杨柳青支行 结算专用章） 银行盖章	

实训5　9日，收到税单，银行已划转上月应交的增值税及附加。国税缴款书见表1–54，地税缴款书见表1–55。

表1–54　实训5原始凭证1

中华人民共和国
税收缴款书

国

隶属关系：

征收机关：天津市国税局征管分局　　填发日期2009年1月8日　　经济类型：国有

缴款单位电话：　　缴款单位所属行业：

预算科目	款		缴款单位（人）	代　码	
	项			全　称	天津华普电器有限公司
	级次	中央地方共享		开户银行	工商银行杨柳青分行
收缴国库		天津市国库		账　号	02208070356328371 0086

税款所属时间：2008年12月1日至2008年12月31日　　限缴日期：2009年1月10日

品目名称	课税数量	计税金额或销售收入	税率或单位税额	已缴或扣除额	亿	千	百	十	万	千	百	十	元	角	分
增值税：工业		380 438.20	17%	63 300.21						1	3	7	4	2	8
金额合计（大写）：壹仟叁佰柒拾肆元贰角捌分									¥	1	3	7	4	2	8

缴款单位（人）（盖章）经办人（章）	税务机关（盖章）填票人（章）	上列款项已收妥并划转收款单位账户 国库（银行）盖章　2009年1月8日	备注：

第二联（收据）国库（经收处）收款盖章后退缴款单位（人）作完税凭证

逾期不缴按税法规定加收滞纳金

表1-55　实训5原始凭证2

中华人民共和国　　　　地
税收缴款书

隶属关系：
征收机关：天津市国税局征管分局　　填发日期2009年1月8日　　经济类型：国有
缴款单位电话：　　　　缴款单位所属行业：

预算科目	款		缴款单位（人）	代码												
	项			全称	天津华普电器有限公司											
	级次	中央地方共享		开户银行	工商银行杨柳青分行											
收缴国库		天津市国库		账号	022080703563283710086											
税款所属时间：2008年12月1日至2008年12月31日				限缴日期：2009年1月10日												
品目名称	课税数量	计税金额或销售收入	税率或单位税额	已缴或扣除额	实缴税额											
					亿	千	百	十	万	千	百	十	元	角	分	
城建税		1 374.28	7%									9	6	2	0	
教育费附加		1 374.28	3%									4	1	2	2	
金额合计（大写）：壹佰叁拾柒元肆角贰分										¥	1	3	7	4	2	
缴款单位（人）（盖章）经办人（章）	税务机关（盖章）填票人（章）	上列款项已收妥并划转收款单位账户 国库（银行）盖章 2009年1月8日			备注：											

第二联（收据）国库（经收处）收款盖章后退缴款单位（人）作完税凭证

逾期不缴按税法规定加收滞纳金

实训6　9日，填写银行汇票申请书（银行汇票一式3联，在此只填1联），向开户行申请签发银行汇票。汇票面额150 000元，购材料用。收款人：明泰达有限公司，开户行：建设银行大港分行，账号：022080703563212042065。相关原始凭证见表1-56。

表1-56　实训6原始凭证

工商银行　汇票申请书（存根）　1

申请日期　　年　　月　　日　　　　第　　号

申请人		收款人										
账号或住址		账号及住址										
用途		代理（付款行）										
汇票金额	人民币（大写）		千	百	十	万	千	百	十	元	角	分
备注		科目＿＿＿＿ 对方科目＿＿＿＿ 财务主管　复核　经办										

此联申请人留存

实训7　10日，现金购买办公用品。相关原始凭证见表1–57。

表1–57　实训7原始凭证

天津市商业零售统一发票

发　票　联

No.0027761

购货单位(人)：天津华普电器有限公司　2009年1月10日

货物名称	规　格	单　位	数　量	单　价	金额 万	千	百	十	元	角	分
水笔		盒	5	10.00				5	0	0	0
订书器		个	2	11.00				2	2	0	0
合计金额（大写）	⊕万⊕仟⊕佰柒拾贰元零角零分						¥	7	2	0	0
结算方式		开户银行及账号									

第二联　发票联

销货单位(盖章有效)　　收款人：李艳　　开票人：王鹏

实训8　10日，现金支付修理费。相关原始凭证见表1–58。

表1–58　实训8原始凭证

天津市修理修配业统一发票

发　票　联

No.017822

客户名称(人)：天津华普电器有限公司　2009年1月10日

项目	内容	单位	数量	单价	金额 万	千	百	十	元	角	分
	修理						6	2	5	0	0
合计金额（大写）	⊕万⊕仟陆佰贰拾伍元零角零分					¥	6	2	5	0	0
结算方式		开户银行及账号									

第二联　发票联

销货单位(盖章有效)　　收款人：孙同　　开票人：孙杉

实训9　11日，业务部王彬预借差旅费1 000元，现金付给。相关原始凭证见表表1–59。

表1-59 实训9原始凭证

借 支 单

2009年1月11日

借款部门	业务部	职别	职员	出差人姓名	王彬
借款事由	公务出差				
借款金额人民币(大写)		壹仟元整		现金付讫	¥1 000.00
批准人	王政	部门负责人	刘一明	财务负责人	张震

收款人：赵青云

实训10 12日，现金支付办公室购物款(文件柜记入“低值易耗品”账户)。相关原始凭证见表1-60和表1-61。

表1-60 实训10原始凭证1

天津市商业零售统一发票

发 票 联

No.0027762

购货单位(人)：天津华普电器有限公司 2009年1月12日

货物名称	规格	单位	数量	单价	金额						
					万	千	百	十	元	角	分
记账凭证		册	5	2.00				1	0	0	0
账页		册	5	7.00				3	5	0	0
合计金额(大写)	⊕万⊕仟⊕佰肆拾伍元零角零分						¥	4	5	0	0
结算方式		开户银行及账号									

第二联 发票联

销货单位(盖章有效)　　收款人：孙同　　开票人：孙杉

表1-61 实训10原始凭证2

天津市商业零售统一发票

发 票 联

No.0027763

购货单位(人)：天津华普电器有限公司 2009年1月12日

货物名称	规格	单位	数量	单价	金额						
					万	千	百	十	元	角	分
文件柜		个	1	287.00			2	8	7	0	0
合计金额(大写)	⊕万⊕仟贰佰捌拾柒元零角零分					¥	2	8	7	0	0
结算方式		开户银行及账号									

第二联 发票联

销货单位(盖章有效)　　收款人：孙同　　开票人：孙杉

实训11　13日，收到当天营业款现金23 400元。相关原始凭证见表1-62。

表1-62　实训11原始凭证

天津市商业零售统一发票

记　账　联

No.1006392

客户名称：张正

货　号	货物名称	单位	数量	单价	金额 十	万	千	百	十	元	角	分
	网络设备				¥	2	3	4	0	0	0	0
合计金额（大写）	⊕拾贰万叁仟肆佰零拾零元零角零分			¥23 400.00								

结算方式	现金	开户银行		备注	
账　　号		联系电话			

销货单位（盖章有效）　　收款人：李智慧　　开票人：赵青云

第三联　记账联

实训12　13日，填写现金缴款单，连同营业款一并送交银行。相关原始凭证见表1-63。

表1-63　实训12原始凭证

中国工商银行现金交纳单（传票联）

2009年1月13日

存款单位	全　　称	天津华普电器有限公司	开户银行	工商银行杨柳青分行
	账　　号	0220807035632837100086	款项来源	货款

人民币（大写）	贰万叁仟肆佰元整	百	十	万	千	百	十	元	角	分
			¥	2	3	4	0	0	0	0

票面	张数	万	千	百	十	元	角	分	票面	张数	万	千	百	十	元	角	分	
壹佰元	231	2	3	1	0	0	0	0										本交纳单现金，业已如数收讫
伍拾元	4			2	0	0	0	0										
拾元	10			1	0	0	0	0										
伍元																		
贰元																		（银行现金收讫章）
壹元																		出纳员

会　计：　　复　核：　　记　账：

实训13　14日，收到电汇款，系客户预付定金，相关原始凭证见表1-64和表1-65。

表1-64 实训13原始凭证1

中国工商银行省分行××省辖电子汇兑贷方凭证（收款通知） 2

发报行	行号		编报日期	2009.01.14	收报行	行号	4200　号码 3010
	行名	柳江市支行东溪办事处				行名	工商银行杨柳青分行
收款单位	账号	022080703563283710086			收款行名称		
	名称	天津华普电器有限公司			工商银行杨柳青分行		
金额（大写）：贰万捌仟元整　¥28 000.00							
付款单位名称、事由	柳江市东溪宾馆　预付商品款				业务种类		汇兑
备注：				上列款项已照收无误 证件名称 证件号码 （收款单位盖章） 年　月　日			科目（贷） 对方科目（借） 记账　复核 出纳
上列款项已代转账，如有错误，请持此联来行面洽 此致（开户单位）银行盖章　年　月　日							

中国工商银行天津市杨柳青支行 2009.1.14 转讫

转账日期　2009年01月11日

此联代收款通知

表1-65 实训13原始凭证2

天津市企业统一收款收据

收　据　联

No.00315914

年　月　日

缴款单位人（人）					
款项内容			收款方式		
人民币（大写）				¥	
备注		收款单位盖章		收款人签章	

第二联 收据联

实训14　15日，根据工资单的实发数合计21 580元，签发现金支票，提取现金。相关原始凭证见表1-66。

表1-66 实训14原始凭证

中国工商银行 转账支票存根	中国工商银行　现金支票　支票EG 号码02
附加信息	出票日期（大写）　年　月　日　　付款行名称：
	收款人：　　出票人账号：
出票日期　年　月　日	人民币（大写）　亿 千 百 十 万 千 百 十 元 角 分
收款人：	付款期限自出票之日起十天
金　额：	用途　　密码
用　途：	上列款项请从我账户内支付　　行号
单位主管　会计	出票人签章　天津华普电器有限公司 财务专用章　王振通章　复核　记账

实训15 15日，发放工资。工资发放清单见表1–67。

表1–67 工资表

2009年1月15日　　　　第　　页

编号	姓名	应发工资					合计	代扣款项					实发工资	领款盖章
		基本工资	岗位工资	技术津贴	物价补贴	月奖		工会费	住房公积金	养老金	医疗保险	个人所得税		
1	赵 巧	800	400		40	200	1 440	2.40	60	15	48.00	30	1284.60	
2	王 燕	600	300		40	180	1 120	2.00	50	15	40	19	994.00	
3	王 强	600	300	200	40	180	1 320	1.80	45	15	36.00	24	1 198.20	
4	张 杰	500	260	200	40	160	1 160	1.50	38	15	30.40	8	1 067.10	
5	李小平	500	260	200	40	160	1 160	1.50	38	15	30.40	8	1 067.10	
6	夏 红	500	200		40	100	840	1.40	35	15	2.80		785.80	
31	黄 胜	500	200		40	100	840	1.40	35	15	2.80		785.80	
32	郭 志	500	200		40	100	840	1.40	35	15	2.80		785.80	
33														
34														
35														
36														
合计		14 600	4 200	1 480	1 280	2 540	24 100	38	940	480	752	310	21 580	

主管负责人：张震　　　　会计：李智慧　　　　出纳：赵青云

实训16 15日，银行转来委托收款凭证，上月电费已付讫。相关原始凭证见表1–68。

表1–68 实训16原始凭证

特种

委托收款凭证（付款通知）第5联

2009年1月15日

付款单位			收款单位		
付款单位	全　称	天津华普电器有限公司	收款单位	全　称	市用电管理所
	账　号	022080703563283710086		账　号	00508552
	开户银行	工商银行杨柳青分行		开户银行	商业银行市中支行

金额	人民币（大写）	玖仟肆佰伍拾玖元玖角整	亿	千	百	十	万	千	百	十	元	角	分
							¥	9	4	5	9	9	0

备注：
12月份电费

市用电管理所 发票专用章

此联付款人开户银行给付款人付款通知

实训 17 18日银行转来托收凭证，支付电话费。相关原始凭证见表1–69。

表1–69 实训17原始凭证

委托收款凭证（付款通知）第5联

2009年1月18日

付款单位	全　称	天津华普电器有限公司	收款单位	全　称	天津市电信局
	账　号	022080703563283710086		账　号	00108252
	开户银行	工商银行杨柳青分行		开户银行	工商西青分行
金额	人民币（大写）	叁佰贰拾元叁角整		亿千百十万千百十元角分	¥32030
月租	18.00	信息			
市话	123.90	电报			
长话	178.40	其他			

天津市电信局 收款专用章

此联付款人开户银行给付款人付款通知

实训 18 18日，签发现金支票，提取现金2 000元备用。相关原始凭证见表1–70。

表1–70 实训18原始凭证

中国工商银行 转账支票存根	中国工商银行 现金支票　支票EG 号码02
附加信息	出票日期(大写)　年　月　日　付款行名称：
	收款人：　出票人账号：
	人民币（大写）　亿千百十万千百十元角分
出票日期　年　月　日	用途　密码
收款人：	上列款项请从我账户内支付　行号
金　额：	出票人签章　复核　记账
用　途：	
单位主管　会计	

付款期限自出票之日起十天

天津华普电器有限公司 财务专用章

王振通章

实训19 18日，现金支付移动电话费。相关原始凭证见表1–71。

表1–71 实训19原始凭证

××移动通信有限责任公司移动电话费发票

4110 12月话费 2009年1月18日 打印 No.0252385

手机号码：13867888588 户名：张震

类 别	金 额	类 别	金 额	备 注
月 租 费	50.00	漫 游 费	32.40	
增值服务费	10.00	漫游国内长话费	26.84	
通 话 费	130.90	漫游国际长话费		
国内长途费	54.96	欠 费		操作员：0415 流水员：2067
国际长途费		滞 纳 金		移动通信公司 发票专用章
信 息 费		其 他		
频率费（代收）		咨询电话		
合计金额 人民币（大写）	叁佰零伍元壹角整 小写：305.10			

收款员：陆家杰 复核： 收款日期：2009年1月18日

第二联 发票联

实训20 20日，王彬报销差旅费，结清预借款。差旅费报销单见表1–72。

表1–72 实训20原始凭证

差旅费报销单

原派出单位 天津华普电器有限公司 2009年1月20日 单据张数15 张（略）

事由 参加技术会议 姓名 王彬 部门：业务部 职务

起止日期				地点	交通工具	单据张数	车船费	住勤费			其他费用		
月	日	月	日					标准	天数	金额	项目	单据	金额
1	12	1	16	洛阳	火车	2	420		4	50	行李费		
											市内车费	12	46.00
											住宿费	1	240.00
											邮电费		
											夜间补贴		
合 计							420			200			286.00
报销总额：¥906.00						经审核后报销金额	人民币（大写）玖佰零陆元整 ¥906.00						

派出单位领导： 财务主管： 复核： 出纳：赵青云 报销人：王杉

实训21　23日，银行转来结算凭证，汇票及信汇手续费已划转。相关原始凭证见表1–73。

表1–73　实训21原始凭证

中国工商银行杨柳青分行结算业务收费凭证

2009年1月23日

缴费单位户名	天津华普电器有限公司	账号	022080703563283710086									
		笔数	手续费					邮电				
			百	十	元	角	分	百	十	元	角	分
汇兑	信汇	1			5	5	0		1	5	0	0
	电汇											
异地托收承付	邮划											
	电划											
委托异地收款	邮划											
	电划											
限额结算												
同城托收无承付												
汇　票		1			6	0	0		3	2	0	0
小　计				1	1	5	0		4	7	0	0

手续费 邮电费	合计（大写）⊕佰伍拾捌元伍角零分	百	十	元	角	分
		¥	5	8	5	0

上列费用已在你单位账户支付　　　复核：　　　记账：

实训22　25日销售实现，收到客户交来的银行汇票。相关原始凭证见表1–74～表1–77。

表1–74　商品出库单

购货单位：津京商贸有限公司　　　2009年1月25日　　　销字第001号

商品名称及规格	单位	数量
“华普”牌洗衣机	台	200
合　计		200

第二联　会计记账

主管人：　　　会计：　　　记账：　　　制单：

表1-75　实训22原始凭证2

天津市增值税专用发票

记　账　联

全国统一发票监制章 天津市 国家税务局监制

开票日期：2009年01月25日

收款人：　　　　复核：　　　　开票人：　　　　销货单位（章）：

购货单位	名　　称：津京商贸有限公司 纳税人识别号：370305987654321 地 址、电 话：天津市河东六纬路56号 开户行及账号：天津河东工行一支行022080703512345710022				密码区	（略）		
货物或应税劳务名称	规格型号	单位	数量	单价	金额	税率	税额	
“华普”牌洗衣机	TCX半自动	台	200	1 000.00	200 000.00	17%	34 000.00	
合　　计					200 000.00	17%	34 000.00	
价税合计（大写）	贰拾叁万肆仟元整　　（小写）¥234 000.00							
销货单位	名　　称：天津华普电器有限公司 纳税人识别号：0227791549617866115 地 址、电 话：杨柳青镇第五大街99号022-27391234 开户行及账号：工商银行杨柳青分行022080703563283710086				备注	天津华普电器有限公司 发票专用章		

第四联　记账联　销货方记账凭证

表1-76　实训22原始凭证3

付款期限 壹个月

工商银行　银行汇票 2

汇票号码　0035028

第　　号

出票日期（大写）　贰零零玖年零壹月壹拾叁日　　代理付款行：天津市工行杨柳青支行　　行号 ×××

收款人：天津华普电器有限公司　　账号：022080703563283710086											
出票金额 人民币（大写）　贰拾叁万肆仟元整											
实际结算金额 人民币（大写）　贰拾叁万肆仟元整		千	百	十	万	千	百	十	元	角	分
			¥	2	3	4	0	0	0	0	0

申请人：津京商贸有限公司　　账号或住址：72084308

出票行：河东工行一支行　　行号：×××

备　注：货款

凭票付款

出票行签章　　年　　月　　日

中国工商银行天津市河东一支行 ★2009.1.13★ 票据受理专用章 收妥抵用

苏　松

多余金额									
千	百	十	万	千	百	十	元	角	分

科目（借）______

对方科目（贷）______

兑付日期　　年　月　日

复核　　　记账

此联代理付款行付款后作联行往账借方凭证附件

表1-77　实训22原始凭证4

中国工商银行进　账　单（收账通知）　1

2009年1月25日　　第　　号

出票人	全　称	津京商贸有限公司		收款人	全　称	天津华普电器有限公司
	账　号	022080703512345710022			账　号	022080703563283710086
	开户银行	河东工行一支行			开户银行	工行杨柳青支行
金额	人民币（大写）	贰拾叁万肆仟元整				
票据种类	银行汇票	票据张数	1			
票据号码	0035028					
单位主管　会计　复核　记账				出票人开户银行签章		

亿	千	百	十	万	千	百	十	元	角	分
		¥	2	3	4	0	0	0	0	0

中国工商银行天津市杨柳青支行 2009 1 25 转讫

此联是出票人开户银行交给出票人的收账通

实训23　25日，划转养老保险。相关原始凭证见表1-78。

表1-78　实训23原始凭证

交　通　银　行

（同城）专用委托收款凭证　4

委托日期 2009年1月25日　　No 0003419

付款单位	全　称	天津华普电器有限公司	收款单位	全　称	天津市劳动保险管理处
	账　号	022080703563283710086		账　号	022080703563228174009
	开户银行	工商银行杨柳青分行		开户银行	交行分行第一营业部
金额	人民币（大写）	陆仟肆佰元整			
结算原因：收取1月份职工养老保险基金。		会计分录:(　)科目(　) 主管　财务　记账		付款单位开户银行盖章 2009年1月25日	

亿	千	百	十	万	千	百	十	元	角	分
				¥	6	4	0	0	0	0

中国工商银行天津市杨柳青支行 2009 1 25 转讫

此联作交款通知扣款后送付款单位

实训24　27日，现金支付客户就餐费。定额发票见表1-79～表1-81，限额发票见表1-82。

表1-79　实训24原始凭证1

天津市饮食业定额发票

发　票　联

人　民　币　　　　壹佰元

花园大酒店 发票专用章

天津

（××B）No.0186241

收款人：　　　　　　　　　　　　收款单位（未盖章无效）

表1-80　实训24原始凭证2

天津市饮食业定额发票

发　票　联

人　民　币　　　　壹佰元

花园大酒店 发票专用章

天津

（××B）No.0186242

收款人：　　　　　　　　　　　　收款单位（未盖章无效）

表1-81　实训24原始凭证3

天津市饮食业定额发票

发　票　联

人　民　币　　　　壹佰元

花园大酒店 发票专用章

天津

（××B）No.0186243

收款人：　　　　　　　　　　　　收款单位（未盖章无效）

表1-82　实训24原始凭证4

天津市饮食专用限额发票

发票联

开票日期 2009年 1 月 27 日　　　　№.0035020

付款户名	明天信息技术公司			付款方式					现金
项目	单位	数量	单价	金额					备注
				百	十	元	角	分	本发票填开金额超过壹佰元无效
餐费		1			6	0	0	0	
				¥	6	0	0	0	
合计金额（大写）	陆拾零元零角零分								
本次消费总额：¥360.00		附定额发票 3 张				号码：01486241-243			

第二联　发票联

开票人：钱江　　　收款人：何琳　　　收款单位（未盖章无效）

实训25　1月27日向明泰达有限公司购买材料，采用银行汇票结算方式，双方实际结算金额为140 400元，余款9 600元自动退回。相关原始凭证见表1-83和表1-84。

表1-83　实训25原始凭证1

付款期限 壹个月

工商银行　银行汇票2

汇票号码 第　号

出票日期（大写） 贰零零玖年零壹月贰拾柒日　　代理付款行：　　行号

收款人：明泰达有限公司　　账号：022080703563212042065											
出票金额 人民币（大写） 壹拾伍万元整											
实际结算金 人民币（大写） 壹拾肆万零肆佰元整	千	百	十	万	千	百	十	元	角	分	
		¥	1	4	0	4	0	0	0	0	

申请人：天津华普电器有限公司　　账号或住址：022080703563283710086

出票行：工商银行杨柳青支行　行号：

备　注：

凭票付款

出票行签章

多余金额									
千	百	十	万	千	百	十	元	角	分
			¥	9	6	0	0	0	0

科目（借）＿＿＿＿
对方科目（贷）＿＿＿＿
兑付日期　年　月　日
复核　　记账

此联代理付款行付款后左联行往账借方凭证附件

表 1-84　实训 25 原始凭证 2

天津市增值税专用发票

发　票　联

开票日期：2009 年 01 月 27 日

购货单位	名　　　称：天津华普电器有限公司	密码区	（略）
	纳税人识别号：0227791549617866115		
	地 址、电 话：杨柳青镇第五大街 99 号 022-27391234		
	开户行及账号：工商银行杨柳青分行 022080703563283710086		

货物或应税劳务名称	规格型号	单位	数量	单价	金额	税率	税额
电机	TC-X	台	100	1200.00	120 000.00	17%	20 400.00
合　　计					120 000.00	17%	20 400.00
价税合计（大写）	壹拾肆万零肆佰元整　　（小写）¥140 400.00						

销货单位	名　　　称：明泰达有限公司	备注	
	纳税人识别号：0227791549617866115		
	地 址、电 话：天津大港胜利路 112 号		
	开户行及账号：建设银行大港分行，022080703563212042065		

收款人：　　　复核：　　　开票人：　　　销货单位（章）

实训 26　30 日，司机沈某报销通行费、停车费、油费。相关原始凭证见表 1-85~表 1-87。

表 1-85　实训 26 原始凭证 1

天津市公路车辆通行定额发票

发　票　联　　　　地税

叁　拾　元

收费员　　　　　　　　　开票日期

× ×

（01A）　　　No.0315352

× × × × 收费站

表1-86　实训26原始凭证2

××市停车费收据	××市停车费收据
伍　　元	伍　　元

表1-87　实训26原始凭证3

天津市加油站成品油销售发票

发　票　联

全国统一发票监制章 天津市 国家税务局监制

No.0045802

2009年1月30日

购货单位：天津华普电器有限公司

品名	汽油	车牌号码	
规格	93[#]	税控机号码	
数量（升）	40.60	含税单价	6.52
合　计 人民币　（大写）	贰佰陆拾肆元柒角整	¥264.70	

第二联　发票联

壳牌河北加油站 发票专用章

开票人：滕春　　　　开票单位（盖章有效）

实训27　在1月30日的现金清查中，发现库存现金少于账面余额100元。相关原始凭证见表1-88。

表1-88　库存现金盘点表

盘点日期：2009年1月30日

清点现金			核对账目	
货币面额	张数	金额	项目	金额
100元	14	1400.00	现金账面余额	1 905.56
50元	6	300.00	实点现金	1 805.56
20元	2	40.00	长款（或短款）	100
10元	1	10.00	备注： 出纳员工作失误	
5元	8	40.00		
2元	5	10.00		
1元	5	5.00		
5角	1	0.50		
2角	0	0		
1角	0	0		
5分	1	0.05		
2分	0	0		
1分	1	0.01		
实点	合计	1 805.56		

企业负责人：王振通　　会计主管：张震　　出纳员：赵青云　　清点人员：刘燕

实训28 1月31日经核查30日的现金短缺属于出纳员的责任，应由其赔偿，出纳员赵青云交回赔款。天津华普电器有限公司账务处理如下，相关原始凭证见表1-89。

表1-89 实训28原始凭证

收 款 收 据

入账日期：2009年1月31日　　　　No.0014606

交款单位　赵青云　　　　付款方式　现金

人民币（大写）　壹佰元整　　　　¥100.00

收款事由　赔款

天津华普电器有限公司 财务专用章

2009年1月31日

单位盖章：　　财务主管：张震　　记账　　复核　　出纳：赵青云

实训29 月末与工商银行对账单见表1-90，核对“银行存款”。

要求：编制银行存款余额调节表，见表1-91。

表1-90 实训29原始凭证1

中国工商银行　　　　对账单A/C Statement

户名 Name　天津华普电器有限公司

账号 A/C No. 022080703563283710086　　币种Currency 人民币　　月份 Month9　　页数 Page1

日期 Date	凭证种类 Voucher Type	凭证号码 Voucher No.	摘要 Particulars	借方发生额 Debit	贷方发生额 Credit	余额 Balance
2009/01/01	略	略	期初余额		10 730.00	240 376.12
2009/01/04			提现	2 000.00		238 376.12
2009/01/05			支付保险费	30 000.00		208 376.12
2009/01/06			收到货款		52 000.00	260 376.12
2009/01/07			借款		100 000.00	360 376.12
2009/01/08			交税	1 511.70		358 864.42
2009/01/9			开出银行汇票	150 000.00		208 864.42
2009/01/13			货款存银行		23 400.00	232 264.42
2009/01/14			预收		28 000.00	260 264.42
2009/01/15			提现	21 580.00		238 684.42
2009/01/15			电费	9 459.90		229 224.52
2009/01/18			电话费	320.30		228 904.22
2009/01/18			提现	2 000.00		226 904.22
2009/01/23			收到货款		146 000.00	372 904.22
2009/01/23			支付手续费	58.50		372 845.72
2009/01/25			偿还货款	180 000.00		192 845.72
合计						

此对账单如有差错请于10日内通知开户行，否则视为核对无误　　打印时间 Print Date 2001/02/02

联系电话Tel.　　传真Fax

开户行 Bank　　东中支行

表1-91　银行存款余额调节表

单位：　　　　　　　　　　　年　月　日　　　　　　　　　　　金额单位：元

项　目	金　额	项　目	金　额
银行存款日记账余额		开户行对账单余额	
加： 减：		加： 减：	
调解后余额		调解后余额	

会计主管：　　　　　　　　　　　　　　会计人员：

模块二 往来岗位核算

- 任务一　往来核算会计岗位认识
- 任务二　应收及应付票据业务核算
- 任务三　应收及应付账款业务核算
- 任务四　预付及预收账款业务核算
- 任务五　其他往来业务核算
- 任务六　实训

模块导入

往来核算会计岗位在企业资金往来管理中具有重要作用。往来账会计参与销售业务、采购业务和其他日常往来账管理工作，从财务角度控制经济主体的物资流、资金流和信息流，并承担相应的岗位责任。会计通过参与购销合同的签订，对有关合同条款进行审核确认；通过审核原始凭证和有关业务资料，进行入账确认；通过往来账户管理和逐笔核算，及时反映经济主体的债权和债务增加、减少和余额情况；通过与业务人员对账和参与索债，及时对经济主体债权和债务的结余情况和清欠情况进行管理。往来会计的主要工作内容有应收账款、应付账款、其他应收款、其他应付款、预收账款和预付账款。

任务一

往来核算会计岗位认识

任务目标

通过本任务的学习，学生应能够

☑了解往来核算会计岗位的含义

☑明确往来核算会计岗位的职责

☑理解并熟知往来核算会计岗位的核算内容

业务认知

一、往来核算会计岗位的设置

为了进行会计核算、实施会计监督，企业应当根据自身经营管理的要求和业务活动规模的大小，以及会计工作的实际，在内部设置往来核算会计岗位。

（一）往来核算会计岗位的含义

往来会计是由经济信用产生的，承担企业与其内部和外部不同经济主体间的往来业务核算的专项会计。对一个企业来讲，往来业务产生于信用，所谓信用是指在商品交换过程中交易的一方以将来偿还的方式获得另一方财物或服务的能力。信用是市场经济的产物，是市场经济运行的基础。信用产生相互账务往来关系，即债权债务关系。企业的往来业务关系表现为企业与外部（例如供应商、客户、金融机构）、企业与内部（例如各部门、职工个人）之间的债权债务关系，没有信用，企业的往来债权债务关系也就无从产生。

往来核算会计岗位究竟应如何设置，取决于一个单位业务规模的大小、人员的多少以及企业的特点等。往来核算会计岗位既可以单独设置，也可以与进货（购进）、销货（销售）的会计岗位合并设置。往来核算会计岗位，主要是依据相应的原始凭证，负责进货过程中发生的应付款项的核算，销货过程中发生的应收及预收款项的核算，其他应收应付的核算等，设置并登记与其岗位相适应的有关会计账户。

（二）往来核算会计岗位的职责

往来核算会计岗位负责对内对外往来结算业务核算，往来核算会计岗位的职责主要体现在以下几个方面：

（1）建立往来款项清算手续制度，对购销以外的暂收、暂付、应收、应付、备用金等往来款项，加强管理，及时清算；及时做好与各往来单位的款项结算与对账工作；及时对账。

（2）办理往来款项的结算业务。对应收的款项，要及时催收结算；对应付的款项，抓紧清偿；对确实无法收回的呆账、坏账及无法支付的款项应查明原因，提出处理意见，按照规定经批准后执行。实行备用金制度的单位，要核定备用金定额，及时办理领用和报销手续，加强管理。对预借的差旅费，要督促及时办理报销手续，收回余额，不得拖欠，不准挪用。要按照规定的开支标准，严格审查有关支出。

（3）负责往来款项结算的明细核算，对各项往来款项，要按照单位和个人分户设置明细账。根据审核后的记账凭证，逐笔顺序登记，并做到经常核对余额，年终抄列清单汇报。

（4）负责保证金、押金、应收款项、预收款项的管理。

二、往来核算会计岗位的核算内容

（一）往来核算会计岗位的核算范围

从广义上讲，往来核算会计岗位包括企业的资金核算、往来核算、税务核算和工资核算。由于本系列教材单独设立资金会计岗位、税务会计岗位和工资会计岗位，因此，本教材只核算购销往来和其他往来业务，即狭义的往来会计岗位。

企业往来核算会计岗位的业务核算范围包括：企业与客户之间因赊销而形成的应收及预收款项、企业与供应商之间因赊购而形成的应付及预付款项，以及企业除购销业务以外与内部各部门、职工个人之间因结算而发生的应付暂收与应收暂付款项。

（二）往来核算会计岗位的核算账户

为了加强对往来款项的管理，核算和监督其企业往来款项的发生及结算情况，企业往来核算会计岗位应设置一系列往来结算账户。

（1）应收及预付款项往来结算账户。包括“应收票据”、“应收账款”、“预付账款”、“其他应收款”等。

（2）应付及预收款项往来结算账户。包括“应付票据”、“应付账款”、“预收账款”、“其他应付款”等。

（3）其他账户。包括“坏账准备”、“资产减值损失”等。

（三）往来核算会计岗位涉及的相关岗位

往来会计、财产物资会计、财务成果会计、税务会计、出纳、总账报表会计、财务负责人等。

思考与练习

一、判断题

1. 应收及预付款项往来结算账户包括“应收票据”、“应收账款”、“预收账款”、“其他应收款”等。（　　）

2. 应付及预收款项往来结算账户包括“应付票据”、“应付账款”、“预付账款”、“其他应付款”等。（　　）

二、简答题

1.往来核算会计岗位的含义是什么？

2.往来核算会计岗位的职责是什么？

3.往来核算会计岗位的核算内容是什么？

任务二

应收及应付票据业务核算

任务目标

通过本任务的学习，学生应能够

☑了解应收票据、应付票据的核算内容

☑明确应收票据、应付票据的确认和计价

☑熟悉应收票据、应付票据的核算程序

☑掌握应收票据、应付票据的核算方法及账务处理

业务认知

一、应收票据

（一）应收票据的概念

应收票据是指企业在采用商业汇票结算方式下，因销售商品、材料、提供劳务等收到的商业汇票。根据我国现行法律的有关规定，商业汇票的期限不得超过6个月，因而我国的应收票据是一种流动资产。

（二）票据的种类

商业汇票可以按不同的标准进行分类。

1.按照票据是否带息分类

商业汇票分为带息票据和不带息票据两种。带息票据是指商业汇票到期时，承兑人除向收款人或被背书人支付票面金额款项外，还应按票面金额和票据规定的利息率支付自票据生效日起至票据到期日止的利息的商业汇票。不带息票据是指商业汇票到期时，承兑人只按票面金额向收款人或被背书人支付票面款项的票据。

2.按照票据承兑人的不同进行分类

商业汇票分为银行承兑汇票和商业承兑汇票两种。承兑是汇票付款人承诺在汇票到期日支付汇票金额的票据行为。商业汇票必须经承兑后方可生效。银行承兑汇票的承兑人是承兑申请人的开户银行，商业承兑汇票的承兑人是付款人。

3.按照票据是否带有追索权分类

商业汇票分为带追索权的商业汇票和不带追索权的商业汇票两种。追索权是指企业在转让应收款项的情况下，接受应收款项转让方在应收款项遭拒付或逾期时，向该应收款项转让

方索取应收金额的权利。在我国，商业票据可背书转让，持票人可以对背书人、出票人以及票据的其他债务人行使追索权。一般来说，不确定性的负债称为或有负债。因此，转让应收票据而产生的被追索的不确定性也属于一种或有负债，但并不是所有应收票据的转让都会产生或有负债。在我国的会计实务中，仅就应收票据贴现而言，银行承兑汇票的贴现不会使企业被追索，企业也就不会因汇票贴现而发生或有负债；商业承兑汇票的贴现可能会使企业被追索，企业也就会因汇票贴现而发生或有负债。

二、应付票据

（一）应付票据的概念和内容

应付票据是指企业因购买材料、商品或接受劳务供应等签发、承兑商业汇票或以承兑商业汇票抵付贷款、应付账款而形成的债务。包括银行承兑汇票和商业承兑汇票。

银行承兑汇票是由出票人签发经银行承兑的汇票；商业承兑汇票是出票人签发经付款人（购买单位）承兑的汇票。银行承兑汇票的承兑人虽为银行，但由银行承兑的票据，只是为收款人按期收回债权提供了可靠的信用保证，对付款人或承兑申请人而言，不会因为银行承兑而使这项负债转移。银行承兑汇票和商业承兑汇票一样，均是付款人在承兑到期日无条件支付确定金额的一项负债。两者主要区别是：银行承兑汇票，企业应支付承兑手续费；银行承兑汇票到期付款人无力付款时，应由承兑银行承担付款责任。

（二）应付票据的入账价值

商业汇票按是否带息分为带息商业汇票和不带息商业汇票两种。带息商业汇票有确定票面利率，票据到期时除应支付票面金额外，还应按票面利率计算支付利息。企业应付票据不论是不带息应付票据，还是带息应付票据，均按照票据面值计价入账。

业务核算

一、应收票据的核算

（一）应收票据的账户设置

企业收到应收票据，应设置“应收票据”账户进行核算。该账户借方登记收到开出、承兑商业汇票的票面金额，贷方登记到期收回、转让、贴现及到期无法收回等而转出商业汇票的票面金额；期末借方余额，表示企业持有的商业汇票的票面金额。该账户应按开出、承兑商业汇票的单位设置明细账，进行明细分类核算。

企业应当设置“应收票据备查簿”，由出纳人员逐笔登记每一商业汇票的种类、号数和出票日期、票面金额、票面利率、交易合同号和付款人、承兑人、背书人的姓名或单位名称、到期日、背书转让日、贴现日期、贴现率、贴现净额以及收款日期和收回金额、退票情况等资料。应收票据到期结清票款或退票后，应当在“应收票据备查簿”内逐笔注销。

（二）应收票据到期日的确定

商业汇票的持票人在票据到期日可向承兑人收取票据款。商业汇票自承兑日期生效，其到期日是由票据有效期限的长短决定的。在实务中，票据的期限一般有按月表示和按日表示两种。

票据期限按月表示时，票据的期限不考虑各月份实际天数多少，统一按次月到期日对应日期为整月计算。当签发承兑票据的日期为某月月末时，统一以到期月份的最后一日为到期日。如3月2日签发承兑的期限为6个月的商业汇票，其到期日为9月2日；1月31日签发承兑的期限为1个月、2个月、3个月和6个月的商业汇票，其到期日分别为2月28日（闰年为2月29日）、3月31日、4月30日和7月31日。票据期限按月表示时，带息票据的利息应该按票面金额、票据期限（月数）和月利率计算。

票据期限按日表示时，票据的期限不考虑月数，统一按票据的实际天数计算。在票据签发承兑日和票据到期日这两天中，只计算其中的一天，即算头不算尾，算尾不算头。如3月2日签发承兑的期限为180天的商业汇票，其到期日为8月29日；1月31日（当年2月份为28天）签发承兑的期限为30天、60天、90天的商业汇票，其到期日分别为3月2日、4月1日、5月1日。票据期限按日表示时，带息票据的利息应按票面金额、票据期限（天数）和日利率计算。

（三）应收票据的账务处理

1.不带息应收票据的账务处理

企业因销售商品、提供劳务等而收到开出、承兑的商业汇票，按应收票据的面值，借记“应收票据”账户，按实现的营业收入，贷记“主营业务收入”等账户，按专用发票上注明的增值税额，贷记“应交税费——应交增值税(销项税额)”账户。

例2–1　2009年1月7日，天津华普电器有限公司向津京商贸有限公司销售“华普”牌洗衣机，购货方签发一张3个月到期的不带息银行承兑汇票，相关原始凭证见表2–1～表2–3。

表2–1　例2–1原始凭证1

银行承兑汇票（卡片）　2

出票日期（大写）　贰零零玖年零壹月零柒日　　　汇票号码 XI101

出票人全称	津京商贸有限公司	收款人	全　称	天津华普电器有限公司
出票人账号	0220807035123457100022		账　号	0220807035632837100086
付款行全称	天津河东工行一支行		开户银行	工商银行杨柳青分行
出票金额	人民币（大写）贰拾叁万肆仟元整		亿 千 百 十 万 千 百 十 元 角 分	¥ 2 3 4 0 0 0 0 0
汇票到期日（大写）	贰零零玖年零肆月零柒日		承兑协议编号	
本汇票请你行承兑，此项汇票款我单位按承兑协议遇到期日前足额交存你行，到期请予以支付 出票人签章 2009年1月7日		本汇票已经承兑到期日由本行付款 承对行签章 承兑日期　2009年1月7日 备注：		津京商贸有限公司 汇票专用章

此联持票人开户行随委托收款凭证寄付款人

表2-2　例2-1原始凭证2

天津市增值税专用发票

记账联

开票日期：2009年01月07日

购货单位	名　　称：津京商贸有限公司 纳税人识别号：370305987654321 地 址、电 话：天津市河东六纬路56号 开户行及账号：天津河东工行一支行02208070351234571002				密码区	（略）	
货物或应税劳务名称	规格型号	单位	数量	单价	金额	税率	税额
“华普”牌洗衣机	TCX半自动	台	200	1 000.00	200 000.00	17%	34 000.00
合　计					200 000.00	17%	34 000.00
价税合计（大写）	贰拾叁万肆仟元整				（小写）￥234 000.00		
销货单位	名　　称：天津华普电器有限公司 纳税人识别号：0227791549617866115 地 址、电 话：杨柳青镇第五大街99号 022-27391234 开户行及账号：工商银行杨柳青分行02208070356328371008 6				备注	天津华普电器有限公司 发票专用章	

收款人：　　复核：　　开票人：　　销货单位（章）

第四联　记账联　销货方记账凭证

表2-3　例2-1原始凭证3

商品出库单

购货单位：津京商贸有限公司　　2009年1月7日　　销字第001号

商品名称及规格	单　　位	数　　量
“华普”牌洗衣机	台	200
合　计		200

主管人：　　会计：　　记账：　　制单：

第二联　会计记账

天津华普电器有限公司根据上述原始凭证，进行账务处理如下：

借：应收票据——津京商贸有限公司　　234 000

　　贷：主营业务收入——华普洗衣机　　200 000

　　　　应交税费——应交增值税（销项税额）　　34 000

例2-2　承上例，2009年4月7日，天津华普电器有限公司持有的不带息银行承兑汇票到期，相关原始凭证见表2-4。

表2–4　例2–2原始凭证

委托收款（收账通知）　4

委邮

2009 年 4 月 7 日　　　付款期限　　　年　　月　　日

<table>
<tr><td rowspan="3">付款人</td><td>全　　称</td><td colspan="3">津京商贸有限公司</td><td rowspan="3">收款人</td><td>全　　称</td><td colspan="11">天津华普电器有限公司</td></tr>
<tr><td>账　　号</td><td colspan="3">022080703512345710022</td><td>账　　号</td><td colspan="11">022080703563283710086</td></tr>
<tr><td>开户银行</td><td colspan="3">天津河东工行一支行</td><td>开户银行</td><td colspan="11">工商银行杨柳青分行</td></tr>
<tr><td rowspan="2">委托金额</td><td rowspan="2">人民币（大写）</td><td colspan="5" rowspan="2">贰拾叁万肆仟元整</td><td>亿</td><td>千</td><td>百</td><td>十</td><td>万</td><td>千</td><td>百</td><td>十</td><td>元</td><td>角</td><td>分</td></tr>
<tr><td></td><td></td><td>¥</td><td>2</td><td>3</td><td>4</td><td>0</td><td>0</td><td>0</td><td>0</td><td>0</td></tr>
<tr><td>款项内容</td><td>货款</td><td>委托收款凭据名称</td><td colspan="3">发票</td><td colspan="3">附记单证张数</td><td colspan="9">1</td></tr>
<tr><td colspan="5">备注：

付款人开户银行收到日期　　年　　月　　日

支付日期　　年　　月　　日</td><td colspan="13">上列款项
1. 已全部划回收入你方账户
2. 全部未收到
中国工商银行天津
杨柳青支行
2009 年 4 月 7 日
转
讫</td></tr>
</table>

单位主管：　　　会计：　　　复核：　　　记账：

此联是收款人开户银行在款项收妥后交给收款人的收账

天津华普电器有限公司根据上述原始凭证，进行账务处理如下：

借：银行存款　　　　234 000

　　贷：应收票据——津京商贸有限公司　　　　234 000

例2–3　承上例，2009年4月7日，天津华普电器有限公司持有的不带息银行承兑汇票到期，津京商贸有限公司未付款。天津华普电器有限公司进行账务处理如下：

借：应收账款——津京商贸有限公司　　　　234 000

　　贷：应收票据——津京商贸有限公司　　　　234 000

2. 带息应收票据的账务处理

企业收到的如果为带息应收票据，其取得的账务处理与不带息应收票据一致，但带息票据按应收票据的票面价值和规定的利率确定利息，在每年6月30日、12月31日计提票面利息，借记“应收票据”，贷记“财务费用”账户。票据利息的计算公式为：

应收票据利息 = 应收票据票面金额 × 票面利率 × 期限

应收票据到期值 = 应收票据票面金额 + 应收票据利息

例2–4　2009年9月30日，天津华普电器有限公司向津京商贸有限公司销售华普牌彩电，购货方签发一张4个月到期的带息商业承兑汇票，相关原始凭证见表2–5～表2–7。

表2-5　例2-4原始凭证1

天津市增值税专用发票

全国统一发票监制章 天津市 国家税务局监制

记　账　联

开票日期：2009年09月30日

购货单位	名　　称：津京商贸有限公司 纳税人识别号：370305987654321 地 址、电 话：天津市河东六纬路56号 开户行及账号：天津河东工行一支行022080703512345710022				密码区	（略）	
货物或应税劳务名称	规格型号	单位	数量	单价	金额	税率	税额
华普彩电	LED液晶37寸	台	100	3 200.00	320 000.00	17%	54 400.00
合　计					320 000.00	17%	54 400.00
价税合计（大写）	叁拾柒万肆仟肆佰元整　（小写）¥ 374 400.00						
销货单位	名　　称：天津华普电器有限公司 纳税人识别号：0227791549617866115 地 址、电 话：杨柳青镇第五大街99号 022-27391234 开户行及账号：工商银行杨柳青分行 022080703563283710086				备注	天津华普电器有限公司 发票专用章	

收款人：　　复核：　　开票人：　　销货单位（章）

第四联　记账联　销货方记账凭证

表2-6　例2-4原始凭证2

商品出库单

购货单位：津京商贸有限公司　　2009年9月30日　　销字第005号

商品名称及规格	单　位	数　量
LED液晶37寸华普彩电	台	100
合 计		100

主管人：　　会计：　　记账：　　制单：

第二联　会计记账

表2-7　例2-4原始凭证3

商业承兑汇票（存根）　3

出票日期（大写）　贰零零玖年玖月叁拾日　　　　汇票号码 110

出票人全称	津京商贸有限公司	收款人	全称	天津华普电器有限公司
出票人账号	022080703512345710022		账号	022080703563283710086
付款行全称	天津河东工行一支行		开户银行	工商银行杨柳青分行
出票金额	人民币（大写）叁拾柒万肆仟肆佰元整		亿千百十万千百十元角分	¥37440000
汇票到期日（大写）	贰零壹零年零壹月叁拾日	付款人开户行	行号	天津河东工行一支行 022080703512345710022
交易合同号码			地址	天津市河东六纬路56号
出票人签章		备注：票面年利率为8% 津京商贸有限公司 汇票专用章		

此联由收款人存查

天津华普电器有限公司根据上述原始凭证，进行账务处理如下：

借：应收票据——津京商贸有限公司　　374 400

　贷：主营业务收入——华普彩电　　320 000

　　应交税费——应交增值税（销项税额）　　54 400

例2-5　年末（2009年12月31日）计算票据利息，其相关原始凭证见表2-8。

表2-8　商业汇票利息计算表

商业汇票利息计算表

2009年12月31日　　　　单位：元

项目	金额	年利率	应计利息	备注
商业承兑汇票	374 400.00	8%	7 488	374 400.00 × 8% × 3/12=7 488

主管：　　记账：　　复核：　　制表：

天津华普电器有限公司根据上述原始凭证，进行账务处理如下：

借：应收票据——津京商贸有限公司　　7 488

　贷：财务费用　　7 488

例2-6　2010年1月31日，上述商业汇票到期，其相关原始凭证见表2-9。

商业承兑汇票到期票据款计算如下：

票据到期值=374 400.00+374 400.00×8%×4/12=384 384（元）

其中，2010年计提票据利息=374 400.00×8%×1/12=2 496（元）。

表2-9　例2-6原始凭证

中国工商银行进 账 单（收账通知）　　3

2010年1月31日

出票人	全　称	津京商贸有限公司	收款人	全　称	天津华普电器有限公司
	账　号	0220807035123457100022		账　号	0220807035632837100086
	开户银行	天津河东工行一支行		开户银行	工商银行杨柳青分行
金额	人民币（大写）	叁拾捌万肆仟叁佰捌拾肆元整			亿 千 百 十 万 千 百 十 元 角 分 ¥ 3 8 4 3 8 4 0 0
票据种类	汇票	票据张数 1			
票据号码	110				中国工商银行天津 杨柳青支行 2009年1月31日 转 讫
	复核	记账			收款人开户银行签章

此联是收款人开户银行交给收款人的收账通知

天津华普电器有限公司根据上述原始凭证，进行账务处理如下：

借：银行存款　　384 384

　　贷：财务费用　　2 496

　　　　应收票据——津京商贸有限公司　　381 888

3.应收票据贴现的账务处理

企业持有的应收票据在到期前，如果出现资金短缺，可以持未到期的商业汇票向其开户银行申请贴现，以便获得所需货币资金。贴现，是指票据持有人将未到期的票据在背书后送交银行，银行受理后从票据到期值中扣除按银行贴现率计算确定的贴现利息，然后将余额付给持票人，作为银行对企业的短期贷款。其实质是企业融通资金的一种形式。

票据贴现利息和贴现值的计算有以下4个步骤：

（1）计算应收票据的到期值

> 不带息应收票据的到期值＝应收票据面值
>
> 带息应收票据的到期值＝应收票据面值＋到期利息
>
> ＝应收票据面值×（1+票据年利率×票据期限）

（2）计算贴现天数

即未到期天数，从贴现日算至到期日，算头不算尾，或算尾不算头。

（3）计算贴现利息

贴现利息＝票据到期值 × 贴现利率 × 贴现天数

（4）计算贴现值

贴现值＝票据到期值 － 贴现利息

企业持未到期的应收票据向银行申请贴现，应根据银行盖章退回的贴现凭证第四联收账通知载明的实际收到的金额（即到期值减去贴现利息），借记“银行存款”账户；按贴现利息部分，借记“财务费用”账户；按应收票据的票面金额，贷记“应收票据”账户。

例2–7　例2-1，2009年3月1日，天津华普电器有限公司持有的津京商贸有限公司面值为234 000元的不带息商业承兑汇票，原定承兑期为3个月，现因采购材料急需资金，于3月1日向银行申请贴现，贴现年利率为12%。相关原始凭证见表2–10。

表2–10　例2–7原始凭证

贴现凭证（收账通知）　4

申请日期：2009 年 3 月 1 日

贴现汇票	种　类	商业承兑汇票	持票人	全　称：天津华普电器有限公司
	出 票 日	2009年1月7日		账　号：022080703563283710086
	到 期 日	2009年4月7日		开户银行：工商银行杨柳青分行

汇票承兑人	名称	津京商贸有限公司	账号	022080703512345710022	开户银行	河东工行一支行

金额	人民币（大写）	贰拾叁万肆仟元整	亿	千	百	十	万	千	百	十	元	角	分
					¥	2	3	4	0	0	0	0	0

贴现率	12%	贴现息	千	百	十	万	千	百	十	元	角	分	实付金额	亿	千	百	十	万	千	百	十	元	角	分
						¥	2	8	8	6	0	0				¥	2	3	1	1	1	4	0	0

贴现款项已入你单位账户 银行盖章 2009年3月1日	备注

中国工商银行天津杨柳青支行 2009年3月1日 转 讫

计算过程：

（1）计算应收票据的到期值

不带息应收票据的到期值=234 000（元）

（2）计算贴现天数

贴现日：3月1日，到期日：4月7日，贴现天数：31+6=37（天）

（3）计算贴现利息

贴现利息＝票据到期值 × 贴现利率 × 贴现天数

　　　　＝234 000 × 12% × 37/360＝2 886（元）

（4）计算贴现值

贴现值＝234 000–2 886＝231 114（元）

天津华普电器有限公司根据上述原始凭证，进行账务处理如下：

借：银行存款　　　　　　　　　　　　231 114

　　财务费用　　　　　　　　　　　　　2 886

　　贷：应收票据——津京商贸有限公司　　　　　234 000

想一想

承例2–4，2009年12月15日，天津华普电器有限公司持有的津京商贸有限公司面值为374 400元的带息商业承兑汇票，原定承兑期为4个月，现因采购材料急需资金，于12月15日向银行申请贴现，贴现年利率为10%。如何进行账务处理？

二、应付票据的核算

（一）应付票据的账户设置

企业商业汇票的签发、承兑和支付等情况，应设置“应付票据”账户进行核算。该账户贷方登记企业签发、承兑商业汇票的面值，借方登记企业到期支付(或结转)票据款，余额在贷方，表示企业尚未到期的商业汇票的票面金额。“应付票据”账户可按债权人设置明细账，进行明细分类核算。

为了加强对应付票据的管理，企业应设置“应付票据备查簿”，详细登记商业汇票的种类、号数、出票日期、到期日、票面金额、交易合同号、收款人姓名或单位名称以及付款日期和金额等资料。应付票据到期结清时，应在备查簿内逐笔注销登记。

企业开出并承兑商业汇票购货或抵付应付账款时，记入“应付票据”账户的贷方。属于银行承兑汇票的，银行承兑后，须按票面金额的一定比例支付手续费，企业支付的票据承兑手续费，应列为财务费用。

带息票据的利息一般在票据到期支付票据本金和票据利息时，直接将票据利息计入财务费用。

应付票据到期，企业如期付款的，应如数转销应付票据账面余额；如果企业无力支付票款，属于商业承兑汇票的，应将应付票据票面金额转为应付账款；属于银行承兑汇票的，应将应付票据票面余额暂转为短期借款。

（二）应付票据的账务处理

1.开出、承兑应付票据

例2–8　2009年1月7日，津京商贸有限公司从天津华普电器有限公司购进“华普”牌洗衣机，交付一张承兑期为3个月的不带息银行承兑汇票，相关原始凭证见表2–11和表2–12。

津京商贸有限公司根据上述原始凭证，进行账务处理如下：

借：在途物资——天津华普电器有限公司　　　　200 000

应交税费——应缴增值税（进项税额）　　　　34 000

贷：应付票据——天津华普电器有限公司　　　　234 000

表2-11　例2-8原始凭证1

银行承兑汇票（存根）　3

出票日期（大写）　贰零零玖年零壹月零柒日　　　　汇票号码 XI101

出票人全称	津京商贸有限公司	收款人	全　称	天津华普电器有限公司
出票人账号	022080703512345710022		账　号	022080703563283710086
付款行全称	天津河东工行一支行		开户银行	工商银行杨柳青分行
出票金额	人民币（大写）　贰拾叁万肆仟元整			亿 千 百 十 万 千 百 十 元 角 分 ¥ 2 3 4 0 0 0 0 0
汇票到期日（大写）	贰零零玖年零肆月零柒日	承兑协议编号		
出票人签章		备注：		

中国工商银行天津市河东一支行 ★ 2009.1.7 ★ 票据受理专用章 收妥抵用

此联承兑人留存

表2-12　例2-8原始凭证2

天津市增值税专用发票

全国统一发票监制章 天津市 国家税务局监制 发票联

开票日期：2009年01月07日

购货单位	名　　称：津京商贸有限公司 纳税人识别号：370305987654321 地 址、电 话：天津市河东六纬路56号 开户行及账号：天津河东工行一支行022080703512345710022			密码区	（略）		
货物或应税劳务名称	规格型号	单位	数量	单价	金额	税率	税额
“华普”牌洗衣机	TCX半自动	台	200	1 000.00	200 000.00	17%	34 000.00
合　计					200 000.00	17%	34 000.00
价税合计（大写）	贰拾叁万肆仟元整　（小写）¥ 234 000.00						
销货单位	名　　称：天津华普电器有限公司 纳税人识别号：0227791549617866115 地 址、电 话：杨柳青镇第五大街99号 022-27391234 开户行及账号：工商银行杨柳青分行 022080703563283710086			备注	天津华普电器有限公司 ★ 发票专用章		

收款人：　　　　复核：　　　　开票人：　　　　销货单位（章）

第二联　发票联　购货方记账凭证

例2-9 2009年1月9日，津京商贸有限公司从天津华普电器有限公司购进“华普”牌洗衣机到货，验收入库。相关原始凭证见表2-13。

表2-13 例2-9原始凭证

商品入库单

字第013号

2009年1月9日 单位：元

发货单位					供货单位		天津华普电器有限公司			
库名	编号	名称	单位	规格	入库			实收		
					数量	单价	金额	数量	单价	金额
		洗衣机	台	TCX半自动	200	1 000	200 000	200	1 000	200 000

会计： 保管： 采购员： 制单：

津京商贸有限公司根据上述原始凭证，进行账务处理如下：

借：库存商品——华普洗衣机 200 000

　　贷：在途物资——天津华普电器有限公司 200 000

2. 不带息票据到期付款

不带息票据到期，直接按票据面值付款。

例2-10 2009年4月7日，承例2-8，票据到期，支付票据款。相关原始凭证见表2-14。

表2-14 例2-10原始凭证

委邮

委托收款（付款通知） 5

2009年4月7日 付款期限 年 月 日

付款人	全称	津京商贸有限公司	收款人	全称	天津华普电器有限公司
	账号	022080703512345710022		账号	022080703563283710086
	开户银行	天津河东工行一支行		开户银行	工商银行杨柳青分行

委托金额	人民币（大写） 贰拾叁万肆仟元整	亿	千	百	十	万	千	百	十	元	角	分
				¥	2	3	4	0	0	0	0	0

款项内容	货款	委托收款凭据名称	发票	附记单证张数	1
备注： 中国工商银行天津河东一支行 2009.4.7 转讫			付款人注意 1.应于见票当日通知开户银行划款。 2.如需拒付，应在规定期限内，将拒付理由书并附债务证明退交开户银行。		

此联是付款人开户银行给付款人按期付款通知

单位主管： 会计： 复核： 记账： 付款人开户银行收盖章

津京商贸有限公司根据上述原始凭证，进行账务处理如下：

借：应付票据——天津华普电器有限公司　　234 000

　　贷：银行存款　　234 000

例2-11　2009年4月7日，承例2-8，票据到期，支付承兑手续费300元。其相关原始凭证见表2-15。

表2-15　例2-11原始凭证

中国工商银行
转账支票存根　（津）
XⅣ 23505802

附加信息

出票日期 2009 年 4 月 7 日

收款人：	河东工行一支行
金　额：	¥ 300.00
用　途：	支付承兑手续费

单位主管　　会计

津京商贸有限公司根据上述原始凭证，进行账务处理如下：

借：财务费用——手续费　　300

　　贷：银行存款　　300

3. 带息票据计息及到期付款的核算

例2-12　承例2-4，2009年9月30日，津京商贸有限公司从天津华普电器有限公司购进"华普"牌彩电100台，单价3 200元，金额320 000元，进项税额54 400元，交付一张承兑期为4个月的带息商业承兑汇票，票面年利率8%，相关原始凭证略（商业承兑汇票、增值税专用发票、商品入库单、收款收据）。

津京商贸有限公司根据上述原始凭证，进行账务处理如下：

借：库存商品——华普彩电　　320 000

　　应交税费——应交增值税（进项税额）　　54 400

　　贷：应付票据——天津华普电器有限公司　　374 400

例2-13　承上例，2009年12月31日津京商贸有限公司计提利息，相关原始凭证见表2-16。

表2-16　商业汇票利息计算表

2009 年 12 月 31 日　　单位：元

项　目	金　额	年利率	应计利息	备　注
商业承兑汇票	374 400.00	8%	7 488	374 400.00 × 8% × 3/12=7 488

主管：　　记账：　　复核：　　制表：

津京商贸有限公司根据上述原始凭证，进行账务处理如下：

借：财务费用——利息支出　　7 488

　　贷：应付票据——天津华普电器有限公司　　7 488

例2-14　2007年1月31日，上述商业汇票到期，开出转账支票支付票据面值及利息，其相关原始凭证见表2-17。

表2-17　例2-14原始凭证

中国工商银行
转账支票存根　（津）
XⅣ23505805

附加信息

出票日期 2007年1月31日

收款人：	天津华普电器有限公司
金　额：	¥384 384.00
用　途：	支付票据款

单位主管　　会计

津京商贸有限公司根据上述原始凭证，进行账务处理如下：

票据到期值=374 400.00+374 400.00×8%×4/12

=384 384（元）

其中，2007年计提票据利息=374 400.00×8%×1/12

=2 496（元）

借：应付票据——天津华普电器有限公司　　381 888

　　财务费用——利息支出　　2 496

　　贷：银行存款　　384 384

例2-15　若票据到期，公司无力付款，则账务处理如下（原始凭证略）：

借：应付票据——天津华普电器有限公司　　381 888

　　财务费用——利息支出　　2 496

　　贷：应付账款——北京市中环电器公司　　384 384

例2-16　若上例为银行承兑汇票，票据到期，公司无力付款，则账务处理如下（原始凭证略）：

借：应付票据——天津华普电器有限公司　　381 888

　　财务费用——利息支出　　2 496

　　贷：短期借款　　384 384

思考与练习

一、单项选择题

1.应收票据仅指企业因销售商品、提供劳务等而收到的(　　)。

A.支票　　B.银行汇票　　C.银行本票　　D.商业汇票

2.某企业2009年4月1日签发的3个月商业汇票，其到期日为(　　)。

A.6月30日　　B.7月1日　　C.6月29日　　D.7月2日

3.一张商业汇票8月6日签发，面值为40 000元，利率为9%，到期日为11月4日，其计息期和到期值分别为(　　)。

A.90天，40 910　　B.91天，40 910　　C.91天，40 900　　D.90天，40 900

4.我国现行制度规定，应收票据应按(　　)计价入账。

A.到期值　　B.贴现净额　　C.面值　　D.面值加利息

5.商业汇票的期限一般不超过(　　)。

A.3个月　　B.6个月　　C.9个月　　D.12个月

二、判断题

1.应收票据贴现是指持票人因急需资金，将未到期的商业汇票背书后转让给银行，银行受理后，按照票面金额付给贴现企业的业务活动。(　　)

2.企业持有的应收票据是一项短期债权，在资产负债表上列示为一项流动负债。(　　)

3.某企业2009年4月1日签发的90天商业汇票，其到期日为7月1日。(　　)

4.到期不能收回的带息应收票据，应先计提尚未计提的利息，之后转入“应收账款”账户。(　　)

5.“应付账款”账户的贷方登记企业购买材料物资、接受劳务形成的应付款和应付的租金、存入保证金。(　　)

三、填空题

1.商业汇票按是否带息，可分为__________和__________两种。

2.商业汇票按承兑人不同，可分为__________和__________两种。

3.商业汇票按是否带有追索权，可分为__________和__________两种。

4.银行承兑汇票的承兑人是__________，商业承兑汇票的承兑人是__________。

5.应付票据无论是否带息，均按照__________计价入账。

四、简答题

1.应收票据的概念及种类是什么?

2.什么叫贴现?票据贴现分几步计算?列出各计算步骤的计算公式。

3.应付票据的概念是什么?应付票据的入账价值如何计算?

五、业务核算题

1.企业销货收入为 1 600 000元，增值税税额为 272 000元，收到商业承兑汇票一张。汇票签发承兑日为10月31日，期限90天，年利率为9%，到期日为1月29日，贴现日为11月30日，贴现年利率为7.2%。

【要求】 计算票据到期利息、到期值、贴现利息和贴现金额。

2.海尔公司与国美电器公司2009年7月末发生的经济业务如下：

（1）7月30日，海尔公司向国美电器公司销售空调50台，单价3 800元，增值税税率17%，购货方签发一张90天到期的不带息商业承兑汇票。

（2）2009年7月30日，海尔公司向国美电器公司销售洗衣机100台，单价2 700元，增值税税率17%，购货方签发一张90天到期的带息商业承兑汇票，票据年利率为8%，进行相关会计处理。

（3）上述不带息票据到期，收到票据款。

（4）上述带息票据到期，收到票据款。

【要求】 分别按收款单位与付款单位进行账务处理。

任务三

应收及应付账款业务核算

任务目标

通过本任务的学习，学生应能够

☑理解应收账款的概念、确认与计价

☑掌握应收账款的财务处理，明确坏账及坏账损失的确认

☑掌握坏账准备的计提方法

☑掌握坏账准备计提及坏账核销的账务处理

☑明确应付款项的内容和基本账务处理

业务认知

一、应收账款

（一）应收账款的内容

应收账款是指企业因销售商品、提供劳务等经营活动，应向购货单位或接受劳务单位收取的款项。应收账款主要包括企业出售商品、产品、材料、提供劳务等应向有关债务人收取的价款及代购货方垫付的运杂费等。

企业在非购销经营活动中产生的应收款项，例如企业与外单位之间的各种应收赔款、罚款、存出保证金以及企业应向职工取得的各种垫付款项等，均不属于应收账款，应列为其他应收款；企业因投资而产生的应收股利、应收利息应单独作为应收项目反映；企业销售产品采用商业汇票结算方式的，也不属于应收账款，而应列为应收票据，企业因销售商品、提供劳务等，采用递延方式收取合同或协议价款，实质上具有投资性质，应列为“长期应收款”进行核算。

（二）应收账款的确认与计价

1. 应收账款的确认

应收账款通常是由企业赊销活动所引起的，因此应收账款的确认应与收入的确认一致，即以收入确认日作为应收账款的入账时间。

2. 应收账款的计价

应收账款的计价，是指应收账款入账金额的确定。通常情况下，应收账款应核其实际发生的金额计价入账，包括销售商品、产品、提供劳务应收取的款项、增值税以及代购货单位

垫付的运杂费、包装费等。由于企业的商品销售有时会实行折扣办法，这就有可能涉及应收账款和相应销售收入的计价，所以，企业应收账款的计价，还需要考虑商业折扣和现金折扣等销售折扣因素的影响。

1）商业折扣

商业折扣是指企业在商品交易时，根据市场供需情况，或针对不同的顾客，在商品标价上给予的扣除。商业折扣是企业最常用的促销手段，通常用百分比来表示，例如5%、10%等。或者，企业可能规定，购买10件以上的商品给予客户5%的折扣，客户每购买10件送1件等。这是企业为了促销或尽快出售商品，而采取降低销售价格的销售方式，商业折扣一般是在交易发生时即已确定，它仅仅是确定实际销售价格的一种手段，不需在买卖双方任何一方的账上反映。所以，商业折扣对应收账款和营业收入的入账价值没有实质上的影响。因此，在存在商业折扣的情况下，企业应收账款的入账价值应按扣除商业折扣以后的实际售价确认。

2）现金折扣

现金折扣又称销货折扣，是指债权人为鼓励债务人在规定的期限内尽早付款，而向债务人提供的债务扣除。现金折扣通常发生在以赊销方式销售商品、提供劳务的交易中。企业为了鼓励客户在一定时期内早日付款，通常与债务人达成协议，债务人在不同期限内付款可享受不同比例的折扣。现金折扣一般用符号“折扣/付款期限”表示。例如，“3/10, 1/20, N/30”表示买方在10天内付款可按售价给予3%的折扣；在20天内付款可按售价给予1%的折扣；在30天内付款，则不给予折扣。

企业在商品销售时还不能确定相关的现金折扣，现金折扣是否发生、发生多少，应视购买方的付款情况而定。所以，附有现金折扣条件的销售业务，通常在销售时应将未扣减现金折扣的实际售价作为应收账款的入账价值。当现金折扣实际发生时，即客户在折扣期内支付贷款时，企业才确认现金折扣，并将现金折扣视为加速资金周转的理财费用，在财务费用中列支。

二、坏账及坏账损失的确认

由于市场经济的不确定性，企业的应收款项可能会发生不能全部收回的情况，即可能发生坏账。坏账是指企业确实无法收回或收回可能性很小的应收款项。企业由于发生坏账而产也的损失称为坏账损失。

企业应遵循会计核算的基本原则，具体分析各项应收款项的特征、金额大小、信用期限、债务人的信誉和当时的生产经营情况等因素，对应收款项的可收性进行评价，并预计可能产生的坏账及其损失。

企业的应收款项有确凿证据表明确实无法收回的，应确认为坏账。一般来讲，企业应收款项，符合下列条件之一时，应确认为坏账：

（1）债务人死亡或破产，其破产财产或遗产清偿后，仍然无法收回的。

（2）因债务单位撤销、资不抵债或现金流量严重不足，确实无法收回的。

（3）因发生严重自然灾害导致债务单位停产而在短期内无法偿付债务，确实不能收回的。

（4）债务人逾期未履行其偿债义务超过3年，并有足够的证据表明无法收回或收回的可能性很小的。

三、应付账款

（一）应付账款的概念与入账时间

应付账款是指企业在生产活动过程中因购买材料、商品、物资或接受劳务供应等业务应支付给供应者的款项。这是买卖双方在购销活动中取得物资与支付货款时间上不一致而产生的负债。

应付账款入账时间的确认，应以购入货物所有权的转移或接受劳务已提供为标志。在实际工作中，应区别情况处理：

（1）在货物和发票账单同时到达的情况下，应付账款一般在货物验收入库后，按发票账单所列金额登记入账。

（2）在货物验收入库、发票账单未到的情况下，应付账款可暂不入账，月份内等待，待收到发票账单后再根据情况处理。至月份终了仍未收到发票账单的，应按估计价或计划价暂估入账，下月初用红字冲销，待以后收到发票账单时，再按具体情况处理。

（二）应付账款的入账价值

应付账款通常是在购销活动中由于取得物资与支付货款的时间不一致造成的，往往在短期就需付款，因此，应付账款一般按发票记载的应付金额入账。而不按到期应付金额的现值入账。存在购货折扣情况下，应区别情况处理：系商业折扣的，应按扣除了商业折扣以后的金额入账，也就是根据发票结算金额；系现金折扣的，应先按发票上记载的应付金额记账，即按不扣除现金折扣金额入账，待实际发生折扣时，再将折扣金额计入当期财务费用。现金折扣的这种处理方法，也称为总价法。

业务核算

一、应收账款的核算

企业发生应收账款时，按应收金额，借记“应收账款”账户，按实现的销售收入，贷记“主营业务收入”等账户；按专用发票上注明的增值税额，贷记“应交税费——应交增值税(销项税额)”账户，按企业代购货单位垫付的包装费、运杂费等，贷记“银行存款”等账户。

例2–17　2009年2月7日，天津华普电器有限公司向河北立新商贸有限公司销售“华普”牌电风扇100台，单价450元，货款45 000元，税款7 650元，代垫运杂费1 000元（由购货方承担）以转账支票支付，办妥托收手续。相关原始凭证见表2–18～表2–22。

表2–18　例2–17原始凭证1

天津市增值税专用发票

记　账　联

开票日期：2009年02月07日

购货单位	名　　称：立新商贸有限公司	密码区	（略）
	纳税人识别号：0312370305123456789		
	地 址 、电 话：河北省保定市光明路156号		
	开户行及账号：工行保定光明支行031212543780973457721		

货物或应税劳务名称	规格型号	单位	数量	单价	金额	税率	税额
“华普”牌电风扇	GTL1001	台	100	450.00	45 000.00	17%	7 650.00
合　计					45 000.00	17%	7 650.00
价税合计（大写）	伍万贰仟陆佰伍拾元整　（小写）¥ 52 650.00						

销货单位	名　　称：天津华普电器有限公司	备注	
	纳税人识别号：0227791549617866115		
	地 址、电 话：杨柳青镇第五大街99号 022–27391234		
	开户行及账号：工商银行杨柳青分行 022080703563283710086		

收款人：　　　复核：　　　开票人：　　　销货单位（章）

第四联　记账联　销货方记账凭证

表2–19　例2–17原始凭证2

全国联运行业货运统一发票

发　票　联

发票代码
发票号码

开票日期　　2009年2月7日

机打代码　2510000410 机打号码　10008 机器编号	密码区		
发货人名称　天津华普电器有限公司 纳税人识别号　0227791549617866115	运输费用	其他费用	
	项目及金额	项目及金额	
收货人名称　河北立新商贸有限公司 纳税人识别号　0312370305123456789	一、自备运输工具运费 1.公路运费 2.水路运费	仓储费 包装整理费 装卸费 劳务费 票签费	
发货站（港）　到站（港）　经由　中转 天津　河北	二、代付费用 1.铁路运费 2.公路运费　1 000 3.水路运费 4.航空运费	小计 包干费	
件数　计重资费　包装		垫付费用	
		项目及金额	
	小计	保险费 邮寄费 小计	
合计人民币（大写）壹仟元整		¥ 1 000.00	
承运人名称 纳税人识别号		主管税务机关及代码	

开票单位盖章　　　开票人：　　　收款人：　　　手写无效

第二联　发票联　收货方记账凭证

表2-20　例2-17原始凭证3

中国工商银行
转账支票存根　（津）
XⅣ 2350589

附加信息

出票日期 2009 年 2 月 7 日

收款人：	天津华兴联运公司
金　额：	¥ 1 000.00
用　途：	运费

单位主管　　会计

表2-21　例2-17原始凭证4

托收凭证（受理回单）　1

委托日期 2009 年 2 月 7 日　　付款期限 2009 年 2 月 10 日

<table>
<tr><td colspan="2">业务类型</td><td colspan="9">委托收款（☑邮划、☐电划）　托收承付（☐ 邮划、☐ 电划）</td></tr>
<tr><td rowspan="3">付款人</td><td>全　称</td><td colspan="3">立新商贸有限公司</td><td rowspan="3">收款人</td><td>全　称</td><td colspan="3">天津华普电器有限公司</td></tr>
<tr><td>账　号</td><td colspan="3">031212543780973457721</td><td>账　号</td><td colspan="3">022080703563283710086</td></tr>
<tr><td>地　址</td><td>河北省</td><td>开户行</td><td>河北工行保定光明支行</td><td>地　址</td><td>天津市</td><td>开户行</td><td>工商银行杨柳青分行</td></tr>
<tr><td>金额</td><td>人民币（大写）</td><td colspan="5">伍万叁仟陆佰伍拾元整</td><td colspan="3">亿 千 百 十 万 千 百 十 元 角 分
¥ 5 3 6 5 0 0 0</td></tr>
<tr><td colspan="2">款项内容</td><td colspan="2">销货款及代垫运费</td><td colspan="2">托收凭据名称</td><td colspan="2">增值税专用发票及运费发票</td><td>附寄单证张数</td><td>2</td></tr>
<tr><td colspan="2">商品发运情况</td><td colspan="6"></td><td colspan="2">合同名称号码</td></tr>
<tr><td colspan="4">备注：
复核　　记账</td><td colspan="3">款项收妥日期
2009 年 2 月 10 日</td><td colspan="3">中国工商银行天津市杨柳青支行
★ 2009.2.7 ★
票据受理专用章
收款人开户银行签章
2009 年 2 月 7 日</td></tr>
</table>

表2-22　例2-17原始凭证5

商品出库单

购货单位：立新商贸有限公司　　2009 年 2 月 7 日　　销字第 023 号

商品名称及规格	单位	数量
“华普”牌电风扇	台	100
合　计		100

第二联　会计记账

主管人：　　会计：　　记账：　　制单：

天津华普电器有限公司根据上述原始凭证，进行账务处理如下：

（1）借：应收账款——立新商贸有限公司　　　　1 000

　　贷：银行存款　　　　　　　　　　　　　　　1 000

（2）借：应收账款——立新商贸有限公司　　　　53 650

　　贷：主营业务收入　　　　　　　　　　　　　45 000

　　　　应交税费——应交增值税（销项税额）　　　7 650

　　　　应收账款——立新商贸有限公司　　　　　　1 000

例2-18　2009年2月10日，天津华普电器有限公司收到银行通知，立新商贸有限公司货款收到，相关原始凭证见表2-23。

表2-23　例2-18原始凭证

托收凭证（收账通知）　　4

委托日期 2009年2月7日　　　付款期限 2009年2月10日

业务类型	委托收款（☑邮划、□电划）　托收承付（□邮划、□电划）																			
付款人	全称	立新商贸有限公司			收款人	全称	天津华普电器有限公司													
	账号	031212543780973457721				账号	022080703563283710086													
	地址	河北省	开户行	河北工行保定光明支行		地址	天津市	开户行	工商银行杨柳青分行											
金额	人民币（大写）	伍万叁仟陆佰伍拾元整					亿	千	百	十	万	千	百	十	元	角	分			
										¥	5	3	6	5	0	0	0			
款项内容	销货款及代垫运费		托收凭据名称	增值税专用发票及运费发票		附寄单证张数	2													
商品发运情况				合同名称号码																
备注： 复核　　记账		款项收妥日期 2009年2月10日		中国工商银行天津市杨柳青支行 ★2009.2.7★ 票据受理专用章 收款人开户银行签章 2009年2月7日																

此联收款人开户行在款项收妥后给收款人收账通知

根据上述原始凭证，进行账务处理如下：

借：银行存款　　　　　　　　　　　　53 650

　　贷：应收账款——津京商贸有限公司　　　53 650

例2-19　2009年1月10日，天津华普电器有限公司销售给河北立新有限公司“华普”牌彩电50台，单价2 200元，货款110 000元，税款18 700元，运杂费2 000元（由销货方承担）以转账支票支付。根据合同规定货款实行现金折扣，付款条件为：2/10，1/20，N/30。相关原始凭证见表2-24～表2-28。

表2–24　例2–19原始凭证1

中国工商银行
转账支票存根　（津）
XⅣ2350590

附加信息

出票日期 2009 年 1 月 10 日

收款人：	天津华兴联运公司
金　额：	¥ 2 000.00
用　途：	运费

单位主管　　会计

表2–25　例2–19原始凭证2

天津市增值税专用发票

记账联

全国统一发票监制章 天津市 国家税务局监制

开票日期：2009 年01 月10 日

购货单位	名　　称：立新商贸有限公司 纳税人识别号：0312370305123456789 地 址、电 话：河北省保定市光明路156号 开户行及账号：工行保定光明支行031212543780973457721				密码区	（略）	
货物或应税劳务名称	规格型号	单位	数量	单价	金额	税率	税额
“华普”牌彩电	LED32寸	台	50	2 200.00	110 000.00	17%	18 700.00
合　计					110 000.00	17%	18 700.00
价税合计（大写）	壹拾贰万捌仟柒佰元整　（小写）¥ 128 700.00						
销货单位	名　　称：天津华普电器有限公司 纳税人识别号：0227791549617866115 地 址、电 话：杨柳青镇第五大街99号 022–27391234 开户行及账号：工商银行杨柳青分行 022080703563283710086				备注	天津华普电器有限公司 发票专用章	

第四联　记账联　销货方记账凭证

收款人：　　复核：　　开票人：　　销货单位（章）

表2-26 例2-19原始凭证3

商品出库单

购货单位：津京商贸有限公司　　2009年1月10日　　销字第015号

商品名称及规格	单　位	数　量
“华普”牌彩电	台	50
合 计		50

主管人：　　会计：　　记账：　　制单：

第二联 会计记账

表2-27 例2-19原始凭证4

全国联运行业货运统一发票

天津市 国家税务局监制

发票联

发票代码
发票号码

开票日期　2009年1月10日

机打代码 2510000410 机打号码 10008 机器编号	密码区		
		运输费用 项目及金额	其他费用 项目及金额
发货人名称 天津华普电器有限公司 纳税人识别号 022779154961786611 5 收货人名称 河北立新商贸有限公司 纳税人识别号 031237030512345678 9		一、自备运输工具运费 1.公路运费 2.水路运费	仓储费 包装整理费 装卸费 劳务费 票签费 小计 包干费
发货站(港) 天津　到站(港) 河北　经由　中转		二、代付费用 1.铁路运费 2.公路运费 2 000 3.水路运费 4.航空运费 小计	垫付费用 项目及金额 保险费 邮寄费 小计
件数　计重资费　包装			
合计人民币(大写)贰仟元整		¥ 2 000.00	
承运人名称 纳税人识别号		主管税务机关及代码	

天津华兴联运公司
发票专用章

开票单位盖章　　开票人：　　收款人：　　手写无效

第二联 发票联 收货方记账凭证

表2-28　例2-19原始凭证5

购销折扣合同

甲方：河北立新商贸有限公司　　　　　　　　　　　　乙方：天津华普电器有限公司

甲方于2009年1月10日向乙方购买“华普”牌LED32寸彩电50台，单价2 200元，货款110 000元，税款18 700元。经双方商定，实行现金折扣，具体付款条件为：2/10，1/20，N/30。

以上条件，甲、乙双方共同遵守。

天津华普电器有限公司根据上述原始凭证，进行账务处理如下：

（1）借：应收账款——立新商贸公司　　128 700

　　贷：主营业务收入——彩电　　110 000

　　　　应交税费——应交增值税（销项税额）　　18 700

（2）借：销售费用　　2 000

　　贷：银行存款　　2 000

例2-20　2009年1月19日，天津华普电器有限公司接到银行通知，河北立新商贸有限公司货款收到，相关原始凭证见表2-29。

表2-29　例2-20原始凭证

托收凭证（收账通知）　4

委托日期 2009年1月19日　　　　付款期限 2009年2月10日

<table>
<tr><td colspan="2">业务类型</td><td colspan="10">委托收款（☑邮划、☐电划）　托收承付（☐ 邮划、☐ 电划）</td></tr>
<tr><td rowspan="3">付款人</td><td>全称</td><td colspan="3">立新商贸有限公司</td><td rowspan="3">收款人</td><td>全称</td><td colspan="5">天津华普电器有限公司</td></tr>
<tr><td>账号</td><td colspan="3">031212543780973457721</td><td>账号</td><td colspan="5">022080703563283710086</td></tr>
<tr><td>地址</td><td>河北省</td><td>开户行</td><td>河北工行保定光明支行</td><td>地址</td><td>天津市</td><td>开户行</td><td colspan="3">工商银行杨柳青分行</td></tr>
<tr><td>金额</td><td colspan="6">人民币（大写）壹拾贰万陆仟伍佰元整</td><td colspan="5">亿 千 百 十 万 千 百 十 元 角 分
¥ 1 2 6 5 0 0 0 0</td></tr>
<tr><td>款项内容</td><td colspan="2">销货款及代垫运费</td><td colspan="2">托收凭据名称</td><td colspan="3">增值税专用发票及运费发票</td><td colspan="4">附寄单证张数 2</td></tr>
<tr><td colspan="2">商品发运情况</td><td colspan="6"></td><td colspan="4">合同名称号码</td></tr>
<tr><td colspan="3">备注：

复核　　记账</td><td colspan="5">款项收妥日期

2009年1月19日</td><td colspan="4">中国工商银行天津市杨柳青支行
★ 2009.2.7 ★
票据受理专用章
收款人开户银行签章
2009年1月19日</td></tr>
</table>

此联收款人开户行在款项收妥后给收款人收账通知

天津华普电器有限公司根据上述原始凭证，进行账务处理如下：

借：银行存款　　126 500

　　财务费用　　2 200

　　贷：应收账款——津京商贸有限公司　　128 700

想一想

若河北立新商贸有限公司1月29日付款，天津华普电器有限公司应如何进行账务处理？若2月9日付款，又该如何进行账务处理呢？

二、坏账损失的核算

（一）坏账损失核算方法

核算坏账的方法有两种：一是直接转销法，二是备抵法。

1. 直接转销法

直接转销法是在实际发生坏帐时，直接冲销应收款项，并确认坏账损失。

2. 备抵法

备抵法是根据收入和费用配比的原则，采用一定方法按期估计坏账损失，形成坏账准备，当某一应收款项全部或部分被确认为坏账时，根据其金额冲减坏账准备，同时转销相应的应收款项金额的一种方法。

采用备抵法核算坏账，每期估计的坏账损失直接计入当期损益，既体现了稳健性原则，又符合收入与费用的配比要求。在资产负债表上可以反映应收账款的净额，使报表使用者能够了解企业应收账款的可收回净额，同时在利润表上避免了因应收账款价值虚列而造成的利润虚增，避免了企业明盈实亏。我国现行会计准则规定企业应采用备抵法核算应收账款的坏账。

（二）计提坏账准备的范围

根据我国有关规定，企业只能对应收账款和其他应收款计提坏账准备。对应收票据和预付账款不计提坏账准备。如有确凿证据表明应收票据（或预付账款）无法收回，应先将其转为应收账款（或其他应收款）后，再计提相应的坏账准备。

（三）坏账准备的计提方法

备抵法下，企业估计坏账损失计提坏账准备的方法有：应收款项余额百分比法、账龄分析法、销贷百分比法、个别认定法等。企业可以根据具体情况，自行选择确定，计提方法一经确定，不得随意变更。

1. 应收款项余额百分比法

应收款项余额百分比法是根据会计期末应收款项的余额与估计的坏账率，计算当期应估计的坏账损失，计提坏账准备的方法。估计坏账前可以按照以往的资料，结合现实情况加以确定。

当期应提取的坏账准备应按以下公式计算：

当期按应收款项计算应计提的坏账准备金额①＝当期应收款项的账面余额 × 应提比例

当期应提取的坏账准备②＝当期按应收款项计算应计提坏账准备金额 −（或 +）“坏账准备”账户结账前的贷方余额（或借方余额）

如果上面公式中②计算金额为正数，应按其差额提取坏账准备；如果②计算金额为负数，应按其差额冲减坏账准备；如果②计算金额为零，则不需要进行账务处理。

2.账龄分析法

账龄分析法是根据应收款项入账时间的长短和当前的具体情况估计坏账损失的方法。其中，账龄是指客户所欠账款逾期的时间。虽然应收款项能否及时收回或能收回多少不一定完全取决于时间长短，但一般来说，账龄长短与发生坏账的可能性是一致的。采用账龄分析法，首先应将企业的应收款项按账龄分类排列，并加以分析，估计坏账损失。

例2-21 某年12月31日，天津华普电器有限公司应收账款账龄及估计坏账损失见表2-30。

表2-30 应收账款账龄分析表

应收账款账龄	应收账款金额	估计损失（%）	估计损失金额
未到期	200 000	0.5	1 000
过期1个月	160 000	1	1 600
过期2个月	120 000	2	2 400
过期3个月	80 000	3	2 400
过期3个月以上	40 000	5	2 000
合计	600 000	—	9 400

由表2-30可见，天津华普电器有限公司当年12月31日估计坏账损失为9 400元，公司应根据“坏账准备”账户余额情况，对“坏账准备”账户进行调整处理。

提 示

采用账龄分析法计提坏账准备时，在收到债务单位当期偿还的部分债务后，剩余的应收款项，不应改变其账龄，仍应按原账龄加上本期应增加的账龄确定；在存在多笔应收款项且各笔应收款项账龄不同的情况下，收到债务单位当期偿还的部分债务，应当逐笔认定收到的是哪一笔应收款项；如果确实无法认定的，按照先发生先收回的原则确定，剩余应收款项的账龄按上述原则确定。

3.销货百分比法

销货百分比法是根据某一会计期间赊销金额的一定百分比估计坏账损失的方法。

估计坏账百分比＝（估计坏账／估计赊销额）×100%

在采用销货百分比法的情况下，估计坏账损失百分比可能由于企业生产经营情况的不断变化而不相适应，因此，需要经常检查百分比是否能够足以反映企业坏账损失的实际情况，如果发现过高或过低的，应及时调整百分比。其有关账务处理与应收款项余额百分比法基本一致。

4. 个别认定法

个别认定法是指逐项认定每笔应收款项发生坏账的可能性并计提坏账准备的方法。

在采用账龄分析法、应收款项余额百分比法等方法时，如果某项应收款项的可收回性与其他各项应收款项存在明显的差别(如债务单位所处的特定地区等)，导致该项应收款项如果按照与其他应收款项同样的方法计提坏账准备，将无法真实地反映其可收回金额的，可对该项应收款项采用个别认定法计提坏账准备。在同一会计期间内运用个别认定法计提坏账准备的应收款项，应从采用其他方法计提坏账准备的应收款项中剔除。其账务处理与应收款项余额百分比法基本一致。

(四)坏账准备账务处理

企业计提的坏账准备，应设置"坏账准备"账户进行核算。该账户是应收款项的备抵账户，贷方登记按期计提的坏账准备(应计提的坏账准备大于其账面余额差值)和已核销又予收回的坏账，借方登记已确认坏账和转回多计提坏账准备(应计提金额小于其账面余额的差额)。期末余额在贷方，表示企业已计提但尚未转销的坏账准备。"坏账准备"账户可按应收款项类别设置明细账，进行明细分类核算。

企业计提的坏账准备，应列为当期损益，计入"资产减值损失"账户。企业提取坏账准备时，借记"资产减值损失"账户，贷记"坏账准备"账户；冲减多提坏账准备时，作相反账务处理。

企业确实无法收回的应收款项，按管理权限报经批准后作为坏账核销时，借记"坏账准备"账户，贷记"应收账款"、"其他应收款"等账户。

企业已确认并转销的应收款项以后又收回的，应按实际收回余额，借记"应收账款"、"其他应收款"等账户，贷记"坏账准备"账户；同时，借记"银行存款"账户，贷记"应收账款"、"其他应收款"等账户。

例2-22 假设2007年前，天津华普电器有限公司因应收账款未发生过减值而未计提过相应的坏账准备。2007年12月31日，天津华普电器有限公司的应收账款余额为4 000 000元，提取坏账准备的比例为3‰，2008年4月，天津华普电器有限公司确认发生坏账14 000元，年末应收账款余额为4 900 000元，2009年7月，上年已转销的坏账损失收回10 000元，年末应收账款余额为5 000 000元，公司有关的账务处理如下：

(1)2007年末，提取坏账准备时(表2-31)

表2-31 坏账准备计提表

2007年12月31日

项目	账面余额	计提比例	应提准备数	账面已提数	应补提(或冲减)数
应收账款	4 000 000	3‰	12 000	0	12 000
合计	4 000 000	3‰	12 000	0	12 000

按应收款项计算应计取的坏账准备金额=4 000 000×3‰=12 000（元）

借：资产减值损失——计提的坏账准备　　12 000

　　贷：坏账准备　　12 000

（2）2008年4月确认坏账14 000元时

借：坏账准备　　14 000

　　贷：应收账款　　14 000

（3）2008年末，提取坏账准备时（表2-32）

表2-32　坏账准备计提表

2008年12月31日

项目	账面余额	计提比例	应提准备数	账面已提数	应补提（或冲减）数
应收账款	4 900 000	3‰	14 700	-2 000	16 700
合计	4 900 000	3‰	14 700	-2 000	16 700

按应收款项计算应计提的坏账准备金额=4 900 000×3‰=14 700（元）

本期应提取的坏账准备金额=14 700-（12 000-14 000）=16 700（元）

借：资产减值损失——计提的坏账准备　　16 700

　　贷：坏账准备　　16 700

（4）2009年7月，收回已转销的坏账，款已转存银行时

借：应收账款　　10 000

　　贷：坏账准备　　10 000

同时

借：银行存款　　10 000

　　贷：应收账款　　10 000

（5）2009年末，提取坏账准备时（表2-33）

表2-33　坏账准备计提表

2009年12月31日

项目	账面余额	计提比例	应提准备数	账面已提数	应补提（或冲减）数
应收账款	5 000 000	3‰	15 000	24 700	-9 700
合计	5 000 000	3‰	15 000	24 700	-9 700

按应收款项计算应计提的坏账准备金额=5 000 000×3‰=15 000（元）

本期应提取的坏账准备金额=15 000-（14 700+10 000）= -9 700（元）

（负数应冲减）

借：坏账准备　　9 700

　　贷：资产减值损失——计提的坏账准备　　9 700

想一想

运用账龄分析法、销售百分比法计提坏账准备，看看与余额百分比法有什么不同？

三、应付账款的核算

（一）应付账款账户的设置

企业发生的应付账款，应设置“应付账款”账户进行核算。该账户贷方登记企业因购买材料、商品和接受劳务供应而应付款项以及到期无法支付的应付票据款；借方登记企业偿还、抵付的应付账款以及转销无法支付的应付账款等；期末余额一般在贷方，表示企业尚未支付的应付账款。该账户应按债权人设置明细账，进行明细分类核算。

（二）应付账款账务处理

例2-23　2009年1月10日，河北立新商贸有限公司向天津华普电器有限公司购进“华普”牌彩电50台，单价2 200元，货款110 000元，税款18 700元。根据合同规定货款实行现金折扣，付款条件为：2/10，1/20，N/30。相关原始凭证见表2-34～表2-36。

表2-34　例2-23原始凭证1

天津市增值税专用发票

发票联

（全国统一发票监制章 天津市 国家税务局监制）

开票日期：2009年01月10日

购货单位	名　　称：立新商贸有限公司 纳税人识别号：0312370305123456789 地 址、电 话：河北省保定市光明路156号 开户行及账号：工行保定光明支行031212543780973457721	密码区	（略）

货物或应税劳务名称	规格型号	单位	数量	单价	金额	税率	税额
“华普”牌彩电	LED32寸	台	50	2 200.00	110 000.00	17%	18 700.00
合　计					110 000.00	17%	18 700.00
价税合计（大写）	壹拾贰万捌仟柒佰元整				（小写）￥128 700.00		

销货单位	名　　称：天津华普电器有限公司 纳税人识别号：0227791549617866115 地 址 、电 话：杨柳青镇第五大街99号 022-27391234 开户行及账号：工商银行杨柳青分行 022080703563283710086	备注	（天津华普电器有限公司 发票专用章）

收款人：　　复核：　　开票人：　　销货单位（章）

第二联 发票联 销货方记账凭证

表2-35　例2-23原始凭证2

购销折扣合同

甲方：河北立新商贸有限公司　　　　　　　　　　　　　　乙方：天津华普电器有限公司

甲方于2009年1月10日向乙方购买“华普”牌LED32寸彩电50台，单价2 200元，货款110 000元，税款18 700元。经双方商定，实行现金折扣，具体付款条件为：2/10，1/20，N/30。

以上条件，甲、乙双方共同遵守。

表2-36　例2-23原始凭证3

商品入库单

字第020号

2009年1月10日　　　　　　　　　　单位：元

发货单位					供货单位	天津华普电器有限公司				
库名	编号	名称	单位	规格	入库			实收		
					数量	单价	金额	数量	单价	金额
		彩电	台	LED32寸	50	2 200	110 000	50	2 200	110 000

会计：　　　　保管：　　　　采购员：　　　　制单：

河北立新商贸有限公司根据上述原始凭证，进行账务处理如下：

借：库存商品——彩电　　　　110 000

　　应交税费——应交增值税（进项税额）　　18 700

　　贷：应付账款——天津华普电器有限公司　　　　128 700

例2-24　2009年1月19日，河北立新商贸有限公司支付上述货款，相关原始凭证见表2-37。

河北立新商贸有限公司根据上述原始凭证，进行账务处理如下：

借：应付账款——天津华普电器有限公司　　128 700

　　贷：财务费用　　　　2 200

　　　　银行存款　　　　126 500

表2-37 例2-24原始凭证

电汇凭证（回单）

委托日期 2009年1月19日

汇款人	全　称	立新商贸有限公司			收款人	全　称	天津华普电器有限公司		
	账号或住址	031212543780973457721				账号或住址	022080703563283710086		
	汇出地点	河北省	开户行	河北工行保定光明支行		汇入地点	北京市	汇入行名称	工商银行杨柳青分行
金额	人民币（大写）	壹拾贰万陆仟伍佰元整					亿千百十万千百十元角分	¥12650000	
汇款用途：偿还货款					科目（付） 对方科目				
上列款项已根据委托办理，如需查询，请持此单来行面洽。			上列款项已照收无误		汇入行解汇日期 2009年1月19日				
汇入银行盖章			收款人盖章		复核	出纳	记账		

中国工商银行河北省
光明支行
★ 2009.1.19 ★
票据受理专用章

想一想

河北立新商贸有限公司若1月29日付款，应如何进行账务处理？若2月9日付款，又该如何进行账务处理呢？

思考与练习

一、单项选择题

1. 下列项目中，不通过“应收账款”账户核算的是(　　)。

A. 销售商品应收的款项　　B. 销售原材料应收的款项

C. 提供劳务应收的款项　　D. 应收的各种赔款

2. 某企业向甲公司销售一批产品，按照价目表上标明的价格计算，其售价金额为20 000元，由于是批量销售，企业给予10%的商业折扣，适用的增值税税率为17%。为了鼓励购货方提前付款，给予一定的现金折扣，折扣条件为：3/10、1/20、N/30。则该企业应收账款的入账金额为(　　)。

A. 23 400　　B. 21 060　　C. 18 000　　D. 21 400

3. 某企业1月15日销售产品一批，应收账款为11万元，规定对方付款条件为2/10，1/20，N/30，购货单位已经于1月22日付款，该企业实际收到的金额为(　　)万元。

A. 11　　B. 10　　C. 10.78　　D. 8.8

4. 某企业销售产品一批，增值税专用发票上标明的价款为60万元，适用的增值税税率为

17%，为购货方代垫运杂费为2万元，款项尚未收回，该企业实际收到的金额为(　　)万元。

A. 60　　B. 62　　C. 70.2　　D. 72.2

5. 企业计提坏账准备时，应借记(　　)账户。

A. 应收账款　　B. 坏账准备　　C. 资产减值损失　　D. 销售费用

6. 企业2009年末应收账款余额为600 000元；2010年收回已转销的坏账10 000元，年末应收账款余额为900 000元，该企业按照5%计提坏账准备，2010年末应计提的坏账准备为(　　)元。

A. 5 000　　B. 45 000　　C. 30 000　　D. 15 000

二、多项选择题

1. 实际发生坏账损失时，应(　　)。

A. 借记“坏账准备”　　B. 贷记“应收账款”

C. 借记“应收账款”　　D. 贷记“坏账准备”

2. 企业收到已转销的坏账时，应(　　)。

A. 借记“应收账款”，贷记“坏账准备”

B. 借记“坏账准备”，贷记“应收账款”

C. 借记“应收账款”，贷记“银行存款”

D. 借记“银行存款”，贷记“应收账款”

3.《企业会计制度》规定,(　　)可以计提坏账准备。

A. 应付账款　　B. 应收账款　　C. 其他应收款　　D. 预付账款

4. 企业以总价法确认应收账款的入账价值时，下列说法正确的有(　　)。

A. 商业折扣应该扣除　　B. 商业折扣不应该扣除

C. 现金折扣应该扣除　　D. 现金折扣不应该扣除

5. 下列各项中，应在“坏账准备”科目贷方反映的是(　　)。

A. 提取的坏账准备　　B. 已发生的坏账损失

C. 收回以前已确认并转销的坏账损失　　D. 冲回多提的坏账准备

6. 按照企业会计制度可以作为应收账款入账金额的项目是(　　)。

A. 销项税额　　B. 商业折扣

C. 销售价款　　D. 代购货单位代垫的运费

7. 企业进行坏账损失核算时，估计坏账损失的方法有(　　)。

A. 销货百分比法　　B. 直接转销法

C. 账龄分析法　　D. 应收账款余额百分比法

8. 企业应收账款符合(　　)条件应确认为坏账。

A. 债务人死亡，以其遗产清偿后仍然无法收回

B. 债务人破产，以其破产财产清偿后仍然无法收回

C. 债务人超过3年未履行偿债义务

D.有足够证据表明无法收回或收回的可能性很小

9.坏账是企业(　　)的应收账款。

A.能够收回　　B.无法收回

C.收回的可能性很小　　D.收回的可能性较小

10.下列项目中，应通过“应收账款”账户核算的是(　　)。

A.应付材料款　　B.应付租金　　C.应付存入保证金　　D.应付接受劳务的款项

三、判断题

1.企业应收账款的入账价值应包括商业折扣。(　　)

2.现金折扣使销售企业应收账款的实际数额随客户的付款时间而异。(　　)

3.根据《企业会计制度》的规定，企业应收账款的入账价值，可以采用总价法确认，也可以采用净价法确认。(　　)

4.应收账款账户的余额必须在借方，表示尚未收回的应收账款。(　　)

5.在存在现金折扣的情况下，若采用“总价法”核算，应收账款应按销售收入扣除预计的现金折扣后的金额确认。(　　)

6.坏账准备的提取方法、提取比例等由公司自行确定，一经确定，不得随意变更。(　　)

7.已确认为坏账的应收账款又重新收回，应借记“坏账准备”账户，贷记“资产减值损失”账户。(　　)

四、填空题

1.在存在商业折扣的情况下，企业应收账款的入账价值应为__________确认。

2.企业确认的现金折扣应在__________中列支。

3.坏账是指企业__________或__________的款项。

4.坏账损失的核算方法有__________和__________。我国现行《企业会计准则》规定企业应采用__________核算应收账款的坏账。

5.根据我国有关规定，企业只能对__________和__________计提坏账准备。

6.坏账准备的计提方法有__________、__________、__________、__________。

五、简答题

1.什么叫商业折扣？什么叫现金折扣？

2.确认坏账的条件有哪些？

3.坏账准备计提方法有几种？具体内容是什么？

六、业务核算题

1.华兴公司从2007年末开始采用备抵法核算坏账损失。提取坏账准备比例为5%。当年应收账款账面余额为借方800 000元；2008年核销坏账损失60 000元，2008年末应收账款账面余额为借方1 400 000元；2009年重新收回以往已核销坏账20 000元，2009年末应收账款账面余额为借方200 000元。

【要求】 根据上述资料编制相关会计分录。

2.A公司销售给B公司甲商品一批，货款为50 000元，增值税税率17%，付款条件为

5/10，2/20，N/30。

【要求】 根据上述业务编制在总价法下A、B公司10天内付款、20天内付款和30天内付款的会计分录。

3.某公司2009年有关资料如下：

（1）4月7日，向津京商贸有限公司销售"静心"牌电风扇100台，单价55元，货款55 000元，税款9 350元，代垫运杂费1 500元（由购货方承担），以转账支票支付，办妥托收手续。

（2）4月10日，公司收到银行通知，津京商贸有限公司货款收到。

（3）4月15日，销售给津京商贸有限公司"洁净"牌吸尘器50台，单价2 000元，货款100 000元，税款11 700元，运杂费2 000元（由销货方承担），以转账支票支付。根据合同规定货款实行现金折扣，付款条件为：2/10，1/20，N/30。

（4）4月24日，公司接到银行通知，津京商贸有限公司货款收到。

【要求】 根据上述业务编制会计分录。

任务四

预付及预收账款业务核算

任务目标

通过本任务的学习，学生应能够

☑了解预付账款、预收账款的核算内容

☑熟悉预付账款、预收账款的核算程序

☑掌握预付账款、预收账款的核算方法

业务认知

预付账款与预收账款

（一）预付账款的概念

预付账款是企业根据购货合同规定，预先支付给供应单位的款项。预付账款属于企业的一项短期性债权，例如企业预付购货款和购货、接受劳务预付的定金(或订金)等。企业进行在建工程预付的工程价款，也应列为预付账款进行核算。预付账款不包括预付性费用支出，例如企业一年以内的预付报刊订阅费，应直接列为当期损益；超过一年的预付性费用支出，应列为长期待摊费用。

（二）预收账款的概念

预收账款是企业在提供商品或供应劳务之前，按照合同规定向购货单位预收的款项。它是买卖双方协议商定，由供货方或提供劳务方预先向购货方或接受劳务方收取一部分货款或定金而形成的一项负债。这项负债需要企业用以后的商品或劳务等偿付。

应付账款和预收账款均属商品交易形成的流动负债，但有以下区别：

（1）形成的经营过程不同，应付账款在采购环节形成，预收账款在销售环节形成。

（2）偿还债务的方式不同，正常情况下应付账款应以货币资金偿还，预收账款应以货物偿还。

（3）确认时间不同，应付账款一般在购买物资或接受劳务的交易成交时确认，预收账款则根据合同收到购买方预付贷款时予以确认。

业务核算

一、预付账款的账务处理

预付账款和应收账款虽都属于企业的短期债权，但两者产生的原因不同。应收账款是企业应收的销贷款，即由销货引起的，应向购货方收取的款项；预付账款是企业预先支付的购货款，即由购货引起的，是预先付给供贷方的款项。因此，两者应分别核算。

企业的预付账款，一般应设置“预付账款”账户对其进行核算。该账户借方登记预付款项和收货后补付的款项，贷方登记实际收到所购货物的应付金额和对方退回的多付款项。期末借方余额，表示企业预付的款项；期末如为贷方余额，则表示企业尚未补付的款项。该账户应按供应单位设置明细账户，进行明细核算。

预付款项不多的企业，可以不设“预付账款”账户，而将预付的款项并入“应付账款”账户进行核算。

企业因购货而预付的款项，借记“预付账款”账户，贷记“银行存款”账户；收到所购的原材料或商品等货物时，按应支付的金额，借记“原材料”、“应交税费”等账户，贷记“预付账款”账户；补付价款时，借记“预付账款”账户，贷记“银行存款”账户；退回多付的贷款时，借记“银行存款”账户，贷记“预付账款”账户。

企业进行在建工程预付的工程价款时，借记“预付账款”账户，贷记“银行存款”等账户，按工程进度结算工程价款时，借记“在建工程”账户，贷记‘预付账款”、“银行存款”等账户。

例2–25　2009年15日天津华普电器有限公司从四方电机制造公司购进电机150台，单价450元，增值税率17%。根据供销合同规定采用预付款方式结算货款，于发货前预付货款20 000元，其余货款于收货后20天结清。

（1）天津华普电器有限公司出纳办理预付货款时取得汇款凭证见表2–38。

表2–38　例2–25原始凭证

信汇凭证（回单）　1

委托日期2009年1月15日

<table>
<tr><td rowspan="3">汇款人</td><td>全　称</td><td colspan="3">天津华普电器有限公司</td><td rowspan="3">收款人</td><td>全　称</td><td colspan="3">四方电机制造公司</td><td rowspan="6">此联给付款人的回单</td></tr>
<tr><td>账号或住址</td><td colspan="3">022080703563283710086</td><td>账号或住址</td><td colspan="3">022140000012479324</td></tr>
<tr><td>汇出地点</td><td>天津市</td><td>汇出行名称</td><td>工商银行杨柳青分行</td><td>汇入地点</td><td>天津市</td><td>汇入行名称</td><td>工行河西支行</td></tr>
<tr><td rowspan="2">金融</td><td colspan="6">人民币（大写）贰万元整</td><td colspan="3">亿 千 百 十 万 千 百 十 元 角 分
¥ 2 0 0 0 0 0 0</td></tr>
<tr><td colspan="9">汇款用途：预付货款</td></tr>
<tr><td colspan="3">上列款项已根据委托办理，如需查询，请持此单来行面洽。

汇入银行盖章</td><td colspan="3">上列款项已照收无误

收款人盖章</td><td colspan="2">科目（付）
对方科目
汇入行解汇日期 2009年1月15日
复核　出纳</td><td colspan="2">中国工商银行天津市
杨柳青支行
★ 2009.1.15 ★
票据受理专用章
记账</td></tr>
</table>

天津华普电器有限公司根据上述原始凭证，进行账务处理如下：

借：预付账款——四方电机制造公司　　20 000

　　贷：银行存款　　20 000

（2）2009年1月25日，天津华普电器有限公司收到电机（增值税专用发票、入库单略），账务处理如下：

借：原材料——电机　　67 500

　　应交税费——应交增值税（进项税额）　　11 475

　　贷：预付账款——四方电机制造公司　　78 975

（3）2009年1月25日，天津华普电器有限公司补付材料款（转账支票存根略）58 975元，账务处理如下：

借：预付账款——四方电机制造公司　　58 975

　　贷：银行存款　　58 975

想一想

（1）假定上述业务，天津华普电器有限公司2009年2月25日收到所购材料的话，因缺乏货币资金，差价款无力补付。则“预付账款”账户的余额在哪方？表示什么？

（2）如果天津华普电器有限公司的预付账款是并入“应付账款”账户核算的，则上述账务处理是怎样的？

二、预收账款的核算

为了核算预收账款的形成及结算账款，企业应设置“预收账款”账户。该账户贷方登记企业收到购货方预付的款项及补付的款项，借方登记企业实际发出商品或提供劳务的价税款及退回多付的款项。期末贷方余额，表示企业向购货单位预收的款项；期末如为借方余额，表示企业应由购货单位补付的款项，即应收款项。该账户应按购货单位设置明细账，进行明细分类核算。

预收账款情况不多的企业也可以不设置“预收账款”账户，而直接将预收账款并入“应收账款”账户进行核算。这样“应收账款”账户有关明细账户的期末贷方余额，反映的就是企业的预收账款。

例2-26　2009年1月5日，四方电机制造公司销售给天津华普电器有限公司电机150台，单价450元，增值税率17%。根据供销合同规定采用预付款方式结算货款，于发货前预收货款20 000元，其余货款于收货后20天结清。

（1）四方电机制造公司出纳取得收款凭证见表2-39，四方电机制造公司根据上述原始凭证，进行账务处理如下：

借：银行存款　　20 000

　　贷：预收账款——天津华普电器有限公司　　20 000

表2-39 例2-26原始凭证

信汇凭证（收账通知） 1

委托日期 2009 年 1 月 15 日

汇款人	全　　称	天津华普电器有限公司			收款人	全　　称	四方电机制造公司		
	账号或住址	022080703563283710086				账号或住址	022140000012479324		
	汇出地点	天津市	汇出行名称	工商银行杨柳青分行		汇入地点	天津市	汇入行名称	工行河西支行
金融	人民币（大写）贰万元整								
汇款用途：预付货款					科目（付）				
上列款项已根据委托办理，如需查询，请持此单来行面洽。			上列款项已照收无误		对方科目				
汇入银行盖章			收款人盖章		汇入行解汇日期 2009年1月15日				
					复核	出纳	记账		

亿	千	百	十	万	千	百	十	元	角	分
			¥	2	0	0	0	0	0	0

中国工商银行天津市
河西支行
★ 2009.1.15 ★
票据受理专用章

此联给收款人的收账通知

（2）2009年1月25日，四方电机制造公司发出电机（增值税专用发票、出库单略），账务处理如下：

借：预收账款——天津华普电器有限公司　　78 975

　　贷：主营业务收入　　67 500

　　　　应交税费——应交增值税（销项税额）　　11 475

（3）2009年1月25日，四方电机制造公司收到补付的价款时，财务处理如下：

借：银行存款　　58 975

　　贷：预收账款——天津华普电器有限公司　　58 975

思考与练习

一、单项选择题

1. 预付款项不多的企业，可以不设“预付账款”账户，而将预付的款项并入（　　）账户进行核算。

　A. 应收账款　　B. 应付账款　　C. 预收账款　　D. 其他应付款

2. 预收账款情况不多的企业也可以不设置“预收账款”账户，而直接将预收账款并入（　　）账户进行核算。

　A. 应收账款　　B. 应付账款　　C. 预收账款　　D. 其他应收款

二、多项选择题

1. “预付账款”的借方登记（　　）。

A. 预付的款项　　B. 补付的款项
C. 收到采购货物时冲销的预付款项　　D. 预付款项多余而退回款项

2. 企业根据合同规定向销货方预付货款时，应（　　）。
A. 借记“预付账款”　　B. 贷记“银行存款”
C. 借记“银行存款”　　D. 贷记“预付账款”

3. 若企业预付货款小于采购货物的货款及增值税时，补付货款时，应（　　）。
A. 借记“预付账款”　　B. 贷记“银行存款”
C. 借记“应付账款”　　D. 贷记“应付账款”

4. “预收账款”的贷方登记（　　）。
A. 预收货款的数额
B. 购货单位补付货款的数额
C. 企业向购货方发货后冲销的预收货款数额
D. 退回购货方多付货款的数额

5. 企业向购货单位预收账款时，应（　　）。
A. 借记“预收账款”　　B. 贷记“银行存款”
C. 借记“银行存款”　　D. 贷记“预收账款”

三、简答题

1. 什么是预付账款和预收账款？
2. 预付账款和预收账款的账务处理程序是什么？

任务五

其他往来业务核算

任务目标

通过本任务的学习，学生应能够

☑了解其他应收款、其他应付款的核算内容

☑熟悉其他应收款、其他应付款的核算程序

☑掌握预其他应收款、其他应付款的核算方法

业务认知

其他应收款与其他应付款

（一）其他应收款的概念

其他应收款是指企业因销售商品、材料、提供劳务等以外的其他非营业活动而引起的应收、暂付款项，主要包括：①应收的各种赔偿款、罚款；②应收的租金；③存出保证金；④应向职工收取的各种垫付款项；⑤备用金；⑥其他各项的应收、暂付款项。

（二）其他应付款的概念

其他应付款，是指与企业商品购销、劳务供应业务没有直接联系的一切暂收、应付款项。其他应付款主要包括：①应付经营租人固定资产、包装物的租金；②存人保证金；③职工未按期锁取的薪酬；④应付、暂收所属单位和个人的款项；⑤其他应付、暂收款项。

业务核算

一、其他应收款的核算

（一）其他应收款账户

为了反映和监督其他应收款的发生和结算情况，企业应设置“其他应收款”账户进行核算。该账户借方登记其他应收款项的发生数额，贷方登记收回或转销的其他应收款项。期末借方余额，表示企业尚未收回的其他应收款项。该账户应按照其他应收款的项目和对方单位（或个人）设置明细账户，进行明细分类核算。

（二）其他应收款业务核算

企业发生其他应收款时，应借记“其他应收款”账户，贷记有关账户；收回或转销其他应收款时，应借记有关账户，贷记“其他应收款”账户。

例2-27　2009年1月5日，津京商贸有限公司向天津华普电器有限公司购买商品，借用包装物，以银行存款支付包装物押金2 600元。其相关原始凭证见表2-40和表2-41。

表2-40　例2-27原始凭证1

中国工商银行
转账支票存根　（津）
XⅣ 2350612

附加信息

出票日期 2009 年 1 月 5 日

收款人：	天津华普电器有限公司
金　额：	¥ 2 600.00
用　途：	押金

单位主管　　　　会计

表2-41　例2-27原始凭证2

收 款 收 据

2009 年 1 月 5 日　　　　No.1200003

收款单位	天津华普电器有限公司	交款单位	津京商贸有限公司	金额								
				百	十	万	千	百	十	元	角	分
金　额（大写）	人民币：贰仟陆佰元整					¥	2	6	0	0	0	0
事　由				备注：押金								

天津华普电器有限公司 财务专用章

第二联 收据联

会计主管：　　　　收款人：　　　　制单：

津京商贸有限公司根据原始凭证，进行账务处理如下：

借：其他应收款——存出保证金（天津华普电器有限公司）2 600

　　贷：银行存款　　　　2 600

例2-28　2009年1月25 日，退还包装物，收回押金存入银行，其相关原始凭证见表2-42和表2-43。

表2-42　例2-28原始凭证1

收款收据

2009年1月25日　　　　No.1200222

收款单位	津京商贸有限公司	交款单位	天津华普电器有限公司	金额								
				百	十	万	千	百	十	元	角	分
金额（大写）	人民币：贰仟陆佰元整					¥	2	6	0	0	0	0
事由				备注：押金								

津京商贸有限公司 财务专用章

会计主管：　　收款人：　　制单：

第二联 收据联

表2-43　例2-28原始凭证2

中国工商银行进账单（收账通知）　3

2009年1月25日

付款人	全称	天津华普电器有限公司	收款人	全称	津京商贸有限公司										
	账号	022080703563283710086		账号	022080703512345710022										
	开户银行	工商银行杨柳青分行		开户银行	天津河东工行一支行										
金额	人民币（大写）	贰仟陆佰元整			亿	千	百	十	万	千	百	十	元	角	分
									¥	2	6	0	0	0	0
票据种类	转账汇票	票据张数	壹	中国工商银行天津河东一支行 2009.1.25 转讫											
票据号码	2350423														
复核　记账				收款人开户银行签章											

此联是收款人开户银行交给收款人的收账通知

津京商贸有限公司根据原始凭证，进行账务处理如下：

借：银行存款　　2 600

　　贷：其他应收款——天津华普电器有限公司　　2 600

（三）备用金制度

企业因业务经营关系，往往需要一定数额的备用金。备用金是指企业内部各车间、部门、职能科室等周转使用的货币资金，主要包括预付给科室、车间及非独立核算的经营单位等用于日常开支的款项。在会计核算上，企业应以“其他应收款”账户核算备用金业务，并设置“备用金”明细账户进行核算。如果企业发生的备用金业务较多，也可以单独设置“备用金”账户进行核算。无论备用金通过“其他应收款——备用金”账户核算，还是通过“备用金”账户进行核算，都应按用款单位详细记录反映备用金的具体情况。

根据备用金的预付方式不同，备用金分为定额备用金和非定额备用金两种。不同形式的备用金其会计处理方法也不一样。

1.定额备用金制度

定额备用金制度是指根据用款单位的实际需要，由财会部门会同有关用款单位核定备用金定额并拨付款项，借记“其他应收款——备用金”账户，贷记“银行存款”、“现金”账户。同时规定其用途和报销期限，待用款单位实际支用后，凭有效单据向财会部门报销，财会部门根据报销数用现金补足备用金定额的制度。这种方法便于企业对备用金的使用进行控制，并可减少财会部门日常的核算工作，一般适用于有经常性费用开支的内部用款单位。由于用款单位报销领款后，备用金数额仍按规定额持有，所以报销费用时，视同货币资金支付费用处理，借记“管理费用”等账户，贷记“银行存款”、“现金”账户。待该用款单位撤销或不再采用定额备用金制度，收回拨付的备用金时，借记“现金”账户，贷记“其他应收款——备用金”账户。

例2-29 天津华普电器有限公司行政科实行定额备用金制度，财会部门根据核定的备用金额3 000元，开出现金支票拨付，其相关原始凭证见表2-44和表2-45。

天津华普电器有限公司根据原始凭证，进行账务处理如下：

借：其他应收款——备用金（行政科）　　3 000

　　贷：银行存款　　3 000

表2-44 例2-29原始凭证1

借 款 单

2009年1月5日　　字第002号

部　门	行政科	借款理由	备用金
借 款 人	李　明		
借款金额	叁仟元整	核准借款金额	人民币（大写）叁仟元整
审批意见：同意借支　方平		归还方式：凭有效单据报销领款	

主管：　　会计：　　出纳：　　借款人：李明

表2-45　例2-29原始凭证2

中国工商银行
转账支票存根　（津）
XⅣ 2543018

附加信息＿＿＿＿＿＿＿＿

出票日期 2009 年 1 月 5 日

收款人：天津华普电器有限公司	
金　额：¥ 3 000.00	
用　途：备用金	

单位主管　　　　会计

例2-30　行政科向财会部门报销日常办公用品购置费、接待费等2 560元，财会部门经审核有关单据后，同意报销，并以现金补足定额。其原始凭证（发票）略。

天津华普电器有限公司根据原始凭证，进行账务处理如下：

借：管理费用　　2 560

　　贷：库存现金　　2 560

2. 非定额备用金制度

非定额备用金制度也称借款报账制，是指用款单位或个人需要使用备用金时，按需要逐次借用和报销的制度。这种制度方便灵活，并可以减少和控制单位内部和个人备用金资金的占用。但采用这一制度会增加备用金日常核算的工作量。

例2-31　公司采购员李林4月1日因出差借支差旅费2 000元，以现金支付；4月26日，李林出差回来报销差旅费1 680元，交回现金320元（其有关内容已在出纳岗位现金业务核算讲述，这里不再详细讲解）。

公司的账务处理如下：

（1）4月1日，预借差旅费时

借：其他应收款——备用金（李林）　　2 000

　　贷：库存现金　　2 000

（2）4月26日，出差回来报销差旅费时

借：管理费用　　1 680

　　库存现金　　320

　　贷：其他应收款——备用金（李林）　　2 000

二、其他应付款的核算

企业其他应付款项的应付、暂收及支付情况，应设置“其他应付款’账户进行核算。该账户贷方登记企业发生的各种应付、暂收款项；借方登记企业实际支付或转账的应付款项。期末余额在贷方，表示企业尚未支付的其他应付款项。该账户应按其他应收款的项目和单位(或个人)设置明细账户，进行明细分类核算。

例2-32 2009年1月5 日，天津华普电器有限公司销售给津京商贸有限公司一批商品，出借包装物，收取包装物押金2 600元。其相关原始凭证见表2-46和表2-47。

表2-46 例2-32原始凭证1

收款收据

2009 年 1 月 5 日 No.1200003

收款单位	天津华普电器有限公司	交款单位	津京商贸有限公司	金额								
				百	十	万	千	百	十	元	角	分
金额（大写）	人民币：贰仟陆佰元整					¥	2	6	0	0	0	0
事由				备注：押金								

（印章：天津华普电器有限公司 财务专用章）

会计主管： 收款人： 制单：

第二联 收据联

表2-47 例2-32原始凭证2

中国工商银行进 账 单（收账通知） 3

2009 年 1 月 5 日

付款人	全称	津京商贸有限公司	收款人	全称	天津华普电器有限公司
	账号	022080703512345710022		账号	022080703563283710086
	开户银行	天津河东工行一支行		开户银行	工商银行杨柳青分行

金额	人民币（大写） 贰仟陆佰元整	亿	千	百	十	万	千	百	十	元	角	分
						¥	2	6	0	0	0	0

票据种类	转账支票	票据张数	1
票据号码	2350612		
复核	记账		

（印章：中国工商银行天津 杨柳青支行 2009年1月5日 转讫）

收款人开户银行签章

此联是收款人开户银行交给收款人的收账通知

天津华普电器有限公司根据原始凭证，进行账务处理如下：

借：银行存款 2 600

贷：其他应付款——存入保证金(津京商贸有限公司) 2 600

例2-33 2009年1月25 日，津京商贸有限公司还回包装物，天津华普电器有限公司退还押金，其相关原始凭证见表2-48。

表2–48　例2–33原始凭证

收款收据

2009 年 1 月 25 日　　　　No.1200222

收款单位	津京商贸有限公司	交款单位	天津华普电器有限公司	金额								
				百	十	万	千	百	十	元	角	分
金　额（大写）	人民币：贰仟陆佰元整					¥	2	6	0	0	0	0
事　由				备注：押金								

津京商贸有限公司 财务专用章

第三联 记账联

会计主管：　　　　收款人：　　　　制单：

天津华普电器有限公司根据原始凭证，进行账务处理如下：

借：其他应付款——存入保证金（津京商贸有限公司）　　2 600

　　贷：库存现金　　2 600

思考与练习

一、单项选择题

1. 实行定额备用金制度的企业，拨付的定额备用金，可以通过（　　）科目核算。

A. 其他应收款　　B. 银行存款

C. 其他应付款　　D. 应收账款

2. 下列应收、暂付款中，不通过“其他应收款”科目核算的是（　　）。

A. 应收保险公司的赔款　　B. 存出包装物押金

C. 应向职工收取的各种垫付款项　　D. 应向购货方收取的代垫运费

二、多项选择题

1. 企业租入包装物一批，以银行存款向出租方支付押金时，应（　　）。

A. 借记“其他应收款——存出保证金”

B. 贷记“其他应收款——存出保证金”

C. 借记“应收账款”

D. 贷记“银行存款”

2. 企业没收出租固定资产所收取的押金时，所涉及的科目有（　　）。

A. “其他应付款”　　B. “其他应收款”

C. “应付账款”　　D. “其他业务收入”

3. 企业将收到的包装物押金退还时，应（　　）。

A. 贷记“银行存款”　　B. 借记“其他应收款”

C. 借记“其他应付款”　　D. 贷记“其他应付款”

4. 某企业将一台设备出租，收到押金时应（　　）。

A. 借记“银行存款”

B. 贷记“其他应收款”

C. 借记“其他应付款”

D. 贷记“其他应付款”

5. “其他应付款”账户的贷方登记（　　）。

A. 发生的应付款项

B. 发生的暂收款项

C. 偿还的各种应付、暂收款项

D. 转销的各种应付、暂收款项

6. “其他应付款”核算的内容包括（　　）。

A. 应付租入包装物的租金

B. 经营租入固定资产的应付租金

C. 出借包装物收取的押金

D. 出租包装物收取的押金

三、简答题

1. 其他应收款的概念及包括的内容是什么？
2. 其他应付款的概念及包括的内容是什么？
3. 其他应收款、其他应付款的账务处理程序是什么？

任务六

实　训

实训目的

☑了解往来业务会计岗位的职责
☑了解企业结算制度、客户信用和债权、债务的确认
☑掌握往来款项业务核算及坏账计提、确认、转销的账务处理

实训环境

会计模拟实验室，配有相关原始凭证、记账凭证、账簿、实物展台等。

实训要求

- 掌握企业往来结算业务核算的账务处理
- 掌握企业往来业务核算中总账与明细账的核对
- 掌握坏账准备金的计提、确认、转销的账务处理

实训资料

【企业概况】

企业名称：天津华普电器有限公司
法定代表人：王振通
注册地址：天津市西青区杨柳青镇第五大街99号
电话：022–27391234
注册资本：1 000万元
企业类型：有限责任公司
经营范围及主要产品：家用电器
经营方式：生产销售

企业组织机构：企业下设两个基本生产车间、两个辅助生产车间、厂部办公室、供应部、销售部等

开户行：工商银行杨柳青分行

账号：02208070356328371008 6

税务登记证号：022779154961786611 5

纳税人类型：一般纳税人

增值税率：17%

财务部门负责人：张震

会计：李智慧

出纳：赵青云

【业务资料】

该公司2009年12月有关往来款项的余额如下：

（1）应收账款总账余额120 000元，其中长春市胜利公司60 000元，津京商贸有限公司30 000元，北京市中环电器公司10 000元，威海远洋公司20 000元。

（2）坏账准备账户贷方余额6 000（坏账准备提取率5%）。

（3）其他应收款业务部李林2 000元。

（4）预付账款四方电机制造公司50 000元。

2009年12月公司有关业务如下：

实训1　12月2日，收到长春市胜利公司归还货款。相关原始凭证见表2-49。

表2-49　实训1原始凭证

中国工商银行进　账　单（收账通知）　　3

2009年12月2日

出票人	全　　称	长春市胜利公司	收款人	全　　称	天津华普电器有限公司
	账　　号	000123789487		账　　号	022080703563283710086
	开户银行	工商银行长春支行		开户银行	工商银行杨柳青分行
金额	人民币（大写）	陆万元整		亿千百十万千百十元角分	¥6000000
票据种类	汇票	票据张数	1		
票据号码	2235				
复核　记账			中国工商银行天津市杨柳青支行 ★2009.2.7★ 票据受理专用章	收款人开户银行签章	

此联是收款人开户银行交给收款人的收账通知

实训2　12月5日，天津华普电器有限公司向北京市中环电器公司销售LED液晶42寸华普彩电100台，单价4 500元，货款450 000元，增值税率17%，代垫运杂费3 000元（由购货方承担）以转账支票支付，办妥托收手续。相关原始凭证见表2-50～表2-54。

表2-50　实训2原始凭证1

中国工商银行
转账支票存根　　（津）
XⅣ 00000003

附加信息

出票日期 2009 年 12 月 5 日

收款人：	天津华兴联运公司
金　额：	￥3 000.00
用　途：	代垫运杂费

单位主管　　　　会计

表2-51　实训2原始凭证2

天津市增值税专用发票

全国统一发票监制章 天津市 国家税务局监制

记　账　联

开票日期：　　　年　　月　　日

<table>
<tr><td rowspan="4">购货单位</td><td colspan="5">名　　称：</td><td rowspan="4">密码区</td><td rowspan="4" colspan="3">（略）</td></tr>
<tr><td colspan="5">纳税人识别号：</td></tr>
<tr><td colspan="5">地 址、电 话：</td></tr>
<tr><td colspan="5">开户行及账号：</td></tr>
<tr><td colspan="2">货物或应税劳务名称</td><td>规格型号</td><td>单位</td><td>数量</td><td>单价</td><td>金额</td><td>税率</td><td>税额</td></tr>
<tr><td colspan="2"></td><td></td><td></td><td></td><td></td><td></td><td></td><td></td></tr>
<tr><td colspan="2"></td><td></td><td></td><td></td><td></td><td></td><td></td><td></td></tr>
<tr><td colspan="2">合　计</td><td></td><td></td><td></td><td></td><td></td><td></td><td></td></tr>
<tr><td colspan="2">价税合计（大写）</td><td colspan="7">（小写）</td></tr>
<tr><td rowspan="4">销货单位</td><td colspan="4">名　　称：</td><td rowspan="4">备注</td><td rowspan="4" colspan="4"></td></tr>
<tr><td colspan="4">纳税人识别号：</td></tr>
<tr><td colspan="4">地 址、电 话：</td></tr>
<tr><td colspan="4">开户行及账号：</td></tr>
</table>

第四联 记账联 销货方记账凭证

收款人：　　　复核：　　　开票人：　　　销货单位（章）

表2-52　实训2原始凭证3

全国联运行业货运统一发票

发　票　联

开票日期　2009年12月5日

发票代码
发票号码

机打代码　2510000410 机打号码　10008 机器编号	密码区		
发货人名称　天津华普电器有限公司 纳税人识别号　0227791549617866115	运输费用	其他费用	
	项目及金额	项目及金额	
	一、自备运输工具运费 1.公路运费 2.水路运费	仓储费 包装整理费 装卸费 劳务费 票签费	
收货人名称　北京中环电器有限公司 纳税人识别号　0312370305123456789			
发货站(港)　到站(港)　经由　中转 天津　河北	二、代付费用 1.铁路运费 2.公路运费　3 000 3.水路运费 4.航空运费	小计 包干费	
件数　计重资费　包装		垫付费用 项目及金额 保险费 邮寄费	
	小计	小计	
合计人民币(大写)叁仟元整		¥3 000.00	
承运人名称 纳税人识别号		主管税务机关及代码	

开票单位盖章（天津华兴联运公司　发票专用章）　开票人：　收款人：　手写无效

第二联　发票联　收货方记账凭证

表2-53　实训2原始凭证4

托收凭证（收账通知）　1

委托日期　年　月　日　　付款期限　年　月　日

业务类型	委托收款（☑邮划、☐电划）　托收承付（☐邮划、☐电划）				
付款人	全称		收款人	全称	
	账号			账号	
	地址	开户行		地址	开户行
金额	人民币（大写）				亿 千 百 十 万 千 百 十 元 角 分
款项内容		托收凭据名称		附寄单证张数	
商品发运情况			合同名称号码		
备注： 复核　记账		款项收妥日期 年　月　日		收款人开户银行签章 年　月　日	

表2-54　实训2原始凭证5

商品出库单

购货单位：　　　　　　　　　　　年　　月　　日　　　　　　　　销字第　　号

商品名称及规格	单　位	数　量
合　计		

主管人：　　　　　　会计：　　　　　　记账：　　　　　　制单：

第二联　会计记账

实训3　2009年12月8日，天津华普电器有限公司销售给津京商贸有限公司华普全自动洗衣机50个，单价3 000元，增值税率17%，收到津京商贸有限公司承兑期为90天的银行承兑汇票1张，金额175 500元。原始凭证见表2-55～表2-57。

表2-55　实训3原始凭证1

银行承兑汇票　　2

出票日期（大写）　　　　年　　月　　日　　　　　　汇票号码

<table>
<tr><td>出票人全称</td><td colspan="2"></td><td rowspan="3">收款人</td><td>全 称</td><td colspan="11"></td></tr>
<tr><td>出票人账号</td><td colspan="2"></td><td>账 号</td><td colspan="11"></td></tr>
<tr><td>付款行全称</td><td colspan="2"></td><td>开户银行</td><td colspan="11"></td></tr>
<tr><td rowspan="2">出票金额</td><td colspan="4" rowspan="2">人民币
（大写）</td><td>亿</td><td>千</td><td>百</td><td>十</td><td>万</td><td>千</td><td>百</td><td>十</td><td>元</td><td>角</td><td>分</td></tr>
<tr><td></td><td></td><td></td><td></td><td></td><td></td><td></td><td></td><td></td><td></td><td></td></tr>
<tr><td>汇票到期日
（大写）</td><td></td><td colspan="3">承兑协议编号</td><td colspan="11"></td></tr>
<tr><td colspan="2">本汇票请你行承兑，此项汇票款我单位按承兑协议遇到期日前足额交存你行，到期请予以支付

出票人签章
年　月　日</td><td colspan="3">本汇票已经承兑
到期日由本行付款

承对行签章
承兑日期　年　月　日
备注：</td><td colspan="11"></td></tr>
</table>

此联由收款人存查

表2-56　实训3原始凭证2

天津市增值税专用发票

记　账　联

全国统一发票监制章 天津市 国家税务局监制

开票日期：2009 年 12 月 8 日

购货单位	名　　称：津京商贸有限公司 纳税人识别号：370305987654321 地 址、电 话：天津市河东六纬路56号 开户行及账号：天津河东工行一支行022080703512345710022				密码区	（略）	
货物或应税劳务名称	规格型号	单位	数量	单价	金额	税率	税额
华普牌洗衣机	全自动	台	50	3 000.00	150 000.00	17%	25 500.00
合　计					150 000.00	17%	25 500.00
价税合计（大写）	壹拾柒万伍仟伍佰元整　（小写）¥ 175 500.00						
销货单位	名　　称：天津华普电器有限公司 纳税人识别号：0227791549617866115 地 址、电 话：杨柳青镇第五大街99号 022-27391234 开户行及账号：工商银行杨柳青分行 022080703563283710086				备注	天津华普电器有限公司 发票专用章	

收款人：　　复核：　　开票人：　　销货单位（章）

第四联　记账联　销货方记账凭证

表2-57　实训3原始凭证3

商 品 出 库 单

购货单位：津京商贸有限公司　　2009 年 12 月 8 日　　销字第 002 号

商品名称及规格	单　位	数　量
华普全自动洗衣机	台	50
合　计		50

主管人：　　会计：　　记账：　　制单：

第二联　会计记账

实训4　12月10日业务部李林出差回来报销差旅费2 700元，补给现金700元。相关原始凭证见表2-58和2-59。

表2-58　实训4原始凭证1

差旅费报销单

原派出单位　天津华普电器有限公司　　2009年12月10日　　单据张数5张（略）

事　　由　采购材料　　姓名李林　　职务　　预借款2 000元

起止日期				地点	车船费	邮电	住勤费			途中标准	伙食补助		合计
月	日	月	日				标准	天数	金额		天数	金额	
11	28	12	5	上海	740	120	150	8	1 200		8	80	640
合 计													
人民币（大写）贰仟柒佰元整						应退（补）：700							

派出单位领导：　　财务主管：　　复核：　　出纳：黄静

表2-59　实训4原始凭证2

（现金）报销单

2009年12月10日

费用类别	差旅费
摘　　要	业务部李林出差、补付差旅费
现金（大写）	柒佰元整　　¥700.00　　现金付讫
备注	

单位主管：王振通　　记账：林月　　验证：　　经办：杜鹃

实训5　12月12日，天津华普电器有限公司收到银行通知，北京中环电器有限公司货款收到，相关原始凭证见表2-60。

表2-60 实训5原始凭证

托收凭证（收账通知） 4

委托日期2009年12月5日　　付款期限2009年12月15日

业务类型	委托收款（☑邮划、☐电划）					托收承付（☐邮划、☐电划）												
付款人	全称	北京中环电器有限公司			收款人	全称	天津华普电器有限公司											
	账号	01081451058675081002				账号	022080703563283710086											
	地址	北京市	开户行	工行北京长安里支行		地址	天津市	开户行	工商银行杨柳青分行									
金额	人民币（大写）	伍拾贰万玖仟伍佰元整					亿	千	百	十	万	千	百	十	元	角	分	
									¥	5	2	9	5	0	0	0	0	
款项内容	销货款及代垫运费	托收凭据名称	增值税专用发票与运单			附寄单证张数	2											
商品发运情况						合同名称号码												
备注： 复核　记账		款项收妥日期 2009年12月12日				收款人开户银行签章 2009年12月12日												

（印章：中国工商银行天津市杨柳青支行 ★2009.12.12★ 票据受理专用章）

此联收款人开户行在款项收妥后给收款人收账通知

实训6 12月15日，天津华普电器有限公司向天津大方有限公司购电机一批，取得增值税专用发票，上面注明的价款为130 000元，增值税额为22 100元，交付一张承兑期为3个月的不带息银行承兑汇票，相关原始凭证见表2-61～表2-63。

表2-61 实训6原始凭证1

银行承兑汇票（存根） 3

出票日期（大写） 贰零零玖年壹拾贰月壹拾伍日　　汇票号码 XI101

出票人全称	天津大方有限公司	收款人	全称	天津华普电器有限公司										
出票人账号	022080703512346780032		账号	022080703563283710086										
付款行全称	天津红桥工行一支行		开户银行	工商银行杨柳青分行										
出票金额	人民币（大写） 壹拾伍万贰仟壹佰元整			亿	千	百	十	万	千	百	十	元	角	分
						¥	1	5	2	1	0	0	0	0
汇票到期日（大写）	贰零壹零年零叁月壹拾伍日	承兑协议编号												
出票人签章		备注：												

（印章：中国工商银行天津市红桥一支行 ★2009.12.15★ 票据受理专用章 收妥抵用）

此联承兑人留存

表2-62 实训6原始凭证2

天津市增值税专用发票

发票联

开票日期：2009年12月15日

购货单位	名　　称：天津华普电器有限公司 纳税人识别号：022779154961786615 地 址、电 话：天津西青区杨柳青镇第五大街99号 开户行及账号：工商银行杨柳青分行022080703563283710086				密码区	（略）		
货物或应税劳务名称	规格型号	单位	数量	单价	金额	税率	税额	
电机	TT-1	个	1 000	130.00	130 000.00	17%	22 100.00	
合　计					130 000.00	17%	22 100.00	
价税合计（大写）	壹拾伍万贰仟壹佰元整　（小写）¥ 152 100.00							
销货单位	名　　称：天津大方有限公司 纳税人识别号：44182700689868 地 址、电 话：20814567 开户行及账号：工商银行红桥支行				备注	天津大方有限公司 发票专用章		

收款人：刘芳　　复核：曹敏　　开票人：李波　　销货单位（章）

第二联 发票联 购货方记账凭证

表2-63 实训6原始凭证3

材料入库单

凭证编号 001

交库单位 ________　　收料仓库 1

交库原因 ________　　2009年1月3日　　材料类别 主料

材料名称	规格	计量单位	数量		实际成本					
			应收	实收	买价		运杂费	其他	合　计	单位成本
					单　价	金　额				
电机	TT-1	个	1 000	1 000	130.00	130 000.00			130 000.00	130.00
合计						130 000.00			130 000.00	

会计：　　保管：　　仓库负责人：　　验收人：陈明

第二联 交会计

实训7　12月18日，天津华普电器有限公司销售给河北立新有限公司LED液晶42寸彩电60台，单价4 500元，货款270 000元，增值税率17%，代垫运杂费2 000元（由销货方承担）以转账支票支付。根据合同规定货款实行现金折扣，付款条件为：2/10，1/20，N/30。相关原始凭证见表2-64～表2-68。

表2-64　实训7原始凭证1

中国工商银行 转账支票存根　（津） XⅣ 2350590
附加信息
出票日期 2009 年 12 月 18 日
收款人：天津华兴联运公司
金　额：¥ 2 000.00
用　途：代垫运杂费
单位主管　　　　会计

表2-65　实训7原始凭证2

天津市增值税专用发票

记　账　联

全国统一发票监制章 天津市 国家税务局监制

开票日期：2009 年 12 月 18 日

购货单位	名　　称：立新商贸有限公司 纳税人识别号：0312370305123456789 地 址、电 话：河北省保定市光明路156号 开户行及账号：工行保定光明支行031212543780973457721				密码区	（略）	
货物或应税劳务名称	规格型号	单位	数量	单价	金额	税率	税额
“华普”牌彩电	LED42寸	台	60	4 500.00	270 000.00	17%	45 900.00
合　计					270 000.00	17%	45 900.00
价税合计（大写）	叁拾壹万伍仟玖佰元整　（小写）¥ 315 900.00						
销货单位	名　　称：天津华普电器有限公司 纳税人识别号：022779154961786611 5 地 址、电 话：杨柳青镇第五大街99号 022-27391234 开户行及账号：工商银行杨柳青分行 022080703563283710086			备注	天津华普电器有限公司 发票专用章		

收款人：　　　　复核：　　　　开票人：　　　　销货单位（章）

第四联　记账联　销货方记账凭证

表2-66　实训7原始凭证3

商品出库单

购货单位：津京商贸有限公司　　　　2009年12月18日　　　　销字第015号

商品名称及规格	单　位	数　量
“华普”牌LED42寸彩电	台	60
合　计		60

第二联　会计记账

主管人：　　　会计：　　　记账：　　　制单：

表2-67　实训7原始凭证4

全国联运行业货运统一发票

发票联　　　　发票代码　　发票号码

（印章：全国统一发票监制　天津市　国家税务局监制）

开票日期　2009年12月18日

机打代码　2510000410
机打号码　10008
机器编号

密码区

发货人名称　天津华普电器有限公司
纳税人识别号　0227791549617866115

收货人名称　河北立新商贸有限公司
纳税人识别号　0312370305123456789

发货站(港)	到站(港)	经由	中转
天津	河北		

件数	计重资费	包装

运输费用 项目及金额		其他费用 项目及金额
一、自备运输工具运费		仓储费
1.公路运费		包装整理费
2.水路运费		装卸费
		劳务费
		票签费
二、代付费用		
1.铁路运费		小计
2.公路运费	2 000	包干费
3.水路运费		**垫付费用 项目及金额**
4.航空运费		保险费
		邮寄费
小计		小计

合计人民币（大写）贰仟元整　　　　¥2 000.00

承运人名称 纳税人识别号		主管税务机关 及　代　码	

（印章：天津华兴联运公司　发票专用章）

第二联　发票联　收货方记账凭证

开票单位盖章　　　开票人：　　　收款人：　　　手写无效

表2-68 实训7原始凭证5

购销折扣合同

甲方：河北立新商贸有限公司　　　　　　　　乙方：天津华普电器有限公司

甲方于2009年12月18日向乙方购买“华普”牌LED42寸彩电60台，单价4 500元，货款270 000.00元，税款45 900.00元。经双方商定，实行现金折扣，具体付款条件为：2/10，1/20，N/30。

以上条件，甲、乙双方共同遵守。

实训8　12月20日，天津华普电器有限公司持有的出票日为2009年11月7日的津京商贸有限公司面值为234 000元的不带息商业承兑汇票，原定承兑期为3个月，现因采购材料急需资金，向银行申请提现，贴现年利率为12%。相关原始凭证见表2-69。

表2-69 实训8原始凭证

贴现凭证（收账通知）　4

申请日期：2009年12月20日

<table>
<tr><td rowspan="3">贴现汇票</td><td colspan="2">种　　类</td><td colspan="2">商业承兑汇票</td><td rowspan="3">持票人</td><td>全　　称</td><td colspan="2">天津华普电器有限公司</td></tr>
<tr><td colspan="2">出 票 日</td><td colspan="2">2009年11月7日</td><td>账　　号</td><td colspan="2">022080703563283710086</td></tr>
<tr><td colspan="2">到 期 日</td><td colspan="2">2010年12月7日</td><td>开户银行</td><td colspan="2">工商银行杨柳青分行</td></tr>
<tr><td>汇票承兑人</td><td>名称</td><td colspan="2">津京商贸有限公司</td><td>账号</td><td colspan="2">022080703512345710022</td><td>开户银行</td><td>河东工行一支行</td></tr>
<tr><td>金额</td><td colspan="6">人民币（大写）　贰拾叁万肆仟元整</td><td colspan="2">亿 千 百 十 万 千 百 十 元 角 分
¥ 2 3 4 0 0 0 0 0</td></tr>
<tr><td>贴现率</td><td>12%</td><td>贴现息</td><td colspan="3">千 百 十 万 千 百 十 元 角 分
¥ 3 8 2 2 0 0</td><td>实付金额</td><td colspan="2">亿 千 百 十 万 千 百 十 元 角 分
¥ 2 3 0 1 7 8 0 0</td></tr>
<tr><td colspan="6">贴现款项已入你单位账户

银行盖章
2009年12月20日</td><td colspan="3">备注
中国工商银行天津杨柳青支行
2009年12月20日
转讫</td></tr>
</table>

实训9　12月21日，天津华普电器有限公司销售给河北立新有限公司华普全自动洗衣机100台，单价3 000元，增值税率17%，根据供销合同规定采用预收款方式结算货款，于发货前预收货款150 000元，其余货款于收货后20天结清。原始凭证见表2-70。

表2-70　实训9原始凭证

信汇凭证（收账通知）　1

委托日期　2009年12月15日

汇款人	全　称	立新商贸有限公司			收款人	全　称	天津华普电器有限公司		
	账号或住址	03121254378097345772I				账号或住址	022080703563283710086		
	汇出地点	河北省	汇出行名称	工行保定光明支行		汇入地点	天津市	汇入行名称	工商银行杨柳青分行

金额	人民币（大写）	壹拾伍万元整	亿	千	百	十	万	千	百	十	元	角	分
					¥	1	5	0	0	0	0	0	0

汇款用途：预收货款		科目（付） 对方科目
上列款项已根据委托办理，如需查询，请持此单来行面洽。 汇入银行盖章	上列款项已照收无误 收款人盖章	中国工商银行天津市杨柳青支行 ★2009.12.15★ 票据受理专用章 汇入行解汇日期　2009年12月15日 复核　出纳　记账

此联给收款人的收账通知

实训10　12月23日，天津华普电器有限公司行政科实行定额备用金制度，财会部门根据核定的备用金额2 500元，开出现金支票拨付，其相关原始凭证见表2-71和表2-72。

表2-71　实训10原始凭证1

借　款　单

2009年12月23日　　字第002号

部　门	行政科	借款理由	备用金
借款人	李明		
借款金额	贰仟伍佰元整	核准借款金额	人民币（大写）贰仟伍佰元整
审批意见：同意借支　张震		归还方式：凭有效单据报销领款	

主管：　　会计：　　出纳：　　借款人：李明

表2-72　实训10原始凭证2

中国工商银行 现金支票存根　（津） XⅣ2543018
附加信息
出票日期2009年12月23日
收款人：天津华普电器有限公司
金　额：¥2 500.00
用　途：备用金
单位主管　　会计

实训11　12月22日兰州鑫鑫商贸公司破产，原欠天津华普电器有限公司货款20 000元确认为坏账损失。相关原始凭证见表2-73。

表2-73　实训11原始凭证

关于坏账损失申请
公司领导： 因兰州鑫鑫商贸公司已破产，原欠我单位20 000元货款无法收回，特申请作为坏账损失，请予以批准。 财务科：2009年12月18日 同意　王振通　2009年12月22日

实训12　12月25日，天津华普电器有限公司持有的不带息银行承兑汇票到期，相关原始凭证见表2-74。

表2–74 实训12原始凭证

委托收款(收账通知) 4

委邮

2009年12月25日 付款期限 2009年12月25日

付款人	全称	津京商贸有限公司	收款人	全称	天津华普电器有限公司	此联是收款人开户银行在款项收妥后交给收款人的收账通知
	账号	022080703512345710022		账号	022080703563283710086	
	开户银行	天津河东工行一支行		开户银行	工商银行杨柳青分行	
委托金额	人民币（大写） 贰拾叁万肆仟元整				亿 千 百 十 万 千 百 十 元 角 分 ¥ 2 3 4 0 0 0 0 0	
款项内容	货款	委托收款凭据名称	发票		附记单证张数	
备注： 付款人开户银行收到日期 年 月 日 支付日期 年 月 日			上列款项 1.已全部划回收入你方账户 2.全部未收到		中国工商银行天津杨柳青支行 2009年4月7日 转讫	

单位主管： 会计： 复核： 记账：

实训13 12月26日，天津华普电器有限公司从四方电机制造公司购进电机200台，单价500元，增值税率17%。根据供销合同规定采用预付款方式结算货款，于发货前预付货款50 000元，其余货款于收货后20天结清。相关原始凭证见表2–75。

表2–75 实训13原始凭证

信汇凭证(回单) 1

委托日期 2009年12月26日

汇款人	全称	天津华普电器有限公司			收款人	全称	四方电机制造公司		此联给付款人的回单
	账号或住址	022080703563283710086				账号或住址	022140000012479324		
	汇出地点	天津市	汇出行名称	工商银行杨柳青分行		汇入地点	天津市	汇入行名称 工行河西支行	
金额	人民币（大写） 伍万元整						亿 千 百 十 万 千 百 十 元 角 分 ¥ 5 0 0 0 0 0 0		
汇款用途：预付货款					科目（付） 对方科目 汇入行解汇日期 年 月 日 复核 出纳 记账		中国工商银行天津市杨柳青支行 ★2009.12.26★ 票据受理专用章		

实训14 12月27日，天津华普电器有限公司接到银行通知，河北立新商贸有限公司货款收到，相关原始凭证见表2–76。

表2–76　实训14原始凭证

托收凭证（收账通知）　　4

委托日期2009年12月27日　　付款期限 2010年1月18日

业务类型	委托收款（☑邮划、□电划）　托收承付（□邮划、□电划）						
付款人	全称	立新商贸有限公司		收款人	全称	天津华普电器有限公司	
	账号	031212543780973457721			账号	022080703563283710086	
	地址	河北省　开户行	河北工行保定光明支行		地址	天津市　开户行	工商银行杨柳青分行
金额	人民币（大写）	叁拾壹万零伍佰元整			亿千百十万千百十元角分	¥31050000	
款项内容	销货款及代垫运费	托收凭据名称	增值税专用发票及运费发票	附寄单证张数	2		
商品发运情况			合同名称号码				
备注： 复核　记账		款项收妥日期 2009年12月27日		收款人开户银行签章 2009年12月27日			
中国工商银行天津市杨柳青支行 ★2009.12.27★ 票据受理专用章							

此联收款人开户行在款项收妥后给收款人收账通知

实训15　12月31日按应收账款的5%计提坏账准备金（自行计算坏账准备填入表中）。相关原始凭证见表2–77。

表2–77　坏账准备计算表

2009年12月31日

项　　目	金　　额
期初应收账款余额	
期末应收账款余额	
期初坏账准备余额（贷方）	
本期发生坏账	
本期收回坏账	
期初坏账准备余额	
本期应提坏账准备	

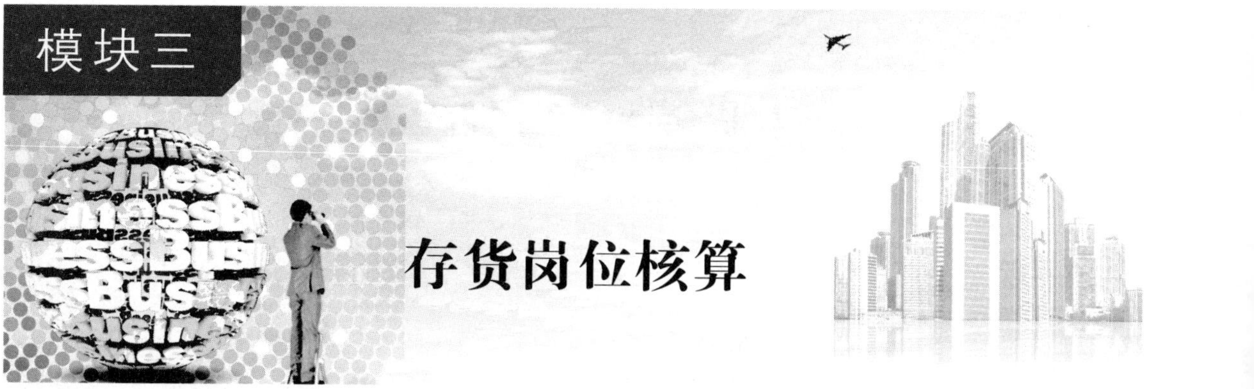

模块三

存货岗位核算

- 任务一 存货会计核算岗位认识
- 任务二 原材料核算
- 任务三 周转材料的核算
- 任务四 其他存货核算
- 任务五 实训

模块导入

存货是企业生产经营必不可少的流动资产，是指企业在日常活动中持有以备出售的产成品或商品、处在生产过程中的在产品、在生产过程或提供劳务过程中耗用的材料和物料等。企业的存货通常包括原材料、在产品、半成品、产成品、商品、周转材料等。

任务一

存货会计核算岗位认识

任务目标

通过本任务的学习，学生应能够

☑了解存货的性质、分类及范围

☑掌握存货的计价方法

☑明确存货会计岗位的职责

☑知道存货的主要核算账户的名称

☑理解并熟知存货会计岗位的核算内容

业务认知

一、存货会计岗位的设置

（一）存货会计岗位的职责

为了进行会计核算，实施会计监督，企业应当根据自身经营管理的要求和业务活动规模的大小，以及会计工作的实际，在企业内部设置存货会计岗位。该岗位主要负责存货的收、发、存业务核算，其岗位职责主要体现在以下几个方面：

（1）会同有关部门建立健全存货手续制度，拟定存货管理与核算的实施办法。

（2）要求各业务环节提供必要的原始凭证和填写内容，同时规定凭证的传递程序和传递时间。

（3）审查存货采购计划，控制采购成本，防止盲目采购。

（4）负责存货收发原始凭证审核，收发业务的处理和明细核算。对在途存货要督促清理催收，对已验收入库尚未付款的存货，月终要估价入账。

（5）负责存货销售业务的核算，正确计算和结转存货的销售成本。

（6）配合有关部门制订存货消耗定额，对存货实行计划成本计价核算的企业还要编制存货计划成本目录。

（7）协助有关部门对存货进行清查盘点及其账务处理工作。

（8）会同有关部门分析存货储备情况，防止呆滞积压。对于超过正常储备和长期呆滞积压的存货，要分析原因，提出处理意见和建议，督促有关部门处理。对于存货保管不善等原因造成损失浪费的，要追究管理人员责任。

（9）定期对存货进行盘点，做到账卡物相符，处理清查账务。

（二）存货会计岗位的核算内容及流程

1. 核算内容

存货会计岗位的核算范围包括：原材料采用实际成本法收入、发出的核算；原材料采用计划成本法收入、发出的核算；周转材料业务的核算；库存商品、委托加工物资的业务核算等。

2. 流程

企业存货核算流程如图3-1所示。

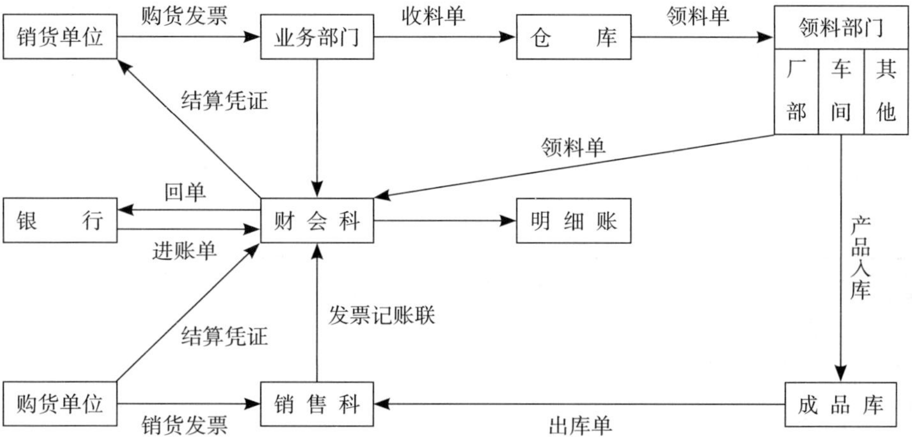

图3-1　企业存货核算流程

（三）存货会计岗位的核算账户

企业在存货会计岗位的会计核算中，主要涉及以下账户：

1. 原材料

属资产类账户，核算企业库存原材料的收入、发出及其结存情况。

2. 材料成本差异

属资产类账户，核算企业各种材料物资的实际成本与计划成本的差异。

3. 周转材料

属资产类账户，核算低值易耗品、包装物的增减变化及其结存情况。

4. 委托加工物资

属资产类账户，核算企业委托外单位加工的各种材料的成本。

5. 库存商品

属资产类账户，核算企业各种库存商品的增减变化及其结存情况。

（四）存货收发的原始凭证

1. 存货收入的原始凭证

企业向外单位购入存货时，原始凭证主要是货款结算凭证和材料入库凭证。货款结算凭证包括供应单位的发票、运输单位的运费单据及汇总结算凭证等；材料入库凭证主要是收料单(也称入库单)。材料收料单是根据存货到货，并经过验收审核后，按规定填写的原始凭证，其一般格式见表3–1。

表3–1　材料入库单格式

材料入库单

凭证编号 ________

交库单位 ________　　　　收料仓库 ________

交库原因 ________　　年　月　日　　材料类别 ________

材料名称	规格	计量单位	数量		实际成本					
			应收	实收	买价		运杂费	其他	合计	单位成本
					单价	金额				
合计										

第二联　交会计

会计：　　保管：　　仓库负责人：　　验收人：

2.存货发出的原始凭证

1)领料单

领料单是一种一次性领料凭证，由用料部门在领料时的经办人填写。其一般格式见表3–2。

表3–2　领料单格式

领　料　单

领用部门：　　　　凭证编号：

用　　途：　　年　月　日　　发料仓库：

编号	类别	名称	规格	单位	数量		金额		备注
					请领	实发	单价	总额	
合计									

第二联　交会计

发料人：　　记账：　　领料部门负责人：　　领料人：

2)限额领料单

限额领料单是一种在规定领用限额内多次使用的凭证。适用于有消耗定额并经常领用的材料。其一般格式见表3–3。

表3–3　限额领料单格式

限额领料单

领用部门：　　　　　　　　　　　　　　　　　　　　　　　　　　　　凭证编号：
用　　途：　　　　　　　　　　　　年　月　日　　　　　　　　　　　发料仓库：

材料类别	材料编号	材料名称	计量单位	全月领用限额	全月实发数量	单　价	金　额	备　注

日期	请领		实发			扣除代用		退库		限额结存
	数量	领料单位负责人签章	数量	发料人签章	领料人签章	数量	领料单编号	数量	退库单编号	

供应部门负责人：　　　　　　　　生产计划部门负责人：　　　　　　　　仓库负责人：

二、存货概述

（一）存货的概念、划分标准及特点

1.概念

存货是指企业在日常活动中持有以备出售的产成品或商品、处在生产过程中的在产品、在生产过程中或提供劳务过程中耗用的材料或物资等。

存货同时满足以下两个条件的，才能予以确认：

（1）与该存货有关的经济利益可能流入企业。

（2）该存货的成本能够可靠地计量。

2.划分标准

确认一项资产是否属于存货有两个标准：一是看资产的所有权是否属于企业。凡是所有权属于企业的资产，无论其存放地点在何处，都应属于本企业的存货。例如，企业购入的各种材料物资属于本企业的存货；委托加工发出的物资，尽管其存放于其他企业，也是本企业的存货。二是看该资产的目的和用途。如果企业取得该项资产的目的或用途是为了销售或生产耗用，则这项资产属于存货，如果企业取得该项资产是为了其他用途，则该项资产不属于存货。例如：汽车制造厂生产的汽车，如果用于企业使用，应属于固定资产，而如果对外销售则属于存货（库存商品）。

3.特点

（1）存货在流动资产中占具比重最大。

（2）价值一次性全部转移于成本，并在销售收入实现中得到补偿。

（3）在生产经营过程中处于不断耗用、销售、重置之中，流动性较强。

（4）存货品种繁多。

（二）存货的内容与分类

1.内容

1）属于存货范围的内容

（1）在库存货：是指企业生产经营过程中储存，以备出售或为生产和服务所需的多种物品，例如库存商品、库存产成品、库存原材料和辅助材料等。

（2）在途存货：是指为出售或供生产或服务过程耗费以外购入的已付款或开出商业汇票，但尚在运输途中的各种物品，例如在途商品、材料及修理用备件等。

（3）出租存货：是指出租出借给外单位使用的物品，例如出租的包装物、工具用具等。

（4）加工中的存货：是指为了出售而尚处于生产加工过程中的物品，例如在产品等。

2）不应记入企业存货范围的内容

按《存货会计准则》规定，不应记入企业存货范围的项目如下：

（1）依照合同已开出发票账单，但客户尚未提取的库存货物。

（2）受其他单位委托代销、代加工的存货。

（3）约定未来购入的存货。

2.分类

存货的品种繁多，为了加强对存货的核算和管理，应对存货进行科学的分类。目前存货主要按以下3种方法进行分类：

1）按经济用途分类

按经济用途，存货分为商品存货、制造业存货和其他存货。

商品存货：是指从事商业流通的企业，在其经营过程中为销售而存储的商品。

制造业存货：是指为了从事产品生产购入的库存货物。主要包括原材料存货、在产品存货、产成品存货、周转材料等。

其他存货：是指除以上存货外，供企业一般耗用的用品和为生产经营服务的辅助性物品。

2）按存放地点分类

按存放地点，存货分为库存存货、在途材料和委托加工存货。

库存存货：是指已经运达企业，并已验收入库的各种材料、商品、自制半成品和产成品。

在途材料：是指货款已经支付或虽未付货款但已取得所有权，正在运输途中的各种材料和商品。

委托加工存货：是指委托外单位加工的各种材料、半成品、商品等。

3）按来源分类

按来源，存货分为外购存货和自制存货。

外购存货：是指从企业外部购入的各类存货。

自制存货：是指企业内部制造的存货。

（三）存货的计价

1.存货入库的计价

企业各类存货的增加都应以其实际成本入账。

1）外购存货

外购存货的采购成本包括购买价款、相关税费、运输费、装卸费、保险费以及其他可归属于存货采购成本的费用。

其实际成本主要包括下列内容：

购买价：指进货发票上所开列的货款金额。企业购入存货所取得的购货折扣、折让等要冲减买价。

相关税费：是指企业购买存货支付的应计入成本的税费，例如小规模纳税人购入存货所交纳的增值税、进口关税、消费税等。

采购费用：指在采购过程中发生的各项费用。包括运杂费、运输途中的合理损耗、入库前的挑选整理费等。

2）自制存货

自制存货的实际成本包括在制造过程中发生的直接材料费用、直接人工费用、其他直接费用以及应分摊的间接费用。

3）委托加工存货

委托加工存货的实际成本包括加工过程中耗用的材料和半成品的实际成本、加工费和往返的运杂费及应交税费。

4）投资者投入存货

投资者投入存货按照投资各方确认的价值确定。

5）接受捐赠存货

接受捐赠存货的实际成本如果有发票等有关凭证时，可凭此入账；如果没有原始凭证，则按同类商品的市场价格入账。

2.存货发出的计价

存货发出的计价就是要如何正确地确定发出存货的实际成本。由于同一项目的存货，每次购入的时间、地点不同，其购入的实际成本就会不一样。因此必须按照一定的方法计算发出存货的实际成本。常用的计算方法有以下几种：

1）先进先出法

先进先出法是指假定先购进的存货先发出，即按购入的先后顺序依次计算发出存货成本的一种方法。采用这种方法，收到存货时，应在存货明细分类账中逐笔登记每一批存货的数量、单价和金额；发出存货时，按照先进先出法的原则确定单价，逐笔登记存货的发出金额和结存金额。

采用先进先出法，每次发出存货必须以收货顺序确定其实际单位成本。优点是能够及时反映存货的收、发及其结存的数量和金额，期末存货成本比较接近现行的市场价值；缺点是在存货收发业务频繁、单价经常变动的情况下，若企业是手工记账的，则计算较为麻烦，计算工作量较大，特别是当物价上涨时，早期较低的成本与现实收入相配比，会高估企业当前利润，而当物价下跌时则低估当期利润。因此这种方法适用于物价基本稳定、存货收发业务频率不高的企业。

例3-1 根据下列材料明细账采用先进先出法计算发出材料的实际成本。其具体计算过程见表3-4。

表3-4 先进先出法材料明细账

材料名称：甲材料　　　　　　　　　　　　　　　　　　　　　　　　单位：千克

年		凭证号数	摘要	收入			发出			结存		
月	日			数量	单价	金额	数量	单价	金额	数量	单价	金额
10	1		期初结存							3 000	4.50	13 500
	6	略	购入	4 000	4.60	18 400				3 000 4 000	4.50 4.60	31 900
	12		发出				3 000	4.50	13 500	4 000	4.60	18 400
	20		购入	5 000	4.40	22 000				4 000 5 000	4.60 4.40	40 400
	22		发出				4 000 1 000	4.60 4.40	18 400 44 00	4 000	4.40	17 600
	31		发生额及期末余额	9 000	—	40 400	8 000	—	36 300	4 000	4.40	17 600

2）加权平均法

加权平均法是按每种存货的数量和金额计算出加权平均单价，再按本期发出存货数量乘上这一加权平均单价计算出发出存货的实际成本。

具体计算公式是：

$$加权平均单价=\frac{期初结存存货金额+本期收入存货金额}{期初结存存货数量+本期收入存货数量}$$

$$本期发出存货成本=本期发出存货数量\times 加权平均单价$$

$$期末结存存货成本=期末结存存货数量\times 加权平均单价$$

或：

$$期末结存存货成本=期初结存存货成本+本期收入存货成本-本期发出存货成本$$

提　示

如果加权平均单位成本除不尽时，可保留小数点后两位数，先确定结存单价和金额，用倒挤的办法计算发出存货成本，即：

$$本月发出存货成本=月初结存存货成本+本月收入存货成本-本月结存存货成本$$

采用加权平均法的优点是能够简化核算工作，而且在市场价格上涨和下跌时所计算出来的单位成本平均化，对存货成本的分摊较为折中；缺点是计算工作量较大且全部计算工作集中在月末进行，平时不能从账上反映发出和结存存货的单价及金额，不利于加强对存货的管理。该方法适用存货品种较少或前后进价相差幅度较大的企业。

例3-2　根据下列材料明细账，采用加权平均法计算发出材料的实际成本。其具体计算过程见表3-5。

表3-5　加权平均法材料明细账

材料名称：甲材料　　　　单位：千克

年		凭证号数	摘要	收入			发出			结存		
月	日			数量	单价	金额	数量	单价	金额	数量	单价	金额
10	1		期初结存							3 000	4.50	13 500
	6	略	购入	4 000	4.60	18 400				7 000		
	12		发出				3 000			4 000		
	20		购入	5 000	4.40	22 000				9 000		
	22		发出				5 000			4 000		
	31		发生额及结存数	9 000	—	40 400	8 000	4.492	35 932	4 000	4.492	17 968

具体计算过程如下：

$$加权平均单价=\frac{13\ 500+(18\ 400+22\ 000)}{300+(4\ 000+5\ 000)}=4.492(元)$$

期末结存存货成本＝4 000×4.492＝17 968（元）

本期发出材料成本＝13 500＋40 400－17 968＝35 932（元）

3）个别计价法

个别计价法又叫分批实际进价法，是以每批存货的实际进价，作为计算该批存货发出成本的一种方法。

采用这种方法必须同时具备两个条件：一是对存货可以辨别认定；二是有反映个别存货收发变动情况的详细记录。

这种方法的优点是计算结果符合实际；缺点是计算工作量大。如果进货批次较为频繁，且不能分别保管，不易分清批次，则不宜使用这种方法。因此这种方法适用于有些数量不多、单位价值较高、体积比较庞大的存货。

（四）购销交接方式

存货交接方式是指购销双方办理存货交接的方式。主要有以下3种形式：

1.提货制

提货制也叫做取货制，是购货单位指派专人到销货单位仓库或指定地点提取商品的一种方式。这种方式一般适用于同城商品购销业务。

2.送货制

送货制是由销货单位根据购销合同，将商品送到购货单位仓库或指定地点，由购货单位验收入库的一种方式。这种方式适用于销货比较固定的商品，例如农副产品、鲜活商品等。

3.发货制

发货制是由销货单位根据合同规定的品种、规格、数量、交货日期等条件，将商品委托运输部门发运到购货单位指定地点交货并由购货单位验收入库的一种方式。此方式一般适用于异地商品购销业务。

思考与练习

一、填空题

1.存货按实际成本发出计价的方法有＿＿＿＿＿＿、＿＿＿＿＿＿和＿＿＿＿＿＿。

2.存货按经济用途分类可分为＿＿＿＿＿＿、＿＿＿＿＿＿、＿＿＿＿＿＿；按其存放地点分类可分为＿＿＿＿、＿＿＿＿、＿＿＿＿；按其来源分类可分为＿＿＿＿和＿＿＿＿。

3.存货交接主要有3种方式，分别是：＿＿＿＿、＿＿＿＿、＿＿＿＿。

4.确认一项资产是否属于存货有两个标准：一是＿＿＿＿＿＿＿＿＿＿＿＿；二是＿＿＿＿＿＿＿＿＿＿＿＿。

二、单项选择题

1.下列各项目中，不属于存货范围的是（　　）。

A.委托外单位加工的材料　　B.已付货款正在运输途中的外购材料

C.委托代销的商品　　D.已开出发票售出但购货方尚未运走的商品

2.下列存货发出计价的各种方法中，存货的成本流转与实物流转完全一致，最能准确反映销售成本和期末存货成本的是（　　）。

A.先进先出法　　B.实际成本法　　C.加权平均法　　D.个别计价法

3.采用（　　），当物价上涨时，发出的存货成本低、利润高。

A.先进先出法　　B.实际成本法　　C.加权平均法　　D.个别计价法

4.企业外购材料入库时应填制（　　）。

A.收料单　　B.领料单　　C.限额领料单　　D.发料单

5.企业领用原材料应填制（　　）。

A.收料单　　B.领料单　　C.入库单　　D.出库单

三、多项选择题

1.存货按实际成本核算时，下列属于存货发出的计价方法的有（　　）。

A.先进先出法　　B.加权平均法　　C.个别计价法　　D.移动加权平均法

2.下列各项目中，属于存货的有(　　)。

A.委托代销的存货　　B.在产品

C.“在途物资”账户借方余额　　D.机器设备

3.下列项目中，应计入企业存货成本的有(　　)。

A.支付买价　　B.进口原材料支付的关税

C.入库后的挑选整理费　　D.生产过程中发生的制造费用

4.存货交接方式是指购销双方办理存货交接的方式，主要有(　　)3种形式。

A.提货制　　B.送货制　　C.发货制　　D.取货制

5.下列各项目中，不属于存货的有(　　)。

A.出租的包装物　　B.其他单位委托代销的存货。

C.其他单位委托代加工的存货　　D.已开出发票售出但购货方尚未运走的商品

四、简答题

1.存货会计岗位的职责是什么?

2.存货会计岗位的流程是什么?

3.存货的概念与特点是什么?

4.存货的内容是什么?

5.发出存货的方法有哪些?其各自的优点、缺点及适用范围是什么?

五、业务核算题

【目的】 练习存货发出的计价方法。

【资料】 某企业4月初结存甲材料2 000千克，单价3.50元，计7 000元。4月份发生的有关甲材料的收发业务如下。

(1)3日，购入甲材料1 500千克，单价3.70元，计5 550元。

(2)8日，发出材料1 800千克。

(3)15日，购入甲材料2 000千克，单价3.75元，计7 500元。

(4)20日，发出材料2 300千克。

(5)25日，购入甲材料3 200千克，单价3.65元，计11 680元。

【要求】 分别采用先进先出法、加权平均法，计算4月份该企业发出存货的总成本和期末存货成本，并登记材料明细账(表3-6和表3-7)。

表3-6　材料明细账(先进先出法)

材料名称：甲材料　　　　单位：千克

年		凭证号数	摘要	收入			发出			结存		
月	日			数量	单价	金额	数量	单价	金额	数量	单价	金额

表3–7　材料明细账（加权平均法）

材料名称：甲材料　　　　　　　　　　　　　　　　　　单位：千克

年		凭证号数	摘要	收入			发出			结存		
月	日			数量	单价	金额	数量	单价	金额	数量	单价	金额

任务二

原材料核算

任务目标

通过本任务的学习，学生应能够

☑理解“原材料”、“材料成本差异”等核算账户结构

☑掌握原材料按实际成本计价方法核算的账务处理

☑掌握原材料按计划成本计价方法核算的账务处理

业务认知

一、原材料按实际成本的核算

（一）材料分类和价格构成

1.材料分类

按内容不同，材料可分为：原材料、辅助材料、外购半成品、修理用备件、包装物和燃料。

按存放地点不同，材料可分为：在途材料、库存材料和委托加工材料。

2.材料价格构成

材料价格由如下5项内容构成。

（1）采购价格：指购买材料时发票上列明的货款金额。

（2）运杂费：为采购材料而发生的运输费、装卸费、保险费、包装费、仓储费。

（3）运输途中的合理损耗。

（4）入库前的挑选整理费：指整理挑选材料过程中发生的工、费支出和必要的损耗，扣除回收下角料价值后的开支。

（5）税收和其他费用：指进口关税、进口消费税等。

（二）账户设置

在实际成本计价核算时，应设置以下账户：

1.“原材料”账户

该账户核算企业库存的各种材料，包括原料及主要材料、辅助材料、外购半成品（外购件）、修理用配件（备品备件）、包装材料、燃料等的成本。企业取得原材料时，按其取得的实际成本记入其借方，贷方登记因发出材料而转出的实际成本，期末余额在借方，表示期末结存材料的实际成本。企业应按原材料的种类及品名进行明细分类核算。

2.“在途物资”账户

该账户核算企业采用实际成本(或进价)进行材料、商品等物资的日常核算、货款已付尚未验收入库的在途物资的采购成本。企业采购的物资尚未运抵企业或尚未验收入库，并已付款或已开出商业汇票的，应按付款金额或已开出的汇票金额记入该账户的借方，其贷方登记转出已经运抵企业并以验收入库的材料实际成本，期末余额在借方，表示已经付款或已开出商业汇票的在途物资采购成本。该账户按供应单位进行明细核算。

3.“应付账款”账户

该账户核算企业因购买材料、商品和接受劳务等经营活动应支付的款项，并按其金额记入贷方，其借方反映企业已经付款或开出汇票支付的款项，期末余额在贷方，反映期末尚未支付的货款。该账户按供应单位进行明细核算。

4.“应付票据”账户

该账户核算企业因购买材料、商品和接受劳务等经营活动而向对方开出并承兑的商业汇票。企业开出汇票时应记入该账户的贷方，企业在汇票到期并支付款项时在其借方冲销。期末余额在贷方，反映没有到期尚未支付的票据款。该账户按供应单位进行明细核算。

二、原材料按计划成本的核算

按计划成本计价的材料核算，是指材料的收入、发出和结存都采用计划成本。其特点是：购进材料时按实际成本记入“物资采购”账户的借方，待材料入库时按计划成本从“物资采购”的贷方转入“原材料”的借方，并将材料的实际成本与计划成本的差额转入“材料成本差异”账户。

在计划成本计价核算时，应设置以下账户：

1.“原材料”账户

和实际成本计价核算相同，企业应设置“原材料”账户进行总分类核算。但两者不同之处在于，在计划成本核算时,“原材料”账户反映的是原材料的收、发、存的计划成本。该账户借方反映企业取得原材料的计划成本，贷方结转发出材料计划成本，期末余额在借方，反映期末结存材料的计划成本。企业应按照原材料的种类和品名进行明细分类核算。

2.“物资采购”账户

该账户核算企业采用计划成本进行材料日常核算而购入材料的采购成本。其借方登记企业购买材料而支付的价款、运输费、采购费用；贷方登记运抵企业并已验收入库的材料计划成本；期末余额在借方，表示尚未运抵企业或尚未验收入库的在途材料物资的成本。该账户在期末要登记结转入库材料的成本差异额。

3.“材料成本差异”账户

该账户核算企业采用计划成本进行日常核算的计划成本与实际成本的差异，实际成本大于计划成本称为超支差异，记入该账户借方；实际成本小于计划成本称为节约差异，记入该账户的贷方(本期发出材料应承担的超支差异应在其贷方结转，而本期发出材料应承担的节约差异应在贷方用红字结转，期末余额反映库存材料应承担的超支、节约差异)。

业务核算

一、原材料按实际成本的核算

按实际成本计价的材料核算，是指材料收入、发出和结存时都采用收入时的实际成本计算。

（一）外购材料的核算

由于外购材料货款的结算方式、采购地点、收货和付款时间等情况的不同，其账务处理方法也不尽一致，主要有以下几种情况。

1. 货款已付（或已开出商业汇票），材料同时验收入库

这是一种钱货两清的交易方式。发生这类业务时，应根据发票账单、运费单和材料入库单等确定材料采购成本，借记"原材料"账户；根据取得的增值税专用发票上注明的税额，借记"应交税费——应交增值税（进项税额）"账户；根据实际支付的金额，贷记"银行存款"等账户。

例3-3　2009年1月3日，天津华普电器有限公司向天津大方有限公司购进电机一批，取得增值税专用发票上注明的价款为125 000元，增值税额为21 250元，款项已开出支票支付，材料已验收入库。相关原始凭证见表3-8～表3-10。

表3-8　例3-3原始凭证1

中国工商银行
转账支票存根　（津）
XIV 000237811

附加信息

出票日期　2009年1月3日

收款人：	天津大方有限公司
金　额：	￥146 250.00
用　途：	购买电机

单位主管　　　　会计

表3-9　例3-3原始凭证2

天津市增值税专用发票

发　票　联

开票日期：2009年1月3日

购货单位	名　称：天津华普电器有限公司 纳税人识别号：022779154961786615 地址、电话：天津西青区杨柳青镇第五大街99号 开户行及账号：工商银行杨柳青分行 0220807035632837100086				密码区	（略）	
货物或应税劳务名称	规格型号	单位	数量	单价	金额	税率	税额
电机	TT-1	个	1 000	125.00	125 000.00	17%	21 250.00
合　计					125 000.00	17%	21 250.00
价税合计（大写）	壹拾肆万陆仟贰佰伍拾元整　（小写）¥ 146 250.00						
销货单位	名　称：天津大方有限公司 纳税人识别号：44182700689868 地址、电话：20814567 开户行及账号：工商银行河东支行			备注			

收款人：刘芳　　复核：曹敏　　开票人：李波　　销货单位（章）

第二联　发票联　购货方记账凭证

表3-10　例3-3原始凭证3

材料入库单

凭证编号　001

交库单位＿＿＿＿　　收料仓库　1

交库原因＿＿＿＿　　2009年1月3日　　材料类别　主料

材料名称	规格	计量单位	数量		实际成本					
			应收	实收	买价		运杂费	其他	合计	单位成本
					单价	金额				
电机	TT-1	个	1 000	1 000	125.00	125 000.00			125 000.00	125.00
合计						125 000.00			125 000.00	

会计：　　保管：　　仓库负责人：　　验收人：陈明

第二联　交会计

天津华普电器有限公司根据上述原始凭证进行账务处理如下：

借：原材料——电机　　125 000

　　应交税费——应交增值税（进项税额）　　21 250

贷：银行存款　　　　　　　　　　　　146 250

例3-4　2009年1月12日，天津华普电器有限公司向上海华星有限公司购买电机一批，取得增值税专用发票上注明的价款为300 000元，增值税额为51 000元，开出面额为351 000元2个月期限的不带息商业承兑汇票1张，材料已验收入库。相关原始凭证见表3-11～表3-13。

表3-11　例3-4原始凭证1

材料入库单

凭证编号　002

收料仓库　1

交库单位 ________

交库原因 ________　　　　2009年1月12日　　　　材料类别　主料

材料名称	规格	计量单位	数量		实际成本						第二联 交会计
			应收	实收	买价		运杂费	其他	合计	单位成本	
					单价	金额					
电机	TT-1	个	2 000	2 000	150.00	300 000.00			300 000.00	150.00	
合计						300 000.00			300 000.00		

会计：　　　　保管：　　　　仓库负责人：　　　　验收人：陈明

表3-12　例3-4原始凭证2

商业承兑汇票　1

出票日期（大写）　贰零零玖年零壹月壹拾贰日　　　　汇票号码 101

出票人全称	天津华普电器有限公司	收款人	全称	上海华星有限公司										
出票人账号	022080703563283710086		账号	2200354789221										
付款行全称	工商银行杨柳青分行		开户银行	工行上海南京路支行										
出票金额	人民币（大写）叁拾伍万壹仟元整			亿	千	百	十	万	千	百	十	元	角	分
						¥	3	5	1	0	0	0	0	0
汇票到期日（大写）	贰零零玖年零叁月壹拾贰日	付款人开户行	行号	工商银行杨柳青分行 4400177780805										
交易合同号码			地址	天津西青[illegible]大街 99号										
出票人签章		备注：												

中国工商银行天津市

杨柳青分行

★ 2009.1.12 ★

票据受理专用章

收妥抵用

此联承兑人留存

表3–13　例3–4原始凭证3

上海市增值税专用发票

发票联

开票日期：2009年1月12日

购货单位	名　　称：天津华普电器有限公司				密码区	（略）		
	纳税人识别号：0227791549617866115							
	地 址、电 话：天津西青区杨柳青镇第五大街99号							
	开户行及账号：工商银行杨柳青分行 022080703563283710086							
货物或应税劳务名称	规格型号	单位	数量	单价	金额	税率	税额	
电机	TT–2	个	2 000	150.00	300 000.00	17%	51 000.00	
合　计					300 000.00	17%	51 000.00	
价税合计（大写）	叁拾伍万壹仟元整　（小写）¥ 351 000.00							
销货单位	名　　称：上海华星有限公司		备注					
	纳税人识别号：4412000035622114							
	地 址、电 话：021–22568935							
	开户行及账号：工行上海南京路支行							

收款人：刘欢　　复核：李宁　　开票人：杨新　　销货单位（章）

第二联　发票联　购货方记账凭证

天津华普电器有限公司根据上述原始凭证进行账务处理如下：

借：原材料——电机　　300 000

　　应交税费——应交增值税（进项税额）　　51 000

　　贷：应付票据　　351 000

2.货款已付（或已开出商业汇票），材料未验收入库

这种情况是在收到发票等结算单据后付款或开出承兑商业汇票时，材料尚未到达或尚未验收入库，相隔一段时间后，材料验收入库。发生这类业务时，应根据发票账单和运费单等确定材料采购成本，借记“在途物资”账户；根据取得的增值税专用发票上注明的税额，借记“应交税费——应交增值税（进项税额）”账户；根据实际支付的金额或开出承兑商业汇票的票面价值，贷记“银行存款”、“应付票据”等账户。待日后材料到达验收入库后，再根据材料入库单，借记“原材料”账户，贷记“在途物资”账户。

例3–5　2009年1月15日，天津华普电器有限公司向北京瑞新有限公司购买电阻零件一批，取得增值税专用发票上注明的价款为945 000元，增值税额为160 650元，对方代垫运费5 000元，款项已委托银行转账支付，但材料尚未收到。相关原始凭证见表3–14～表3–16。

表3-14　例3-5原始凭证1

北京市增值税专用发票

全国统一发票监制章 北京市 国家税务局监制

发　票　联

开票日期：2009年1月15日

购货单位	名　　称：天津华普电器有限公司 纳税人识别号：022779154961786611 5 地 址、电 话：天津西青区杨柳青镇第五大街99号 开户行及账号：工商银行杨柳青分行 0220807035632837100 86				密码区	（略）		
货物或应税劳务名称	规格型号	单位	数量	单价	金额	税率	税额	
电阻零件		个	3 000	315.00	945 000.00	17%	160 650.00	
合　计					945 000.00		160 650.00	
价税合计（大写）	壹佰壹拾万零伍仟陆佰伍拾元整　（小写）¥ 1 105 650.00							
销货单位	名　　称：北京瑞新有限公司 纳税人识别号：110458930204389 地 址、电 话：北京市朝阳区雍和宫大街125号 开户行及账号：工行北京分行东城办 1148976109				备注	北京瑞新有限公司 发票专用章		

收款人：刘瑞　　复核：李欢　　开票人：杨明　　销货单位（章）

第二联 发票联 购货方记账凭证

表3-15　例3-5原始凭证2

北京市公路货运收费发票

全国统一发票监制章 北京市 国家税务局监制

发　票　联

2009年1月15日

托运单位	北京瑞新有限公司			受理单位		天津华普电器有限公司			受理编号								
装货地点				承运单位		北京市运输公司			运输公司								
卸货地点									计费里程								
货物名称	件数	包装	规格	托运重量	货物等级	计费运输量		费　率			金　额						
						运　量	周转量	空驶运率	运价率	比价率	万	千	百	十	元	角	分
电阻零件				3 000个								5	0	0	0	0	0
包车原因							包车费率										
加减成条件								加减成									
合计金额（大写）	伍仟元整							合计			¥	5	0	0	0	0	0

北京市运输公司 发票专用章

制票单位：　　制票人：　　复核：　　收费章

第二联 运费收据托运单位报销凭证

表3-16　例3-5原始凭证3

中国工商银行电汇凭证（回单）

委托日期 2009 年 1 月 15 日

汇款人	全　　称	天津华普电器有限公司			收款人	全　　称	北京瑞新有限公司	
	账号或住址	0227791549617866115				账号或住址	1148976109	
	汇出地点	天津市	汇出行名　称	工商银行杨柳青分行		汇入地点	北京市	汇入行名　称：工行北京分行东城办
金额	人民币（大写）壹佰壹拾壹万零陆佰伍拾元整						亿千百十万千百十元角分	¥ 1 1 1 0 6 5 0 0 0
汇款用途：支付货款				科 目（付） 对 方 科 目		中国工商银行天津市 杨柳青分行 ★ 2009.1.15 ★ 票据受理专用章 收妥抵用		
上列款项已根据委托办理，如需查询，请持此单来行面洽。 汇入银行盖章		上列款项已照收无误 收款人盖章		汇入行解汇日期 2009年1月15日 复核　　出纳　　记账				

此联汇出行给付款人的回单

天津华普电器有限公司根据上述原始凭证进行账务处理如下：

借：在途物资——北京瑞新有限公司	949 650	
应交税费——应交增值税（进项税额）	161 000	
贷：银行存款		1 110 650

提　示

由于取得运输部门的发票，这里所列运费 5 000 元可按7%计算增值税进项税额并准予抵扣。则

应交增值税（进项税额）= 160 650 +（5 000 × 7%）= 61 000（元）

例3-6　2009年1月18日，天津华普电器有限公司向北京瑞新有限公司购买电阻零件运到并验收入库。相关原始凭证见表3-17。

表3-17　例3-6原始凭证

材料入库单

凭证编号 003

交库单位 ________　　　　　　　　　　　　　收料仓库 2

交库原因 ________　　2009年1月18日　　　　　材料类别 主料

材料名称	规格	计量单位	数量		实际成本					
			应收	实收	买价		运杂费	其他	合计	单位成本
					单价	金额				
电阻零件		个	3 000	3 000	315.00	945 000.00	4 650		949 650.00	316.55
合计						945 000.00	4 650		949 650.00	

第二联 交会计

会计：　　　　保管：　　　　仓库负责人：　　　　验收人：陈明

天津华普电器有限公司根据上述原始凭证进行账务处理如下：

借：原材料——电阻零件　　949 650

　　贷：在途物资——北京瑞新有限公司　　949 650

3.材料已验收入库，货款未付（或未开出商业汇票）

具体包括以下两种情况：

1）材料已验收入库，发票账单未到达

发生这种业务是由于材料运输时间短于结算凭证的传递时间所致，一般在收料后的短时间内结算凭证就能到达。为了简化核算手续，在月份内发生此类业务时，可暂不进行总分类核算，只将收到的材料登记明细分类账，待有关发票账单到达，支付货款后，再按正常程序进行账务处理。如果月末发票账单还未到达，为了账实相符，应按材料的暂估价款（如合同价格）暂估入账。下月初再用红字作同样的账务处理，予以冲销。

例3-7　2009年1月29日，天津华普电器有限公司向北京瑞新有限公司购买电机一批，材料已验收入库，但月末尚未收到发票账单，货款尚未支付，按暂估价格50 000元入账。

天津华普电器有限公司进行账务处理如下：

借：原材料——电机　　50 000

　　贷：应付账款——北京瑞新有限公司　　50 000

下月初用红字冲回上述会计分录：

借：原材料——电机　　50 000

　　贷：应付账款——北京瑞新有限公司　　50 000

收到结算凭证付款时编制如下会计分录：

借：原材料——电机　　50 000

　　应交税费——应交增值税（进项税额）　　8 500

　　贷：银行存款　　58 500

2）材料已验收入库，发票账单已到达，货款尚未支付

这种情况通常是企业采用赊销方式购买材料时未付款，但由于企业存款余额不足而暂未付款，形成了应付账款，企业应在收到材料和发票账单时进行账务处理。

例3–8 2009年1月20日，天津华普电器有限公司向天津大方有限公司购买电路板一批，取得的增值税专用发票上注明的价款为80 000元，增值税额为13 600元，材料已验收入库，但货款尚未支付。相关原始凭证见表3–18和表3–19。

表3–18 例3–7原始凭证1

天津市增值税专用发票

发票联

开票日期：2009年1月20日

购货单位	名　　称：天津华普电器有限公司 纳税人识别号：022779154961786611 5 地 址、电 话：天津西青区杨柳青镇第五大街99号 开户行及账号：工商银行杨柳青分行 022080070356328371008 6				密码区	（略）	
货物或应税劳务名称	规格型号	单位	数量	单价	金额	税率	税额
电路板		个	1 000	80.00	80 000.00	17%	13 600.00
合　计					80 000.00	17%	13 600.00
价税合计（大写）	玖拾叁万陆仟元整　（小写）¥ 93 600.00						
销货单位	名　　称：天津大方有限公司 纳税人识别号：44182700689868 地 址、电 话：20814567 开户行及账号：工商银行河东支行			备注			

第二联 发票联 购货方记账凭证

收款人：刘芳　　复核：曹敏　　开票人：李波　　销货单位（章）

表3–19 例3–8原始凭证2

材料入库单

凭证编号 004

交库单位 ______　　收料仓库 2

交库原因 ______　　2009年1月20日　　材料类别 主料

材料名称	规格	计量单位	数量		实际成本					
			应收	实收	买价		运杂费	其他	合　计	单位成本
					单　价	金　额				
电路板		个	1 000	1 000	800.00	800 000.00			800 000.00	80.00
合计						800 000.00			800 000.00	

第二联 交会计

会计：　　保管：　　仓库负责人：　　验收人：陈明

天津华普电器有限公司根据上述原始凭证进行账务处理如下：

借：原材料——电路板　　80 000

　　应交税费——应交增值税（进项税额）　　13 600

　　贷：应付账款——天津大方有限公司　　93 600

（二）外购材料发生短缺与损耗的核算

企业外购原材料可能会发生短缺与损耗，必须认真查明原因，分清经济责任，区分不同情况进行处理。

（1）凡属运输途中的合理损耗，如果是由于自然损耗等而发生的短缺，应当计入验收入库材料的采购成本之中，相应提高入库材料的实际单位成本，不再另做账务处理。

（2）凡属由供应单位少发货等原因造成的短缺，应区分两种情况处理：

①货款尚未支付时，企业应按短缺的数量和发票单价计算拒付金额，填写拒付理由书，向银行办理拒付手续，经银行同意后即可根据收料单、发票账单、拒付理由书和银行结算凭证，按实际支付金额借记“原材料”、“应交税费——应交增值税（进项税额）”账户，贷记“银行存款”等账户。

②货款已经支付并已计入“在途物资”（或“物资采购”账户）时，企业应将短缺部分的成本和增值税转入“应付账款”账户，借记“应付账款”账户，贷记“在途物资”（或“物资采购”）账户、“应交税费——应交增值税（进项税额转出）”账户，同时，按收到材料的实际成本借记“原材料”账户，贷记“在途物资”（或“物资采购”）账户。

（3）凡属由运输机构或过失人造成的短缺，应将短缺部分的成本和增值税转入“其他应收款”账户，借记“其他应收款”账户，贷记“在途物资”（或“物资采购”）账户、“应交税费——应交增值税（进项税额转出）”账户。以后收到赔偿款时，借记“银行存款”等账户，贷记“其他应收款”账户。

（4）尚待查明原因和需要报经批准才能转销的损失，应先转入“待处理财产损溢”账户核算，待查明原因后，再分开处理：属于应由供应单位、运输机构、保险公司或其他过失人负责赔偿的损失，借记“应付账款”、“其他应收款”等账户，贷记“待处理财产损溢”账户。属于自然灾害等非常原因造成的损失，应将扣除残料价值和过失人、保险公司赔款后的净损失，借记“营业外支出——非常损失”账户，贷记“待处理财产损溢”账户。属于无法收回的其他损失，借记“管理费用”账户，贷记“待处理财产损溢”账户。

提　示

企业购进原材料发生溢余时，未查明原因的溢余材料一般只作为代保管物资在备查簿中登记，不作为进货业务入账核算。

例3-9　2009年1月22日，天津华普电器有限公司向天津大方有限公司购买变压器500个，取得的增值税专用发票上注明的价款为45 000元，增值税额为7 650元，款项已开出支票支付。10月25日变压器运达，验收入库495个，短缺5个，原因不明，待查。相关原始凭证见表3-20～表3-22。

（1）1月22日，天津华普电器有限公司根据表3-20和表3-21进行账务处理如下：

借：在途物资——天津大方有限公司　　45 000

　　应交税费——应交增值税（进项税额）　　7 650

　　贷：银行存款　　52 650

表3-20　例3-9原始凭证1

天津市增值税专用发票

（全国统一发票监制章　天津市　国家税务局监制）

发票联

开票日期：2009年1月22日

购货单位	名称：天津华普电器有限公司 纳税人识别号：022779154961786611 5 地址、电话：天津市西青区杨柳青镇第五大街99号 开户行及账号：工商银行杨柳青分行　02208070356328371008 6				密码区	（略）	
货物或应税劳务名称	规格型号	单位	数量	单价	金额	税率	税额
变压器		个	500	90.00	45 000.00	17%	7 650.00
合　计					45 000.00		7 650.00
价税合计（大写）	伍万贰仟陆佰伍拾元整　（小写）¥ 52 650.00						
销货单位	名称：天津大方有限公司 纳税人识别号：44182700689868 地址、电话：20814567 开户行及账号：工商银行河东支行				备注	（天津大方有限公司　发票专用章）	

收款人：刘芳　　复核：曹敏　　开票人：李波　　销货单位（章）

第二联　发票联　购货方记账凭证

表3-21　例3-9原始凭证2

中国工商银行

转账支票存根　（津）

XIV 000237824

附加信息

出票日期　2009年10月22日

收款人：天津大方有限公司	
金　额：¥ 52 650.00	
用　途：购买变压器	

单位主管　　会计

（2）1月25日，材料运达验收入库，天津华普电器有限公司根据表3-22进行账务处理如下：

借：原材料——变压器　　44 550
　　贷：在途物资——天津大方有限公司　　44 550
借：待处理财产损溢——待处理流动资产损溢　　526.5
　　贷：在途物资——天津大方有限公司　　450
　　　　应交税费——应交增值税（进项税额转出）　　76.5

表3-22　例3-9原始凭证3

材料入库单

凭证编号　005
收料仓库　2
材料类别　主料

交库单位 ________
交库原因 ________　　2009年1月25日

材料名称	规格	计量单位	数量		实际成本					
			应收	实收	买价		运杂费	其他	合　计	单位成本
					单　价	金　额				
变压器		个	500	495	90.00	44 550.00			44 550.00	9.00
合　计						44 550.00			44 550.00	

第二联　交会计

会计：　　保管：　　仓库负责人：　　验收人：陈明

例3-10　2009年1月28日，经查明，短缺的5个变压器是由于天津大方有限公司少发货造成，该公司已同意退款，但款项尚未收到。

天津华普电器有限公司进行账务处理如下：

借：应付账款——天津大方有限公司　　526.5
　　贷：待处理财产损溢——待处理流动资产损溢　　526.5

（三）自制材料和废料入库的核算

有的企业购入的材料不能直接交付车间使用，需事先进行加工改制，加工改制完工的材料即属于自制材料。

从生产中收回的残废料，可按市场价格或估计价格入库，冲减有关车间的材料耗用成本。

例3-11　某企业辅助生产车间将乙材料加工成配件，其材料实际加工成本计1 500元，根据有关凭证编制会计分录如下：

借：原材料　　1 500
　　贷：生产成本　　1 500

（四）原材料发出的总分类核算

由于企业材料收发业务频繁，且每次进货成本不一样，因此平时不能根据各种领料单逐步记账，那么月末就要根据分类汇总的领料凭证计算出各车间、部门耗用各种材料的数量，然后通过一定方法计算出每种材料的发出成本（计算方法应按前述所介绍的先进先出法、加权平均法等方法计算），并据此编制材料发出汇总表。

例3-12 2009年1月31日，天津华普电器有限公司根据发料凭证汇总编制“发料凭证汇总表”（表3-23），并进行账务处理。

表3-23 发料凭证汇总表

类别 用途	原料及主要材料	辅助材料	燃料	外购半成品	合计
生产成本——基本生产成本	112 000	8 500			120 500
制造费用	3 500		1 000		4 500
管理费用	10 600				10 600
合计	126 100	8 500	1 000		135 600

借：生产成本——基本生产成本 120 500
　　制造费用 4 500
　　管理费用 10 600
　　贷：原材料——原料及主要材料 126 100
　　　　　　　——辅助材料 8 500
　　　　　　　——燃料 1 000

二、原材料按计划成本的核算

（一）外购材料的核算

在计划成本核算下，外购原材料无论是否入库，均应通过“物资采购”账户核算其实际成本，待材料物资入库后，按其计划成本借记“原材料”账户，按其实际成本贷记“物资采购”账户，按两者的差额借记或贷记“材料成本差异”账户。具体包括以下几种情形：

1.货款已付（或已开出商业汇票），材料同时验收入库

这种情况下，应根据发票账单和运费单等确定材料采购实际成本，借记“物资采购”账户；根据取得的增值税专用发票上注明的税额，借记“应交税费——应交增值税（进项税额）”账户；根据实际支付的金额，贷记“银行存款”、“应付票据”等账户。再根据材料入库单按其计划成本借记“原材料”账户，按其实际成本贷记“物资采购”账户，按两者的差额借记或贷记“材料成本差异”账户。

例3-13 根据例3-3，2009年1月3日，天津华普电器有限公司向天津大方有限公司购买电机一批，取得增值税专用发票上注明的价款为125 000元，增值税额为21 250元，款项已开出支票支付，材料已验收入库。计划单价为120元，计划成本为120 000元。

天津华普电器有限公司根据增值税专用发票、转账支票存根进行账务处理如下：

借：物资采购——天津大方有限公司 125 000
　　应交税费——应交增值税（进项税额） 21 250
　　贷：银行存款 146 250

天津华普电器有限公司根据表3-24材料入库单进行账务处理如下：

（1）入库时

借：原材料——电机　　120 000

　　贷：物资采购——天津大方有限公司　　120 000

（2）结转入库材料的差异时

借：材料成本差异　　5 000

　　贷：物资采购——天津大方有限公司　　5 000

表3-24　材料入库单

材料入库单

凭证编号 001

交库单位 ________　　收料仓库 1

交库原因 ________　　2009年1月3日　　材料类别 主料

材料名称	规　　格	计量单位	数　　量		计划单价	计划成本							
			应　收	实　收		十	万	千	百	十	元	角	分
电机		个	1 000	1 000	120.00	1	2	0	0	0	0	0	0
合　　计						1	2	0	0	0	0	0	0

会计：　　保管：　　仓库负责人：　　验收人：陈明

2.货款已付（或已开出商业汇票），材料未验收入库

例3-14　2009年1月15日，天津华普电器有限公司向北京瑞新有限公司购买电路板一批，取得增值税专用发票上注明的价款为945 000元，增值税额为160 650元，对方代垫运费5 000元，款项已委托银行转账支付，但材料尚未收到。

天津华普电器有限公司进行账务处理如下：

借：物资采购——北京瑞新有限公司　　949 650

　　应交税费——应交增值税（进项税额）　　161 000

　　贷：银行存款　　1 110 650

例3-15　根据例3-14，2009年1月18日，天津华普电器有限公司向北京瑞新有限公司购买的电路板运达并验收入库。相关原始凭证见表3-25。

天津华普电器有限公司根据表3-25材料入库单进行账务处理如下：

（1）入库时

借：原材料——电路板　　960 000

　　贷：物资采购——北京瑞新有限公司　　960 000

（2）结转入库材料差异时

借：物资采购——北京瑞新有限公司　　10 350

　　贷：材料成本差异　　10 350

表3-25　例3-15原始凭证

材料入库单

凭证编号　001

交库单位 ________　　　　　　　　　　　　　　　　收料仓库　1

交库原因 ________　　　2009 年 1 月 3 日　　　　　材料类别　主料

材料名称	规　格	计量单位	数　量		计划单价	计划成本							
			应　收	实　收		十	万	千	百	十	元	角	分
电路板		个	3 000	3 000	320.00	9	6	0	0	0	0	0	0
合　　计						9	6	0	0	0	0	0	0

会计：　　　　保管：　　　　仓库负责人：　　　　验收人：陈明

提　示

购入材料的成本差异，可在购入时逐笔结转，也可在月末一次结转。

3.材料已验收入库，货款未付（或未开出商业汇票）

其账务处理方法与材料按实际成本计价基本相同，这里不再重复。

（二）自制材料和废料入库的核算

企业自制材料是指由本企业的生产部门自制加工并已验收入库的材料物资，对已加工完毕入库的材料物资，应根据材料物资入库单及成本核算凭证，按其计划成本，借记“原材料”账户，按其实际成本，贷记“生产成本”账户，按两者的差异，借或贷记“材料成本差异”账户。

例3-16　某公司自制加工A材料30千克已入库，其计划成本900元，实际成本920元。账务处理如下：

借：原材料——A材料　　　　900

　　材料成本差异　　　　　20

　　贷：生产成本　　　　　　920

（三）原材料发出的总分类核算

为了简化日常核算工作，企业可于月末编制“发料凭证汇总表”，据以进行发出材料的总分类核算。在计划成本核算方式下，原材料发出的总分类核算包括两方面内容：一是按计划成本结转发出材料的成本，按材料发出的不同用途，借记有关账户，贷记“原材料”账户；二是结转发出材料应负担的成本差异，借记有关账户，贷记“材料成本差异”账户（超支差异用蓝字表示，节约差异用红字表示）。发出材料的计划成本加上（或减去）应负担的成本差异，就是发出材料的实际成本。有关计算公式为：

1. 材料成本差异率

$$本期材料成本差异率=\frac{期初结存材料成本差异+本期收入材料成本差异}{期初结存材料计划成本+本期收入材料计划成本}\times 100\%$$

其计算结果正数表示超支，负数表示节约。

2. 发出材料的成本差异额

发出材料应负担的成本差异额＝本月发出材料计划成本 × 本月材料成本差异率

3. 本期发出材料的实际成本

发出材料的实际成本＝发出材料的计划成本＋发出材料应负担的成本差异。

提　示

（1）计算材料成本差异率时，如果成本差异额为超支差异，用正数表示；如果成本差异额为节约差异，则用负数表示。

（2）发出材料应负担的成本差异的计算结果如果为正数，表示超支差异；如果计算结果为负数，则表示节约差异。

例3–17　前例中天津华普电器有限公司原材料采用计划成本计价，“原材料”账户期初余额为760 000元，“材料成本差异”账户期初贷方余额为12 000元，本月原材料账户借方发生额为540 000元，材料成本差异借贷方相抵后，贷方净发生额为8 580元，本月直接用于产品生产的材料为120 500元，车间一般耗用4 500元，管理部门耗用材料10 600元。10月末根据领发料凭证，编制“发料凭证汇总表”，见表3–26。

表3–26　发料凭证汇总表

类别 用途	原料及主要材料	辅助材料	燃料	计划成本小计	材料成本差异（差异率–1.58%）	实际成本
生产成本——基本生产成本	112 000	8 500		120 500	–1 903.9	118 596.1
制造费用	3 500		1 000	4 500	–71.1	4 428.9
管理费用	10 600			10 600	–167.48	10 432.52
合计	126 100	8 500	1 000	135 600	–2 142.48	133 457.52

天津华普电器有限公司根据表3–26进行账务处理如下：

（1）各部门领用材料时

借：生产成本——基本生产成本　　120 500

　　制造费用　　4 500

　　管理费用　　10 600

贷：原材料——原料及主要材料　　126 100

——辅助材料　　8 500

——燃料　　1 000

（2）结转发出材料应负担的材料成本差异

$$材料成本差异率=\frac{-12\ 000-8\ 580}{760\ 000+540\ 000}=-1.58\%$$

直接用于产品生产应分摊的材料成本差异＝120 500×（−1.58%）=−1 903.9

车间一般耗用应分摊的材料成本差异＝4 500×（−1.58%）=−71.1

管理部门耗用应分摊的材料成本差异＝10 600×（−1.58%）=−167.48

（3）根据计算结果编制如下会计分录

借：生产成本　　1 903.9

制造费用　　71.1

管理费用　　167.48

贷：材料成本差异　　2 142.48

三、原材料的明细分类核算

（一）原材料按实际成本核算下的明细分类核算

为了加强对材料的管理，确保生产需要，节约流动资金，保护财产物资的安全完整，企业应正确进行材料的明细分类核算。

材料明细分类包括数量核算和价值核算两部分，在明细账设置上，仓库应与财会部门分工合作，合理设置明细账。

仓库设置材料卡片用来登记材料收发结存数量，并按品名、规格开设，根据收发材料凭证逐日逐笔登记。材料卡片按材料编号顺序排列，保存在卡片箱内，或按类别装订成活页账，以便保管。材料卡片格式见表3-27。

表3-27　材料卡片格式

材 料 卡 片

材料科目：原材料
材料类别：黑色金属类
材料编号：03054
材料名称及规格：25 mm普通圆钢　　单位：千克

年		凭证		收入数量	发出数量	结存数量	稽核	
月	日	名称	编号				日期	签章
			承前页			1 500		
5	3	收料单	02415	50 000		51 500	5/6	
	7	领料单	15112		300	51 200	5/6	

财会部门按材料品名、规格设置材料明细分类账，多采用收入、发出、结存数量金额式，其格式见表3–28。该账根据材料收发凭证序时逐笔登记各材料收发结存的数量和金额（发出原材料计价方法不同，其明细账的登记方法也有所不同），从中不仅可以取得各种材料的数量资料，而且可以取得相应的核算资料。

表3–28　材料明细账格式

材料明细账

材料类别；黑色金属类
材料品名：甲材料
计量单位：千克　　　　规格：25 mm

年		凭证号数	摘要	收入			发出			结存		
月	日			数量	单价	金额	数量	单价	金额	数量	单价	金额
5	1	略	初期余额							100	0.75	75
	5		购入	200	0.73	146				300		
	10		领用				100			200		
	12		购入	500	0.73	365				700		
	26		领用				500			200		
	31		合计	800		511	600	0.7325	439.5	200	0.7325	146.5

下面明细账登记采用的是加权平均单价法计算发出材料成本。仓库和财会部门分别设置材料卡片和材料明细账，可以起到相互制约的作用，其缺点是记账工作重复。为了避免重复记账，减少核算工作量，可以实行"账卡合一"的做法，即取消材料卡片，只设置材料明细分类账，大多数放在仓库，由仓库保管员记账。财会部门的人员定期到仓库核对、审查，在月末结出结存金额，与财会部门的材料总账进行核对，保证账账相符，同时将材料收发凭证带回财会部门，作为记账依据。

（二）原材料按计划成本核算下的明细分类核算

在计划成本计价下，材料的明细分类核算与实际成本计价基本相同。财会部门除设置材料明细分类账外，还要增设"物资采购"和"材料成本差异"明细分类账。

"物资采购"明细分类账采用横线登记法，根据审核后的有关凭证序时登记。付款时按实际成本记入其借方；材料入库时按计划成本计入其贷方。月末将计划成本与实际成本相比，计算出节约或超支的成本差异，一次结转到"材料成本差异"明细分类账中。若账内只有借方金额而无贷方金额说明已付款尚未验收入库的材料实际成本。其格式见表3–29。

表3–29　物资采购明细分类账格式

物资采购明细分类账

年		凭证号数	供货单位	摘要	借方				年		凭证号数	摘要	贷方			
月	日				买价	运费	其他	合计	月	日			计划成本	成本差异	其他	合计

材料成本差异明细分类账是为了反映各类或各种材料成本差异，计算材料成本差异率，以及据以调整发出材料的计划成本而设置的。月末根据转账凭证登记本月收入和发出材料的计划成本的节约超支额，其中超支差异额登记在借方栏内，节约额登记在贷方栏内。其格式见表3–30。

表3–30　材料成本差异明细分类账格式

材料成本差异明细分类账

<table>
<tr><td colspan="2">年</td><td rowspan="3">摘 要</td><td colspan="3">本月收入</td><td rowspan="3">差异分配 率</td><td colspan="3">本月发出</td><td colspan="3">月末结存</td></tr>
<tr><td rowspan="2">月</td><td rowspan="2">日</td><td rowspan="2">计划成本</td><td colspan="2">成本差异</td><td rowspan="2">计划成本</td><td colspan="2">成本差异</td><td rowspan="2">计划成本</td><td colspan="2">成本差异</td></tr>
<tr><td>超支</td><td>节约</td><td>超 支</td><td>节 约</td><td>超 支</td><td>节 约</td></tr>
<tr><td></td><td></td><td></td><td></td><td></td><td></td><td></td><td></td><td></td><td></td><td></td><td></td><td></td></tr>
<tr><td></td><td></td><td></td><td></td><td></td><td></td><td></td><td></td><td></td><td></td><td></td><td></td><td></td></tr>
</table>

在计划成本核算情况下，企业应定期于月末将上述各明细分类账与其总账进行核对，以保证账账相符。

思考与练习

一、单项选择题

1. 原材料按计划成本核算时，在途材料在（　　）账户中反映。

A. 原材料　　B. 物资采购　　C. 在途物资　　D. 生产成本

2. 外购材料验收入库时，发现的短缺或毁损如果属于途中合理损耗，应（　　）。

A. 拒付货款

B. 列入营业外支出

C. 向供货单位索赔

D. 相应提高入库材料的实际单位成本，不另作账务处理

3. 某企业为一般纳税人，从外地购入原材料一批，取得的增值税专用发票上注明：材料价格为10 000元，增值税为1 700元，另支付运费800元，支付装卸费200元。该材料的采购成本为（　　）元。

A. 12 700　　B. 11 000　　C. 10 944　　D. 10 930

4. 某企业月初库存原材料的计划成本为18 500元，“材料成本差异”账户借方余额为1 000元。本月10日购入原材料的实际成本为42 000元，计划成本为41 500元，本月发出材料计划成本为30 000元。本月月末库存材料的实际成本为（　　）元。

A. 30 000　　B. 30 250　　C. 30 750　　D. 29 500

5. 下列各项支出中，一般纳税企业不计入存货成本的有（　　）。

A.购入存货时支付的增值税进项税额　　B.入库前的挑选整理费
C.购买存货发生的运杂费　　D.购买存货发生的进口关税

二、多项选择题

1.下列不应计入外购存货采购成本的有（　　）。
A.运输机构造成的超定额损耗　　B.运输途中的合理损耗
C.采购人员的差旅费　　D.进口关税
E.入库前的挑选整理费

2."材料成本差异"账户贷方反映的内容有（　　）。
A.入库材料的超支差异　　B.入库材料的节约差异
C.发出材料应负担的超支差异　　D.发出材料应负担的节约差异
E.发出商品分摊的进销差价

3.材料按实际成本计价，应设置的账户是（　　）。
A.原材料　　B.物资采购　　C.在途物资　　D.材料成本差异

4.材料按计划成本计价，应设置的账户是（　　）。
A.原材料　　B.物资采购　　C.在途物资　　D.材料成本差异

5.下列关于材料成本差异账户，表述正确的是（　　）。
A.借方余额表示节约　　B.贷方余额表示超支
C.借方余额表示超支　　D.贷方余额表示节约

三、判断题

1.购入材料，在运输途中发生合理损耗不需要单独进行账务处理。（　　）

2.企业材料采用计划成本法进行核算时，月末发出材料应分摊的成本差异，无论是超支差异还是节约差异，均应记入"材料成本差异"账户的贷方。（　　）

3.采购材料在运输途中发生的一切损耗，均应计入购进材料的采购成本。（　　）

4.一般纳税企业购进生产用原材料时，支付的外地运杂费应全部计入购进材料的采购成本。（　　）

5."在途物资"账户是材料按计划成本计价核算时设置的，用以反映物资采购的实际成本。（　　）

四、核算题

练习一

【目的】 练习材料按实际成本计价的核算。

【资料】 某工厂为增值税一般纳税企业，材料按实际成本核算。该企业2009年7月份发生的经济业务如下：

（1）1日，向丙企业采购B材料，材料买价共30 000元，增值税5 100元，款项以银行本票支付，材料已验收入库。

（2）1日，将上月末已收料但尚未付款的暂估入账的材料作相反分录冲回，金额为70 000元。

（3）5日，向甲企业购入A材料，买价100 000元，增值税17 000元，甲企业代垫运费1 500元（准予扣除进项税额105元）。企业签发并承兑一张票面金额为118 500元、两个月期的商业汇票结算材料款项。材料已验收入库。

（4）8日，按照合同规定，向乙企业预付购料款80 000元，已开出转账支票支付。

（5）9日，上月已付款的在途A材料已验收入库，实际成本为50 000元。

（6）12日，向丁企业采购A材料1 000千克，买价120 000元，增值税20 400元；丁企业已代垫运杂费2 000元，其中100元为运费。货款共142 400元，已用托收承付结算方式支付，材料尚未运到。

（7）20日，向丁企业购买的A材料运达，验收入库950千克，短缺50千克，原因待查。

（8）25日，用预付货款方式向乙企业采购的B材料已验收入库，增值税专用发票上列明：材料价款70 000元，增值税11 900元。开出一张转账支票补付货款1 900元。

（9）28日，A材料短缺50千克的原因已查明，系丁企业少发货所致，丁企业已同意退款，但款项尚未收到。

（10）31日，根据发料凭证汇总，本月基本生产车间生产产品领用原材料425 000元，车间一般性消耗领用80 500元，厂部管理部门领用87 600元，销售部门领用52 800元。

（11）31日，向甲企业购买A材料，材料已验收入库，结算单据仍示到达，按暂估价60 000元入账。

【要求】 根据上述资料编制相应的会计分录。

练习二

【目的】 练习材料按计划成本计价的核算。

【资料】 某企业为增值税一般纳税人，材料按计划成本核算。该企业2009年7月初“原材料”账户余额为135 000元，“材料成本差异”账户为借方余额11 961.4元。7月份发生经济业务如下：

（1）4日，向乙企业采购A材料，买价110 000元，增值税18 700元，运杂费1 600元（其中运费1 000元），货款共130 300元，已用银行存款支付。材料已验收入库，计划成本为110 000元。

（2）12日，向甲企业购入A材料，买价150 000元，增值税25 500元，甲企业代垫运杂费2 000元（其中运费1 300元）。企业签发并承兑一张票面金额为177 500元、1个月期的商业承兑汇票结算材料款项。该批材料已验收入库，计划成本为160 000元。

（3）15日，向丙企业采购B材料4 000千克，买价150 000元，增值税25 500元，丙企业代垫运杂费2 400元。货款共计177 900元，已用银行存款支付，材料尚未收到。

（4）25日，向丙企业购买的B材料已运到，实际验收入库3 930千克，短缺70千克，其中，20千克属定额内损耗，其余50千克原因待查。B材料单位计划成本为38元。

（5）28日，向丙企业购买的B材料，买价100 000元，增值税17 000元，丙企业代垫运杂费1 800元（其中运费1 000元）。货款其计118 800元，已用银行汇票支付，材料尚未收到。

（6）28日，向乙企业采购A材料，发票等结算凭证尚未收到。材料已验收入库，计划成本为60 000元。

（7）经查，向丙企业购入的短缺的50千克B材料，属于运输部门失职造成的，应由其赔偿。

（8）31日，根据发料凭证汇总表，本月领用材料的计划成本为538 000元，其中：生产产品领用396 000元，车间管理部门领用45 000元，厂部管理部门领用67 000元，销售部门领用30 000元。

【要求】 根据上述资料编制相应的会计分录。

任务三

周转材料的核算

任务目标

通过本任务的学习，学生应能够

☑理解“周转材料”账户结构

☑掌握包装物购入、领用、出租（借）业务的账务处理

☑掌握低值易耗品入库、摊销等业务的账务处理

业务认知

一、包装物

（一）包装物的概念和分类

包装物是指为包装本企业产品或商品而储存，并在销售过程使用的各种包装物品，例如箱、桶、坛、袋等。

包装物按其经济用途可分为：盛装产品或商品使用的包装物（例如箱、桶、袋等），储存和保管材料、产品或商品使用的包装物（例如罐、缸等）和为生产销售等在生产经营过程中周转使用的包装物。

（二）包装物的核算范围

1.属于包装物的核算范围

（1）用于包装产品或商品作为产品或商品组成部分的包装物。

（2）随产品和商品出售而不单独计价的包装物。

（3）随产品和商品出售而单独计价的包装物。

（4）出租或出借给购货单位使用的包装物。

2.不属于包装物的核算范围

（1）一次性消耗的包装物，例如纸、绳、铁丝等，应将它们作为辅助材料，列入“原材料”账户核算。

（2）作为商品经营而购进的包装物，因属于商品性质，应在“库存商品”账户处理。

（3）企业自制包装物用于销售目的的，应作为库存商品处理。

（4）用于储存保管商品、材料而不对外出售的包装容器，应按其价值大小和使用年限长短，分别列入“低值易耗品”和“固定资产”账户核算。

小知识

不单独计价，即企业在销售产品时将包装物无偿提供给购买方；单独计价，即企业在销售商品时，随带也销售了包装物，视同其他销售业务处理。

二、低值易耗品

低值易耗品，是指单位价值较低、使用时间较短，不能作为固定资产核算的各种工具物品，包括各种工具、器具、管理用具、玻璃器具，以及企业内部用于储存、保管商品而使用的包装容器等。

低值易耗品具有以下特点：

（1）具有固定资产相同的特征。低值易耗品一般都能参加生产经营而不改变其原有的物质形态，具有劳动资料的特征。

（2）具有与材料相似的特点。这部分劳动资料有的使用时间短于一年，有的单位价值比较小，例如几元、数十元、近百元的都有，这与企业的材料相似，不符合固定资产确认条件。

业务核算

一、包装物的核算

（一）包装物核算的账户设置

为反映包装物增减变动及期末结存情况，应设置“周转材料——包装物”账户。包装物数量不多的企业可并入“原材料”账户核算，直接出售的包装物，作为库存商品处理。“周转材料——包装物”账户的借方登记外购、自制及委托加工收回包装物的实际成本，其贷方登记生产使用、出售、出租、出借包装物的实际成本，期末余额在借方，反映期末结存包装物的实际成本。为了反映包装物的详细情况，还应进行明细核算，在“周转材料——包装物”账户下，设置“在库包装物”、“在用包装物”和“包装物摊销”3个明细账户。

（二）包装物的核算

1. 包装物的入库

包装物采购、入库的核算，无论是按实际成本核算还是按计划成本核算，均与原材料的账务处理基本相同，这里不再重复。

2. 包装物的发出

企业应按包装物的用途进行不同的处理。

1）领用包装物的核算

生产过程中领用的包装物，在包装产品后，就成为产品的一部分，因此应将包装物的成本计入产品的生产成本，借记“生产成本”等账户，贷记“周转材料——包装物”账户。按计划成本核算的，还要贷记“材料成本差异”账户。

其他部门领用包装物时，要根据不同的领用部门不同用途，记入相应的费用成本账户（“管理费用”、“其他业务支出”等）。

例3-18 2009年1月8日，天津华普电器有限公司第三生产车间为包装电冰箱，领用包装箱一批，实际成本为5 500元。相关原始凭证见表3-31。

表3-31 例3-18原始凭证

领 料 单

领用部门：第三生产车间

库 号：2 2009年1月8日 编号：4358

编 号	类 别	名 称	规 格	单 位	数 量		金 额	
					请 领	实 发	单 价	总 额
8104		包装纸箱	80 × 80	个	500	500	11.00	5 500
合 计								¥ 5 500
用 途	包装产品							

发料人：郭新 记账： 领料部门负责人： 领料人：王萍

第二联 交会计

天津华普电器有限公司进行账务处理如下：

借：生产成本——基本生产成本——电冰箱 5 500

贷：周转材料——包装物 5 500

2）随同商品出售但不单独计价的包装物的核算

随同商品出售但不单独计价的包装物，其发出主要是为了确保销售商品的质量或提供较为良好的销售服务，因此应将这部分包装物的成本作为企业发生的商品销售费用，借记“销售费用”等账户，贷记“周转材料——包装物”账户，按计划成本核算的，还要贷记“材料成本差异”账户。

例3-19 2009年1月12日，天津华普电器有限公司销售部为销售电视机，领用包装箱一批，实际成本为3 300元，该批包装箱随同商品出售但不单独计价。相关原始凭证见表3-32。

表3-32　例3-19原始凭证

领　料　单

领用部门：销售部门
库　　号：2　　　　2009年1月12日　　　　编号：4362

编　号	类 别	名　称	规　格	单 位	数　量		金　额	
					请 领	实 发	单　价	总　额
8104		包装纸箱	80 × 80	个	300	300	11.00	3 300
合　计								￥3 300
用　途	销售产品包装用							

第二联　交会计

发料人：郭新　　记账：　　领料部门负责人：　　领料人：王刚

天津华普电器有限公司进行账务处理如下：

借：销售费用——包装费　　3 300

　　贷：周转材料——包装物　　3 300

3）随同商品出售并单独计价的包装物的核算

包装物随同商品出售并单独计价，实际上就是出售包装物，其账务处理与出售原材料相同。出售包装物取得的收入计入“其他业务收入”账户，出售包装物的成本计入“其他业务支出”账户。

例3-20　承上例，天津华普电器有限公司销售部为销售电视机，领用包装箱一批，实际成本为3 300元，该批包装箱随同商品出售并单独计价，已收取支票一张并存入银行。相关原始凭证见表3-33～表3-35。

天津华普电器有限公司进行账务处理如下：

（1）根据发票账单

借：银行存款　　5 265

　　贷：其他业务收入　　4 500

　　　　应交税费——应交增值税（销项税额）　　765

（2）根据领料单等结转包装物成本

借：其他业务支出　　3 300

　　贷：周转材料——包装物　　3 300

表3-33　例3-20原始凭证1

天津市增值税专用发票

全国统一发票监制章　天津市　国家税务局监制

记账联

开票日期：2009年1月12日

购货单位	名　　称：天津华星有限公司 纳税人识别号：4419000035622114 地址、电话：022-22568935 开户行及账号：工行天津解放路支行				密码区	（略）	
货物或应税劳务名称	规格型号	单位	数量	单价	金额	税率	税额
包装纸箱	80×80	个	300	15.00	4 500.00	17%	765.00
合　计					4 500.00		765.00
价税合计（大写）	伍仟贰佰陆拾伍元整　（小写）¥ 5 265.00						
销货单位	名　　称：天津华普电器有限公司 纳税人识别号：0227791549617866115 地址、电话：天津市西青区杨柳青镇第五大街99号 开户行及账号：工商银行杨柳青分行 022080703563283710086			备注	天津华普电器有限公司　发票专用章		

收款人：刘欢　　　复核：李宁　　　开票人：杨新　　　销货单位（章）：

第四联　记账联　销货方记账凭证

表3-34　例3-20原始凭证2

中国工商银行进账单（回单）　1

2009年1月12日

出票人	全　称	天津华星有限公司	收款人	全　称	天津华普电器有限公司
	账　号	4400255570650		账　号	022080703563283710086
	开户银行	工行天津解放路支行		开户银行	工商银行杨柳青分行
金额	人民币（大写）	伍仟贰佰陆拾伍元整		亿千百十万千百十元角分	¥ 5 2 6 5 0 0
票据种类	汇票	票据张数	1		
票据号码	1230789		中国工商银行天津杨柳青支行 2009年1月12日 转讫		
复核　记账			收款人开户银行签章		

此联是开户行交给持票人的回单

表3-35 例3-20原始凭证3

领 料 单

领用部门：销售部门

库 号：2　　　　2009年1月12日　　　　编号：4362

编 号	类 别	名 称	规 格	单 位	数 量		金 额	
					请 领	实 发	单 价	总 额
8104		包装纸箱	80×80	个	300	300	11.00	3 300
合 计								￥3 300
用 途	销售产品包装用							

第二联 交会计

发料人：郭新　　记账：　　领料部门负责人：　　领料人：王刚

4）出租（借）包装物的核算

企业对于一些可周转使用的包装物，一般采用出租或出借的方式提供给客户使用，并要求客户用毕归还。出租包装物可以取得租金收入，计入“其他业务收入”账户，与之对应的出租包装物成本及修理费用，计入“其他业务支出”账户。企业出借包装物，因不向客户收取费用，没有业务收入，所以出借包装物的成本及修理费用应作为企业的销售费用处理。企业对于出租、出借的包装物，可采用一次、分次摊销或五五摊销的方法摊销其价值。对于收到的包装物押金，应通过“其他应付款”账户核算。

（1）包装物出租的核算

例3-21　2009年1月，安庆公司出租库存未用包装物400件，每件单位实际成本100元，共计40 000元，租期5个月，每月每件租金15元，收取押金48 000元，采用五五摊销法，相关原始凭证略。

安庆公司进行账务处理如下：

①领用包装物时

借：周转材料——包装物——在用包装物　　40 000

　　贷：周转材料——包装物——库存包装物　　40 000

②领用时摊销50%价值

借：其他业务支出　　20 000

　　贷：周转材料——包装物——包装物摊销　　20 000

③收取押金存入银行

借：银行存款　　48 000

　　贷：其他应付款——包装物押金　　48 000

④每月收取租金存入银行

借：银行存款　　6 000

　　贷：其他业务收入　　5 128

　　　　应交税费——应交增值税（销项税额）　　672

⑤出租包装物收回归还押金

借：其他应付款——包装物押金　　48 000

　　贷：银行存款　　48 000

（2）包装物出借的核算

例3-22　2009年1月，安庆公司出借库存未用包装物400件，每件单位实际成本20元，共计8 000元，收到押金10 000元，采用一次转销法，相关原始凭证略。

安庆公司进行账务处理如下：

①领用包装物时

借：周转材料——包装物——在用包装物　　8 000

　　贷：周转材料——包装物——库存包装物　　8 000

②领用时一次摊销其价值

借：销售费用　　8 000

　　贷：周转材料——包装物——包装物摊销　　8 000

③收取押金存入银行

借：银行存款　　10 000

　　贷：其他应付款——包装物押金　　10 000

二、低值易耗品的核算

（一）低值易耗品核算的账户设置

为了反映低值易耗品的增减变动及期末结存情况，应设置“周转材料——低值易耗品”账户进行核算，企业购入、自制、委托加工收回的低值易耗品应登记在该账户的借方；企业生产车间、管理部门领用低值易耗品应登记在该账户的贷方。期末余额在借方，表示期末结存的低值易耗品的实际成本。为了反映详细情况，应按类别或品名设置明细账户，进行明细核算。在“周转材料——低值易耗品”科目下，设置“在库低值易耗品”、“在用低值易耗品”和“低值易耗品摊销”3个明细科目，分别对低值易耗品的库存、在用和摊销进行三级核算。

（二）低值易耗品的核算

低值易耗品的核算，包括取得低值易耗品和领用低值易耗品的核算。

1.低值易耗品取得的核算

低值易耗品采购、入库的核算，无论是按实际成本核算还是按计划成本核算，均与原材料的账务处理基本相同，这里不再重复。

2.企业领用低值易耗品的核算

企业领用低值易耗品时，可采用一次摊销法或五五摊销法处理。

1）一次摊销法

它是指在第一次领用低值易耗品时，将成本一次性全部摊入产品成本（或期间费用）的一种摊销方法。低值易耗品报废时，收回的残值作为当月低值易耗品摊销额的减少。它适用于价值较小（或容易损坏）的低值易耗品。

例3-23　2009年1月5日，天津华普电器有限公司第一生产车间领用刀具一批，实际成本为500元。相关原始凭证见表3-36。

表3-36　例3-23原始凭证

领　料　单

领用部门：销售部门

库　　号：2　　　　2009年1月5日　　　　编号：4184

编　号	类 别	名　称	规　格	单 位	数　量		金　额	
					请 领	实 发	单　价	总　额
5004		刀具		把	20	20	25.00	500
合　计								¥500
用　途	一般性耗用							

第二联　交会计

发料人：郭新　　　　记账：　　　　领料部门负责人：　　　　领料人：王刚

天津华普电器有限公司进行账务处理如下：

借：制造费用——第一车间　　　　500

　　贷：周转材料——低值易耗品——低值易耗品摊销（一般工具）　　500

2）五五摊销法

它是指在领用低值易耗品时先摊销其成本的50%，报废时再摊销其余的50%。它适用于那些价值较高、使用期限较长的低值易耗品。

例3-24　2009年1月7日，天津华普电器有限公司设计室领用专用工具一批，其实际成本为18 000元，采用五五摊销法核算，报废残值为500元，相关原始凭证略。

①发出低值易耗品时

借：周转材料——低值易耗品——在用低值易耗品　　18 000

　　贷：周转材料——低值易耗品——在库低值易耗品　　18 000

借：管理费用　　9 000

　　贷：周转材料——低值易耗品——低值易耗品摊销　　9 000

②低值易耗品报废时

借：管理费用　　9 000

贷：周转材料——低值易耗品——低值易耗品摊销　　9 000

③回收残料价值

借：原材料　　500

贷：管理费用　　500

④转销报废低值易耗品

借：周转材料——低值易耗品——低值易耗品摊销　　18 000

贷：周转材料——低值易耗品——在用低值易耗品　　18 000

思考与练习

一、单项选择题

1.下列不属于包装物的有（　　）。

A.随产品和商品出售而不单独计价的包装物

B.随产品和商品出售而单独计价的包装物

C.一次性消耗的包装物

D.出租或出借给购货单位使用的包装物

2.随同商品出售但不单独计价的包装物应借记（　　）。

A.其他业务成本　B.销售费用　C.管理费用　D.制造费用

3.收取包装物押金时应贷记（　　）。

A.应收账款　B.应付账款　C.其他应收款　D.其他应付款

4.领用低值易耗品时先摊销成本的50%，报废时再摊销其余50%的摊销方法称为（　　）。

A.一次摊销　B.五五摊销　C.分期摊销　D.平均摊销

二、多项选择题

1.下列各项存货中，属于周转材料的是（　　）。

A.委托加工物资　B.包装物　C.低值易耗品　D.原材料

2.下列属于包装物的有（　　）。

A.用于包装产品或商品作为产品或商品组成部分的包装物

B.作为商品经营而购进的包装物

C.出租或出借给购货单位使用的包装物

D.用于储存保管商品、材料而不对外出售的包装容器

3.低值易耗品常用的摊销方法包括（　　）。

A.一次摊销　B.五五摊销　C.分期摊销　D.平均摊销

三、简答题

1.什么叫包装物？哪些属于包装物的核算范围？哪些不属于包装物的核算范围？

2.什么叫低值易耗品？其特点有哪些？

3. 低值易耗品摊销方法有哪些？如何进行账务处理？

四、业务核算题

【目的】 练习包装物、低值易耗品的核算。

【资料】 某工厂为增值税一般纳税企业，包装物采用一次摊销法摊销，低值易耗品采用五五摊销法摊销。

（1）租给甲企业包装箱160个，单位成本40元，出租期限为6个月，租金每个每月5元。收取押金9 600元存入银行。

（2）收到上述包装箱出租租金，存入银行。

（3）6个月后，甲企业退回包装箱152个，有8个没退回，没收押金480元，其余押金退回。

（4）该工厂销售部门领用低值易耗品一批，其实际成本1 200元。

（5）该工厂基本生产车间报废低值易耗品一批，实际成本4 000元，收回残料作价200元，已验收入库。

【要求】 根据上述资料编制相应的会计分录。

任务四

其他存货核算

任务目标

通过本任务的学习，学生应能够

☑理解“库存商品”、“委托加工物资”等核算账户结构

☑掌握库存商品的账务处理

☑掌握委托加工物资业务的账务处理

☑掌握存货清查的业务核算

业务认知

一、库存商品

库存商品，是指在企业已经完成全部生产过程并已验收入库，可以作为商品直接对外出售的产品以及企业从外部购入直接出售的商品，包括库存产成品、外购商品、存放在本部门准备出售的商品、发出展览的商品以及寄存在外的商品等。

接受来料加工制造的代制品和为外单位加工修理的代修品，在制造和修理完成验收入库后，视同企业的产成品。

提　示

已完成销售手续、购货单位尚未提走的产品，不应作为库存商品，而应作为代管产品设立备查簿登记。

二、委托加工物资

委托加工物资是指企业委托外单位加工的各种材料、包装物、低值易耗品或库存商品等物资。在企业的生产经营过程中，由于购进的材料等物资可能不完全适合本企业或市场的要求，需要将其进一步加工或改制成具有另一种性能和用途的物资，而本企业又无加工设备和技术等加工条件，从而需要送往其他单位加工。这些送往其他单位加工的材料等物资，就叫委托加工物资。

委托加工物资加工完毕后，企业应按入库物资的实际成本入账。其实际成本包括：

（1）加工耗用的物资实际成本。

（2）支付的加工费。

（3）支付的往返运杂费。

（4）支付的税金，包括委托加工物资应负担的增值税、消费税。

小知识

凡属加工物资用于应交增值税项目并取得了增值税专用发票的一般纳税企业，其加工物资所应负担的增值税可作为进项税额，不计入加工物资成本；凡属加工物资用于非应纳增值税项目或免征增值税项目，以及未取得增值税专用发票的一般纳税企业和小规模纳税企业的加工物资，应将这部分增值税计入加工物资成本。

凡属加工物资收回后直接用于销售的，其所负担的消费税应计入加工物资成本；如果收回的加工物资用于连续生产的，应将所负担的消费税先记入“应交税费——应交消费税”科目的借方，按规定用以抵扣加工的消费品销售后所负担的消费税。

三、存货的清查核算

存货清查是指对存货的实地盘点，确定存货的实存数，并与账存数进行核对，从而确定存货是否账实相符的一种方法。

存货清查通常采用实地盘点的方法。在清查时，通过点数、过磅等方法，确定实存数量。对于一些无法通过具体的方法进行度量的存货，则应通过测量、估计等方法确定其实际数量。有些存货还要通过物理方法或化学方法来检验其质量是否合格、是否变质等。

存货应当定期或不定期盘点，但每年至少盘点一次。在实地盘点之前，应先把有关存货明细账登记齐全，算出结存数量和金额，以备核对。盘点后，应根据盘点记录，将实存数与账面数进行核对，核实盘盈、盘亏和毁损的数量，查明造成盈亏和毁损的原因，并据以编制“存货盘点报告表”，其格式见表3-37。按规定程序报经有关部门批准后，根据盈亏原因和批准意见将待处理财产损溢分别进行相应的账务处理。

表3-37 存货盘点报告格式

存货盘点报告表

年 月 日

存货类别	名称规格	计量单位	数量		单价	盘盈		盘亏（毁损）		原因
			账存	实存		数量	金额	数量	金额	

业务核算

一、库存商品的核算

库存商品可以采用实际成本核算，也可采用计划成本核算，其方法与原材料相似。

1.产品生产完工入库

当库存商品生产完成并验收入库，应按其成本借记“库存商品”账户，贷记“生产成本——基本生产成本”账户。

例3-25 2009年1月15日，天津华普电器有限公司第三生产车间生产完成的100台电冰箱验收入库，相关原始凭证见表3-38。

天津华普电器有限公司进行账务处理如下：

借：库存商品——电冰箱　　50 000

　　贷：生产成本——基本生产成本——电冰箱　　50 000

表3-38 例3-25原始凭证

产品入库单　　No.0010929

完成部门：第三生产车间　　2009年1月15日

产品			单位	数量	单价	成本总额								产品明细账		说明
编号	名称	规格				十	万	千	百	十	元	角	分	号	页	
9821	电冰箱		套	100	500	¥	5	0	0	0	0	0	0			

第二联 财务

会计：　记账：　保管：　验收：李明　部门主管：　缴仓：　制单：陈丹

小知识

在实际工作中，月末企业应根据“产品入库汇总表”和“产品成本计算单”的记载，进行产品生产完工入库的账务处理。

2.库存商品发出

库存商品的发出主要指对外销售，其次还有领用。企业应根据所发出商品的用途借记有关账户，贷记“库存商品”账户。

例3-26 2009年1月20日，天津华普电器有限公司天津商场销售电冰箱50套，已提货。单价700元，货款35 000元，税款5 950元，其单位生产成本500元。相关原始凭证见表3-39～表3-41。

表3-39 例3-26原始凭证1

中国工商银行进账单（收账通知） 3

2009年1月20日

出票人	全　称	天津商场	收款人	全　称	天津华普电器有限公司
	账　号	141400000000001		账　号	022080703563283710086
	开户银行	天津南开二马路支行		开户银行	工商银行杨柳青分行
金额	人民币（大写）	肆万零玖佰伍拾元整		亿千百十万千百十元角分	¥4095000
票据种类	汇票	票据张数	1		
票据号码	1230778				
复核　记账				中国工商银行天津杨柳青支行 2009年1月20日 转讫 收款人开户银行签章	

此联是收款人开户银行交给收款人的收账通知

表3-40 例3-26原始凭证2

天津市增值税专用发票

记 账 联

（全国统一发票监制章 天津市 国家税务局监制）

开票日期：2009年1月22日

购货单位	名　称：天津商场 纳税人识别号：370305987654321 地址、电话：天津市南开二马路56号 开户行及账号：天津南开二马路支行141400000000001				密码区	（略）	
货物或应税劳务名称	规格型号	单位	数量	单价	金额	税率	税额
电冰箱		套	50	700.00	35 000.00	17%	5 950.00
合　计					35 000.00		5 950.00
价税合计（大写）	肆万零玖佰伍拾元整　（小写）¥40 950.00						
销货单位	名　称：天津华普电器有限公司 纳税人识别号：0227791549617866115 地址、电话：天津市西青区杨柳青镇第五大街99号 开户行及账号：工商银行杨柳青分行 022080703563283710086			备注	天津华普电器有限公司 发票专用章		

收款人：　　复核：　　开票人：　　销货单位（章）

第四联 记账联 销货方记账凭证

表3-41　例3-26原始凭证3

产品出库单

No.0020929

提货部门：天津商场　　　　2009年1月20日

产品			单位	数量	单价	成本总额								产品明细账		说明
编号	名称	规格				十	万	千	百	十	元	角	分	号	页	
9821	电冰箱		套	50	500	¥	2	5	0	0	0	0	0			

第二联　财务

会计：　　记账：　　保管：　　验收：李明　　部门主管：　　缴仓：　　制单：陈丹

天津华普电器有限公司进行账务处理如下：

（1）销售产品时

借：银行存款　　40 950

　　贷：主营业务收入——电冰箱　　35 000

　　　　应交税费——应交增值税（销项税额）　　5 950

（2）结转已销产品成本时

借：主营业务成本——电冰箱　　25 000

　　贷：库存商品——电冰箱　　25 000

小知识

在实际工作中，对于已实现销售的产品，月末企业应根据“产品出库汇总表”和“销售产品成本计算表”的记载，进行结转销售产品成本的账务处理。

例3-27　2009年1月25日，天津华普电器有限公司领用自己生产的电视机100台作为福利向本公司员工发放。相关原始凭证见表3-42和表3-43。

表3-42　例3-27原始凭证1

产品出库单

No 0020929

提货部门：天津商场　　　　2009年1月20日

产品			单位	数量	单价	成本总额								产品明细账		说明
编号	名称	规格				十	万	千	百	十	元	角	分	号	页	
9921	电视机		套	100	150	¥	1	5	0	0	0	0	0			

第二联　财务

会计：　　记账：　　保管：　　验收：李明　　部门主管：　　缴仓：　　制单：陈丹

表3–43　例3–27原始凭证2

天津市增值税专用发票

记　账　联

（全国统一发票监制章 天津市 国家税务局监制）

开票日期：2009年1月25日

购货单位	名　称：天津华普电器有限公司 纳税人识别号：0227791549617866115 地 址、电 话：天津市西青区杨柳青镇第五大街99号 开户行及账号：工商银行杨柳青分行4400177780805				密码区	（略）	
货物或应税劳务名称	规格型号	单位	数量	单价	金额	税率	税额
电视机		台	100	150.00	15 000.00	17%	2 550.00
合　计					15 000.00		2 550.00
价税合计（大写）	壹万柒仟伍佰伍拾元整　（小写）¥ 17 550.00						
销货单位	名　称：天津华普电器有限公司 纳税人识别号：0227791549617866115 地 址、电 话：天津市西青区杨柳青镇第五大街99号 开户行及账号：工商银行杨柳青分行 022080703563283710086			备注	（天津华普电器有限公司 发票专用章）		

收款人：　　复核：　　开票人：　　销货单位（章）

第四联　记账联　销货方记账凭证

天津华普电器有限公司进行账务处理如下：

借：应付职工薪酬——福利费　　17 550

　　贷：库存商品——电视机　　15 000

　　　　应交税费——应交增值税（销项税额）　　2 550

小知识

按税法规定，将自产、委托加工的货物用于非应税项目，对外、集体福利消费等，应视同销售，需要开具增值税专用发票，计算交纳增值税。

二、委托加工物资的核算

为了总括反映委托加工材料的发出、支付加工费及收回情况，可设置“委托加工物资”账户进行核算。该账户是资产类账户，其借方登记发出委托加工材料的实际成本、支付的加工费、运杂费等；贷方登记材料加工完成，验收入库的实际成本；余额在借方，表示委托外单位加工尚未完成材料的实际成本。

1. 发出委托加工物资

企业发出委托外单位加工物资时，应按物资的实际成本，借记“委托加工物资”账户，贷记“原材料”等账户，如果发出物资采用计划成本核算的，还应同时结转成本差异。

例3–28 2009年1月6日，天津华普电器有限公司发出木板一批，委托天津新兴木材加工厂加工成包装木箱。相关原始凭证见表3–44。

表3–44 例3–28原始凭证

领 料 单

领用部门：销售部门

库　　号：2　　　　2009年1月6日　　　　编号：4355

编 号	类 别	名 称	规 格	单 位	数 量		金 额	
					请 领	实 发	单 价	总 额
210		木板	60×180	块	100	100	200.00	20 000
合 计								¥20 000
用 途	发外加工							

第二联 交会计

发料人：郭新　　　记账：　　　领料部门负责人：　　　领料人：王刚

天津华普电器有限公司进行账务处理如下：

借：委托加工物资——新兴木材加工厂　　　20 000

　贷：原材料——木板　　　20 000

例3–29 2009年1月6日，上例中天津华普电器有限公司发出的木板，委托天津佳欣运输公司运往天津新兴木材加工厂，支付运费400元。相关原始凭证见表3–45和表3–46。

表3–45 例3–29原始凭证1

中国工商银行

转账支票存根　（津）

XIV 00000112

附加信息

出票日期　2009年1月6日

收款人：天津佳欣运输公司	
金　额：¥400.00	
用　途：运费	

单位主管　　　　会计

表3-46 例3-29原始凭证2

天津市公路货运收费发票

发票联

（印章：全国统一发票监制章 天津市 国家税务局监制）

2009年1月6日

发货单位	天津华普电器有限公司	收货单位	天津新兴木材加工厂	受理编号	
装货地点		承运单位	天津佳欣运输公司	运输公司	
卸货地点				计费里程	

货物名称	件数	包装	规格	托运重量	货物等级	计费运输量		费率			金额						
						运量	周转量	空驶运率	运价率	比价率	万	千	百	十	元	角	分
木板	100	块											4	0	0	0	0
包车原因							包车费率										
加减成条件								加减成									
合计金额（大写）	肆佰元整							合计				¥	4	0	0	0	0

（印章：天津佳欣运输公司 发票专用章）

第二联 运费收据托运单位报销凭证

制票单位：　　制票人：　　复核：　　收费章

天津华普电器有限公司进行账务处理如下：

借：委托加工物资——新兴木材加工厂　　372

　　应交税费——应交增值税（进项税额）　　28

　　贷：银行存款　　400

提 示

由于取得运输部门的发票这里所列运费400元可按7%计算增值税进项税额并准予扣除。

2. 支付加工费及应承担的相关税费

例3-30 2009年1月15日，天津华普电器有限公司按合同规定，支付天津新兴木材加工厂加工费12 000元，进项增值税2 040元，相关原始凭证见表3-47和表3-48。

表3-47　例3-30原始凭证1

中国工商银行 转账支票存根　（津） XⅣ 00000118
附加信息
出票日期　2009年1月15日
收款人：天津新兴木材加工厂
金　额：¥14 040.00
用　途：加工费
单位主管　张斌　　　会计　黄杰

表3-48　例3-30原始凭证2

天津市增值税专用发票

发　票　联

全国统一发票监制 天津市 国家税务局监制

开票日期：2009年1月25日

<table>
<tr><td rowspan="4">购货单位</td><td colspan="5">名　　称：天津华普电器有限公司</td><td rowspan="4">密码区</td><td colspan="2" rowspan="4">（略）</td></tr>
<tr><td colspan="5">纳税人识别号：0227791549617866115</td></tr>
<tr><td colspan="5">地 址、电 话：天津市西青区杨柳青镇第五大街99号</td></tr>
<tr><td colspan="5">开户行及账号：工商银行杨柳青分行　022080703563283710086</td></tr>
<tr><td colspan="2">货物或应税劳务名称</td><td>规格型号</td><td>单位</td><td>数量</td><td>单价</td><td>金额</td><td>税率</td><td>税额</td></tr>
<tr><td colspan="2">加工包装箱</td><td>40×40</td><td>个</td><td>400</td><td>30.00</td><td>12 000.00</td><td>17%</td><td>2 040.00</td></tr>
<tr><td colspan="2"></td><td></td><td></td><td></td><td></td><td></td><td></td><td></td></tr>
<tr><td colspan="2">合　计</td><td></td><td></td><td></td><td></td><td>12 000.00</td><td>17%</td><td>2 040.00</td></tr>
<tr><td colspan="2">价税合计（大写）</td><td colspan="7">壹万肆仟零肆拾元整　　（小写）¥14 040.00</td></tr>
<tr><td rowspan="4">销货单位</td><td colspan="4">名　　称：天津新兴木材加工厂</td><td rowspan="4">备注</td><td colspan="3" rowspan="4">天津新兴木材加工厂 发票专用章</td></tr>
<tr><td colspan="4">纳税人识别号：4415000054779812</td></tr>
<tr><td colspan="4">地 址、电 话：天津东丽区幸福路88号</td></tr>
<tr><td colspan="4">开户行及账号：工行东丽支行　4400166633215</td></tr>
</table>

第二联　发票联　购货方记账凭证

收款人：　　　复核：　　　开票人：　　　销货单位（章）

天津华普电器有限公司进行账务处理如下：

借：委托加工物资——新兴木材加工厂　　12 000

　　应交税费——应交增值税（进项税额）　　2 040

　　贷：银行存款　　14 040

3.加工完毕，验收入库

例3-31　2009年1月25日，天津华普电器有限公司收到天津新兴木材加工厂加工完毕送回的包装箱。相关原始凭证见表3-49。

表3-49　例3-31原始凭证

收　料　单　　　　No. 0030929

2009年1月25日　　　　收字第015号

来料单位：天津新兴木材加工厂		发票00882234号			2009年1月25日收到										
编号	材料名称	规格	单位	送验数量	实收数量	单价	成本总额								
							十	万	千	百	十	元	角	分	
811	包装木箱	40×40	个	400	400	80.93	¥	3	2	3	7	2	0	0	

会计：　记账：　保管：　验收：李明　部门主管：　缴仓：　制单：陈刚

第二联　财务

天津华普电器有限公司进行账务处理如下：

借：周转材料——包装物　　32 372

　　贷：委托加工物资——新兴木材加工厂　　32 372

三、存货清查的核算

在盘点中发现存货的盘盈、盘亏，在查明原因之前，应通过“待处理财产损溢”账户进行核算，待查明原因之后记入有关账户。

1.存货清查的账户设置

为核算存货清查中出现的盘盈、盘亏、毁损等应设置“待处理财产损溢”账户，并在其账户下设置“待处理流动资产损溢”二级账户。该账户的借方反映存货盘亏、毁损数以及经过批准后结转的盘盈数；该账户的贷方反映存货的盘盈数以及经批准转销的盘亏数；期末处理后本账户无余额。

2.存货清查的核算

存货清查中出现的盘盈、盘亏数的处理顺序可分为两个步骤：一是首先将清查结果中的盘盈、盘亏数转入“待处理财产损溢”账户，并同时调整存货的账面价值；二是将清查结果报经上级批准，经批准后按规定将其数额从“待处理财产损溢”账户转入相应账户。

1）存货盘盈的核算

存货发生盘盈，主要是由于收发计量或核算上的误差等原因造成的，经批准后应冲减管理费用。

例3-32　2009年1月31日，天津华普电器有限公司进行存货清查，发现盘盈包装箱10个，原因待查。相关原始凭证见表3-50。

表3-50　存货盘点报告表

2009年1月31日

存货类别	名称规格	计量单位	数量		单价	盘盈		盘亏（毁损）		原因
			账存	实存		数量	金额	数量	金额	
包装物	包装纸箱	个	100	110	11	10	110			待查

天津华普电器有限公司进行账务处理如下：

借：周转材料——包装物——包装纸箱　　110

　　贷：待处理财产损溢——待处理流动资产损溢　　110

例3-33　上例中发现盘盈包装箱10个的原因已查明，属收发错误造成，经有关部门批准冲销管理费用。

天津华普电器有限公司进行账务处理如下：

借：待处理财产损溢——待处理流动资产损溢　　110

　　贷：管理费用　　110

2）存货盘亏和毁损的核算

造成存货盘亏和毁损的原因有多种，报经批准后，应根据不同的原因，分不同的情况进行处理：

（1）属于自然损耗产生的定额内损耗，经批准后转作管理费用。

（2）属于计量收发错误和管理不善等原因造成的存货短缺或毁损，应先扣除残料价值、可收回的保险赔偿和过失人的赔偿，然后将净损失计入管理费用。

（3）属于自然灾害或意外事故造成的存货毁损，应先扣除残料价值和可收回的保险赔偿，然后将净损失转作营业外支出。

例3-34　2009年1月31日，天津华普电器有限公司进行存货清查，发现毁损电路板20个，原因待查。相关原始凭证见表3-51。

表3-51　存货盘点报告表

2009年1月31日

存货类别	名称规格	计量单位	数量		单价	盘盈		盘亏（毁损）		原因
			账存	实存		数量	金额	数量	金额	
原材料	电路板	个	200	180	315			20	6 300	待查

天津华普电器有限公司进行账务处理如下：

借：待处理财产损溢——待处理流动资产损溢　　7 371

　　贷：原材料——电路板　　6 300

　　　　应交税费——应交增值税（进项税额转出）　　1 071

例3–35　上例中发现毁损电路板20个的原因已查明，是雷击房顶后漏雨引起霉烂，按财产保险协议规定，天津平安保险公司确认赔偿1 500元（款未收），其余净损失经批准计入营业外支出。

天津华普电器有限公司进行账务处理如下：

借：其他应收款——天津平安保险公司　　1 500

　　营业外支出　　5 871

　　贷：待处理财产损溢——待处理流动资产损溢　　7 371

提　示

如果企业是采用计划成本核算的，盘亏和毁损的存货还应当同时结转成本差异。

任务五

实　训

实训一　实际成本计价法材料核算

实训目的

☑ 明确材料收、发和结存的核算程序
☑ 掌握材料按实际成本计价核算及账务处理
☑ 能够熟练审核原始凭证并根据审核无误的原始凭证填制记账凭证，并登记材料明细账

实训环境

会计模拟实验室，配有相关原始凭证、记账凭证、账簿、实物展台等。

实训要求

- 对材料正确计价，计算材料的实际采购成本
- 严格执行材料收发凭证的填制、传递、审核的手续制度，分别按材料的类别、品种、规格登记明细账
- 按实际成本计价方法进行材料收发的总分类核算和有关明细分类核算，掌握先进先出法、加权平均法计算耗用材料实际成本
- 掌握材料清查盘点的程序和方法

实训资料

【企业概况】

企业名称：天津华普电器有限公司
法定代表人：王振通
注册地址：天津市西青区杨柳青镇第五大街99号
注册资本：1 000万元
企业类型：有限责任公司

经营范围及主要产品：家用电器

经营方式：生产销售

企业组织机构：企业下设两个基本生产车间、两个辅助生产车间、厂部办公室、供应部、销售部等

开户行：工商银行杨柳青分行

账号：022080703563283710086

税务登记证号：0227791549617866115

纳税人类型：一般纳税人

增值税率：17%

财务部分负责人：张震

会计：李智慧

出纳：赵青云

【业务资料】

天津华普电器有限公司开设电机和电路板两种材料的明细分类账。

（1）电机期初结存数量1 000个，单价150元。

（2）电路板期初结存数量2 000个，单价15元。

该公司2009年1月份发生的有关材料收入、发出业务见实训内容。

【要求】

（1）对有关电机和电路板收发业务，其耗用材料计价方法先采用“先进先出法”计算材料发出与结存材料成本；然后再采用“加权平均法”计算发出与结存材料成本。根据天津华普电器有限公司1月份1～15笔经济业务的原始凭证分别编制记账凭证。

（2）登记电机和电路板总账，分别按上述两种发出材料的计价方法登记明细账并结账。

实训1　2009年1月1日，从银行取回吉林通达有限责任公司“托收承付付款通知单”，金额86 740元，附电机增值税专用发票，数量500个，单价148元，计买价74 000元，增值税12 580元，运费160元，款项已支付，材料尚未到达企业。其相关原始凭证见表3-52～表3-54。

表3-52 实训1原始凭证1

吉林省增值税专用发票

全国统一发票监制章 吉林省 国家税务局监制

发票联

开票日期：2009年1月1日

购货单位	名　　称：天津华普电器有限公司 纳税人识别号：0227791549617866115 地 址、电 话：天津市西青区杨柳青镇第五大街99号 开户行及账号：工商银行杨柳青分行　022080703563283710086				密码区	（略）	
货物或应税劳务名称	规格型号	单位	数量	单价	金额	税率	税额
电机	40×40	个	500	148.00	74 000.00	17%	12 580.00
合　计					74 000.00	17%	12 580.00
价税合计（大写）	捌万陆仟柒佰肆拾元整　（小写）¥ 86 740.00						
销货单位	名　　称：吉林通达有限责任公司 纳税人识别号：4415000054779812 地 址、电 话：吉林省长春市幸福路88号 开户行及账号：工行长春支行 4400166633215				备注	吉林通达有限公司 发票专用章	

收款人：　　复核：　　开票人：　　销货单位（章）：

第二联 发票联 购货方记账凭证

表3-53 实训1原始凭证2

托收凭证（受理回单）　1

委托日期　2009年1月1日　　付款期限 2009年1月1日

业务类型	委托收款（☐邮划、☐电划）　托收承付（☐邮划、☑电划）						
付款人	全　称	天津华普电器有限公司		收款人	全　称	吉林通达有限责任公司	
	账　号	022080703563283710086			账　号	4400166633215	
	地　址	天津市	开户行 工商银行杨柳青分行		地　址	长春市	开户行 工商银行××分行
金额	人民币（大写）捌拾陆万玖仟元整				亿千百十万千百十元角分	¥ 8 6 9 0 0 0 0 0	
款项内容	销货款	托收凭据名称	增值税专用发票		附寄单证张数	2	
商品发运情况	已发				合同名称号码		
备注： 复核　记账		款项收妥日期			收款人开户银行签章		

表3-54　实训1原始凭证3

运费单据		字第1号
人民币（大写）	壹佰陆拾元整	¥160.00元
上款系　运费		领收人：吉林通达有限责任公司 2009年1月1日

负责人：　会计：　出纳：　经手人：

实训2　1月2日，从吉林通达有限公司购入的电机500个运到，如数验收入库，其相关原始凭证见表3-55。

表3-55　实训2原始凭证

收　料　单

材料类别：原材料
供货单位：吉林通达有限公司
发票号码：　2009年1月2日　收料仓库：一仓库

材料名称	规　格	计量单位	数　量		实　际　成　本					
			应收	实收	买　价		运杂费	其　他	合　计	单位成本
					单价	金额				
电　机		个	500	500	148	74 000	160		74 160	148.32
合　计						74 000			74 160	

记账：　收料：　制单：

实训3　1月3日，一车间生产电冰箱领用电机300个，电路板400个，其相关原始凭证见表3-56。

表3-56　实训3原始凭证

领　料　单

领用部门：一车间
库　　号：2　2009年1月3日　编号：4355

编　号	类 别	名　称	规　格	单 位	数　量		金　额	
					请 领	实 发	单　价	总　额
01		电　机		个	300	300	150.00	45 000.00
02		电路板		个	400	400	15.00	6 000.00
合　计								¥51 000.00
用　途	生产电冰箱领用							

第二联　交会计

实训4 1月5日，二车间生产空调领用电路板200个。其相关原始凭证见表3–57。

表3–57 实训4原始凭证

领 料 单

领用部门：二车间

库 号：2 2009年1月5日 编号：4356

编 号	类 别	名 称	规 格	单 位	数量		金额	
					请 领	实 发	单 价	总 额
02		电路板		个	200	200	15.00	3 000.00
合 计								¥ 3 000.00
用 途	生产空调领用							

第二联 交会计

实训5 1月6日，从本市宏达公司购入电路板600个，增值税专用发票所列单价15.5元，计买价9 300元，增值税1 581元，签发转账支票一张，金额10 881元，材料已验收入库。其相关原始凭证见表3–58～表3–60。

表3–58 实训5原始凭证1

天津市增值税专用发票

发 票 联

开票日期：2009 年 1 月 6 日

购货单位	名 称：天津华普电器有限公司					密码区	（略）	
	纳税人识别号：0227791549617866115							
	地 址、电 话：天津市西青区杨柳青镇第五大街99号							
	开户行及账号：工商银行杨柳青分行 022080703563283710086							
货物或应税劳务名称	规格型号	单位	数量	单价	金额	税率	税额	
电路板	20 × 30	个	600	15.50	9 300.00	17%	1 581.00	
合 计					9 300.00		1 581.00	
价税合计（大写）	壹万零捌佰捌拾壹元整 （小写）¥ 10 881.00							
销货单位	名 称：天津市宏达公司			备注				
	纳税人识别号：4415000054773521							
	地 址、电 话：天津市津南区太平街8号							
	开户行及账号：工行津南支行 4400166632185							

收款人： 复核： 开票人： 销货单位（章）：

第二联 发票联 购货方记账凭证

表 3–59　实训 5 原始凭证 2

收　料　单

材料类别：原材料
供货单位：天津市宏达公司
发票号码：　　　　　　　　2009 年 1 月 6 日　　　　　　收料仓库：一仓库

材料名称	规　格	计量单位	数　量		实　际　成　本					
			应收	实收	买　价		运杂费	其　他	合　计	单位成本
					单价	金额				
电路板	20 × 30	个	600	600	15.50	9 300.00			9 300.00	15.50
合　计										

记账：　　　　　　　　收料：　　　　　　　　制单：

表 3–60　实训 5 原始凭证 3

中国工商银行
转账支票存根　（津）
XⅣ 00000010

附加信息

出票日期　2009 年 1 月 6 日

收款人：天津宏达公司
金　额：¥ 10 881.00元
用　途：购买材料

单位主管　王振通　　会计　李智慧

实训 6　1月8日，一车间进行原材料检验，一般消耗电路板10个，其相关原始凭证见表3–61。

表 3–61　实训 6 原始凭证

领　料　单

领用部门：一车间
库　　号：2　　　　　　　　2009年1月5日　　　　　　编号：4357

编　号	类 别	名　称	规　格	单 位	数　量		金　额	
					请 领	实 发	单　价	总　额
02		电路板		个	10	10	15.00	150.00
合　计								¥ 150.00
用　途	原材料一般消耗领用							

第二联　交会计

实训7　1月10日，从银行取回哈尔滨市大地公司委托收款付款通知，金额136 886元，附购买电机的增值税专用发票，数量800个，单价146元，计买价116 800元，增值税19 856元，运费230元，款项已承付，材料到达验收入库。其相关原始凭证见表3-62～表3-65。

表3-62　实训7原始凭证1

黑龙江省增值税专用发票

全国统一发票监制 黑龙江省 国家税务局监制

发 票 联

开票日期：2009年1月10日

购货单位	名　　称：天津华普电器有限公司 纳税人识别号：0227791549617866115 地 址、电 话：天津市西青区杨柳青镇第五大街99号 开户行及账号：工商银行杨柳青分行　0220807035632837100086				密码区	（略）	
货物或应税劳务名称	规格型号	单位	数量	单价	金额	税率	税额
电路板		个	800	146.00	116 800.00	17%	19 856.00
合　计					116 800.00		19 856.00
价税合计（大写）	壹拾叁万陆仟陆佰伍拾陆元整　（小写）¥ 136656.00						
销货单位	名　　称：哈尔滨市大地公司 纳税人识别号：1124589365405412 地 址、电 话：哈尔滨市泉阳路118号 开户行及账号：哈尔滨工行　100457822709				备注	哈尔滨大地公司 发票专用章	

第二联　发票联　购货方记账凭证

收款人：　　　复核：　　　开票人：　　　销货单位（章）

表3-63　实训7原始凭证2

托收凭证（受理回单）　　1

委托日期　2009年1月10日　　付款期限 2009年1月10日

业务类型	委托收款（□ 邮划、□电划）　托收承付（□ 邮划、☑电划）						
付款人	全 称	天津华普电器有限公司		收款人	全 称	哈尔滨市大地公司	
	账 号	0220807035632837100086			账 号	4400166633215	
	地 址	天津市	开户行　工商银行杨柳青分行		地 址	黑龙江省哈尔滨市	开户行　哈尔滨工行
金额	人民币（大写）	壹拾叁万陆仟捌百捌拾陆元整			亿千百十万千百十元角分	¥ 1 3 6 8 8 6 0 0	
款项内容	购买材料款及运费	托收凭据名称	增值税专用发票		附寄单证张数	1	
商品发运情况	已发				合同名称号码		
备注： 复核　记账		款项收妥日期			收款人开户银行签章		

表3-64　实训7原始凭证3

运费单据		字第5号
人民币（大写）	贰佰叁拾元整	¥230.00元
上款系　运费		领收人：哈尔滨市大地公司 2009年1月10日

负责人：　会计：　出纳：　经手人：

表3-65　实训7原始凭证4

收　料　单

材料类别：原材料
供货单位：哈尔滨市大地公司
发票号码：　2009年1月10日　收料仓库：一仓库

材料名称	规　格	计量单位	数　量		实际成本					
			应收	实收	买　价		运杂费	其　他	合　计	单位成本
					单价	金额				
电机		个	800	800	146.00	116 800.00	230.00		117 030.00	146.29
合　计										

记账：　收料：　制单：

实训8　1月12日，厂部研发部门研制新产品领用电路板200个，其相关原始凭证见表3-66。

表3-66　实训8原始凭证

领　料　单

领用部门：厂部
库　　号：2　2009年1月12日　编号：4360

编　号	类　别	名　称	规　格	单　位	数　量		金　额	
					请　领	实　发	单　价	总　额
02		电路板		个	20	20	15.00	300.00
	合　计							¥300.00
用　途	厂部研制新产品领用							

第二联　交会计

实训9 1月12日，销售部领用电机100个用于样品展览。其相关原始凭证见表3-67。

表3-67 实训9原始凭证

领 料 单

领用部门：销售部门

库　　号：2　　　　2009年1月12日　　　　编号：4361

编 号	类 别	名 称	规 格	单 位	数量		金额	
					请 领	实 发	单 价	总 额
01		电机		个	100	100	150.00	15 000.00
合 计								¥15 000.00
用 途	销售部门用于样品展览							

第二联 交会计

实训10 1月21日，从辽宁省抚顺市光荣公司购入电机500个，电路板400个，增值税专用发票所列电机单价152元，计买价76 000元；电路板单价16元，计买价6 400元，增值税额14 008元，发生运费360元，款项暂欠，材料已验收入库，其相关原始凭证见表3-68～表3-72。

表3-68 实训10原始凭证1

辽宁省增值税专用发票

发 票 联

开票日期：2009年1月21日

购货单位	名　　称：天津华普电器有限公司					密码区	（略）	
	纳税人识别号：0227791549617866115							
	地 址、电 话：天津市西青区杨柳青镇第五大街99号							
	开户行及账号：工商银行杨柳青分行 022080703563283710086							
货物或应税劳务名称	规格型号	单位	数量	单价	金额	税率	税额	
电 机		个	500	152.00	76 000.00	17%	12 920.00	
电 路 板		个	400	16.00	6 400.00	17%	1 088.00	
合 计					82 400.00	17%	14 008.00	
价税合计（大写）	玖万陆仟肆佰零捌元整　（小写）¥96 408.00							
销货单位	名　　称：辽宁省抚顺市光荣公司			备注				
	纳税人识别号：14436893654054902							
	地 址、电 话：抚顺市黄河路156号							
	开户行及账号：工行抚顺支行 100557864709							

收款人：　　复核：　　开票人：　　销货单位（章）

第二联 发票联 购货方记账凭证

表3-69　实训10原始凭证2

运费单据		字第5号
人民币（大写）	叁佰陆拾元整	¥360.00元
上款系　运费		领收人：抚顺市光荣公司
		2009年1月21日

负责人：　　会计：　　出纳：　　经手人：

对于购买电机、电路板发生的运费360元，要求按材料的重量比例进行分配，将其计算结果填入表3-70、表3-71的空格中，同时计算出电机和电路板单位采购成本，再作为会计处理的原始凭据。

表3-70　实训10原始凭证3

材料运费分配表

材料名称	运费总额	分配率（元/千克）	分配金额

会计主管：　　记账：　　制单：

表3-71　实训10原始凭证4

收　料　单

材料类别：

供货单位：

发票号码：　　年　月　日　　收料仓库：

材料名称	规　格	计量单位	数　量		实　际　成　本					
			应收	实收	买　价		运杂费	其　他	合　计	单位成本
					单价	金额				
合　计										

记账：　　收料：　　制单：

表3-72　实训10原始凭证5

托收凭证（受理回单）　1

委托日期　2009年1月21日　　　　付款期限 2009年1月21日

业务类型		委托收款（☐ 邮划、☐电划）		托收承付（☐ 邮划、☑电划）				
付款人	全　称	天津华普电器有限公司		收款人	全　称	辽宁省抚顺市医药批发公司		
	账　号	022080703563283710086			账　号	100557864709		
	地　址	天津市	开户行：工商银行杨柳青分行		地　址	辽宁省抚顺市	开户行：工行抚顺支行	
金额	人民币（大写）	玖万陆仟柒佰陆拾捌元整				亿千百十万千百十元角分	¥9676800 0	
款项内容	购买材料款及运费	托收凭据名称	增值税专用发票			附寄单证张数	1	
商品发运情况		已发				合同名称号码		
备注： 复核　记账		款项收妥日期				收款人开户银行签章		

实训11　1月22日，从本市木器厂购入木箱100个，增值税专用发票所列单价12元，计买价1 200元，增值税204元，签发转账支票一张金额1 404元予以付款，木箱已验收入库。其相关原始凭证见表3-73～表3-75。

表3-73　实训11原始凭证1

天津市增值税专用发票

全国统一发票监制章 天津市国家税务局监制

发票联

开票日期：2009年1月22日

购货单位	名称：天津华普电器有限公司 纳税人识别号：0227791549617866115 地址、电话：天津市西青区杨柳青镇第五大街99号 开户行及账号：工商银行杨柳青分行 022080703563283710086				密码区	（略）	
货物或应税劳务名称	规格型号	单位	数量	单价	金额	税率	税额
木　箱		个	100	12.00	1 200.00	17%	204.00
合　计					1 200.00	17%	204.00
价税合计（大写）	壹仟肆佰零肆元整		（小写）¥ 1404.00				
销货单位	名称：天津市木器厂 纳税人识别号：115589365477811 地址、电话：天津市长江道156号 开户行及账号：工行长江道支行　100589864709			备注	天津木器厂 发票专用章		

第二联 发票联 购货方记账凭证

收款人：　　复核：　　开票人：　　销货单位（章）

表3–74　实训11原始凭证2

包装物入库单

2009年1月22日

品　名	单　位	数　量	单　价	金　额	备　注
木　箱	个	100	12.00	1 200.00	

缴库人：　　　　　　　　　　　　　　　　验收人：

表3–75　实训11原始凭证3

中国工商银行
转账支票存根　（津）
XⅣ 00000010

附加信息

出票日期　2009年1月22日

收款人：	天津市木器厂
金　额：	￥1 404.00元
用　途：	购买材料

单位主管　王振通　　　会计　李智慧

实训12　1月23日，从本市五金批发站购入锤子60把，普通发票所列单价5元，计买价300元，款项以现金支付。其相关原始凭证表3–76～表3–78。

表3–76　实训12原始凭证1

天津商业零售发票

发　票　联

No.0666612

购货单位（人）：天津华普电器有限公司　2009年1月23日

货　号	品名及规格	单　位	数　量	单　价	万	千	百	十	元	角	分
	锤　子	把	60	5.00			3	0	0	0	0
合　计	人民币（大写）叁佰元整					￥	3	0	0	0	0
结算方式	现　金	开户银行及账号									

（金额栏：万 千 百 十 元 角 分）

第二联　发票联

销货单位（盖章有效）　　　　收款人：　　　　开票人：

（印章：全国统一发票监制章 天津市；天津新光五金公司 发票专用章）

表3-77　实训12原始凭证2

现金支出凭单

2009年1月23日

用款事项：购买低值易耗品

人民币（大写）：叁佰元整　　¥300元　　现金付讫

收款人：（签章）　主管人员：张震（签章）　会计人员：李智慧（签章）　出纳员：赵青云 付讫（签章）

表3-78　低值易耗品入库单

2009年1月23日

品　名	单　位	数　量	单　价	金　额	备　注
锤　子	把	60	5.00	300.00	

缴库人：　　验收人：

实训13　1月29日，二车间领用锤子10把，计50元。采用一次摊销法摊入成本费用。其相关原始凭证见表3-79。

表3-79　低值易耗品出库单

仓库：二仓库　　2009年1月29日

品　名	单　位	数　量	单　价	金　额	备　注
锤　子	把	10	5.00	50.00	采用一次摊销法

实训14 1月31日，从天津市通达公司发来的电路板1 000个验收入库，结算凭证未到，估计价值14 500元。其相关原始凭证见表3-80。

表3-80 实训14原始凭证

收 料 单

材料类别：原材料
供货单位：天津市通达公司
发票号码： 2009年1月31日 收料仓库：一仓库

材料名称	规 格	计量单位	数 量		实 际 成 本					
			应收	实收	买 价		运杂费	其 他	合 计	单位成本
					单价	金额				
电路板		个							14 500.00	
合 计										

记账： 收料： 制单：

实训15 1月31日，对材料进行盘点，发现电机盘盈5个，电机的市场价格为每个148元（假设经查上述盘盈的5个电机属于计量上差错，报经领导批准对于盘盈的电机冲减管理费用）。其相关原始凭证见表3-81。

表3-81 实训15原始凭证

材料盘点报告单

2009年1月31日

编号	名称与类别	计量单位	实存数量	账存数量	对比结果						原 因
					盘 盈			盘 亏			
					数 量	单 价	金 额	数 量	单 价	金 额	
	电 机	个	495	500	5	148	740				待查

盘点人签章： 保管人员签章：

实训二　计划成本计价法材料核算

实训目的

☑明确材料收、发和结存的核算程序

☑掌握材料按计划成本计价核算及账务处理

☑能够熟练审核原始凭证并根据审核无误的原始凭证填制记账凭证，并登记材料明细账

实训环境

会计模拟实验室，配有相关原始凭证、记账凭证、账簿、实物展台等。

实训要求

- 对材料正确计价，计算材料的实际采购成本
- 严格执行材料收发凭证的填制、传递、审核的手续制度，分别按材料的类别、品种、规格登记明细账
- 按计划成本计价方法进行材料收发的总分类核算和有关明细分类核算，掌握材料成本差异率及发出材料应分摊成本差异的计算，编制收、发料凭证汇总表

实训资料

【企业概况】

同实训一

【业务资料】

天津华普电器有限公司2009年1月1日发生的与材料有关的业务资料如下：

（1）电机期初结存数量1 000个，计划价格160元，“材料成本差异——电机”贷方余额8 000元。

（2）电路板期初结存数量2 000个，计划价格15.5元，“材料成本差异——电路板”借方余额390元。

天津华普电器有限公司2009年1月份发生的有关材料收入、发出业务见实训内容。

【要求】

（1）根据业务原始凭证编制记账凭证。

（2）购进材料采用逐笔结转材料成本差异。

（3）平时领用材料按计划成本结转。

（4）月末计算材料成本差异率，计算发出材料应负担的成本差异和发出材料的实际成本并编制相应的会计分录。

实训1　2009年1月1日，从银行取回吉林通达有限责任公司“托收承付付款通知单”，金额86 740元，附电机增值税专用发票，数量500个，单价148元，计买价74 000元，增值税12 580元，运费160元，款项已支付，材料尚未到达企业。其相关原始凭证见表3-82～表3-84。

表3-82　实训1原始凭证1

吉林省增值税专用发票

发　票　联

（全国统一发票监制章　吉林省　国家税务局监制）

开票日期：2009年1月1日

购货单位	名　　称：天津华普电器有限公司 纳税人识别号：0227791549617866115 地 址、电 话：天津市西青区杨柳青镇第五大街99号 开户行及账号：工商银行杨柳青分行　022080703563283710086				密码区	（略）	
货物或应税劳务名称	规格型号	单位	数量	单价	金额	税率	税额
电机	40×40	个	500	148.00	74 000.00	17%	12 580.00
合　计					74 000.00	17%	12 580.00
价税合计（大写）	捌万陆仟柒佰肆拾元整　　（小写）¥ 86 740.00						
销货单位	名　　称：吉林通达有限责任公司 纳税人识别号：4415000054779812 地 址、电 话：吉林省长春市幸福路88号 开户行及账号：工行长春支行　4400166633215			备注	（吉林通达有限公司　发票专用章）		

收款人：　　　　复核：　　　　开票人：　　　　销货单位（章）

第二联　发票联　购货方记账凭证

表3-83　实训1原始凭证2

托收凭证(受理回单)　　1

委托日期　2009年1月1日　　付款期限 2009年1月1日

业务类型	委托收款(□ 邮划、□电划)　托收承付(□ 邮划、☑电划)				
付款人 全称	天津华普电器有限公司		收款人 全称	吉林通达有限责任公司	
付款人 账号	022080703563283710086		收款人 账号	4400166633215	
付款人 地址	天津市	开户行：工商银行杨柳青分行	收款人 地址	长春市	开户行：工商银行××分行

金额	亿	千	百	十	万	千	百	十	元	角	分
人民币（大写）捌万陆仟玖佰元整				¥	8	6	9	0	0	0	0

款项内容	销货款	托收凭据名称	增值税专用发票	附寄单证张数	2
商品发运情况	已发		合同名称号码		
备注： 复核　记账	款项收妥日期 2009年01月01日		收款人开户银行签章 2009年01月01日		

表3-84　实训1原始凭证3

运费单据

字第1号

人民币（大写）　壹佰陆拾元整　　¥ 160.00 元

上款系　运费

领收人：吉林通达有限责任公司

2009年1月1日

负责人：　　会计：　　出纳：　　经手人：

实训2　1月2日，从吉林通达有限公司购入的电机500个运到，如数验收入库，其相关原始凭证见表3-85。

表3-85　实训2原始凭证

材料入库单

凭证编号　001

交库单位　　　　　　　　　　　　　　　　　　　　　　收料仓库　1

交库原因　　　　　　　2009 年 1 月 2 日　　　　　　　材料类别　主料

材料名称	规　格	计量单位	数　量		计划单价	计划成本							
			应　收	实　收		十	万	千	百	十	元	角	分
电　机		个	500	500	160.00		8	0	0	0	0	0	0
合　计						¥	8	0	0	0	0	0	0

会计：　　　　保管：　　　　仓库负责人：　　　　验收人：陈明

实训3　1月3日，一车间生产电冰箱领用电机300个，电路板400个，其相关原始凭证见表3-86。

表3-86　实训3原始凭证

领　料　单

领用部门：一车间

库　　号：2　　　　　　　　2009年1月3日　　　　　　　编号：4355

编　号	类 别	名　称	规　格	单 位	数　量		金　额	
					请 领	实 发	计划单价	总　额
01		电　机		个	300	300	160.00	48 000.00
02		电路板		个	400	400	15.00	6 000.00
合　计								¥ 54 000.00
用　途	生产电冰箱领用							

第二联　交会计

实训4　1月5日，二车间生产空调领用电路板200个。其相关原始凭证见表3-87。

表3-87　实训4原始凭证

领　料　单

领用部门：二车间

库　　号：2　　　　　　　　2009年1月5日　　　　　　　编号：4356

编　号	类 别	名　称	规　格	单 位	数　量		金　额	
					请 领	实 发	计划单价	总　额
02		电路板		个	200	200	15.50	3 100.00
合　计								¥ 3 100.00
用　途	生产空调领用							

第二联　交会计

实训5　1月6日，从本市宏达公司购入电路板600个，增值税专用发票所列单价15.5元，计买价9 300元，增值税1 581元，签发转账支票一张，金额10 881元，材料已验收入库。其相关原始凭证见表3-88～表3-90。

表3-88　实训5原始凭证1

天津市增值税专用发票

发票联

开票日期：2009年1月6日

购货单位	名　　称：天津华普电器有限公司 纳税人识别号：0227791549617866115 地 址、电 话：天津市西青区杨柳青镇第五大街99号 开户行及账号：工商银行杨柳青分行 022080703563283710086			密码区	（略）		
货物或应税劳务名称	规格型号	单位	数量	单价	金额	税率	税额
电路板	20×30	个	600	15.50	9 300.00	17%	1 581.00
合　计					9 300.00	17%	1 581.00
价税合计（大写）	壹万零捌佰捌拾壹元整　（小写）¥ 10 881.00						
销货单位	名　　称：天津市宏达公司 纳税人识别号：4415000054773521 地 址、电 话：天津市津南区太平街8号 开户行及账号：工行津南支行　4400166632185			备注	天津市宏达有限公司 发票专用章		

收款人：　　　　复核：　　　　开票人：　　　　销货单位（章）

第二联　发票联　购货方记账凭证

表3-89　实训5原始凭证2

材料入库单

凭证编号　002

交库单位＿＿＿＿　　　　收料仓库　1

交库原因＿＿＿＿　　2009年1月6日　　材料类别　主料

材料名称	规　格	计量单位	数量		计划单价	计划成本							
			应　收	实　收		十	万	千	百	十	元	角	分
电 路 板	20×30	个	600	600	15.50			9	3	0	0	0	0
合　计							¥	9	3	0	0	0	0

会计：　　　　保管：　　　　仓库负责人：　　　　验收人：陈明

表3-90　实训5原始凭证3

中国建设银行 转账支票存根　（津） XⅣ 00000010
附加信息
出票日期　2009年1月6日
收款人：天津宏达公司
金　额：¥10 881.00元
用　途：购买材料
单位主管　王振通　　会计　李智慧

实训6　1月8日，一车间进行原材料检验，一般消耗电路板10个，其相关原始凭证见表3-91。

表3-91　实训6原始凭证

领　料　单

领用部门：一车间
库　　号：2　　　　2009年1月8日　　　　编号：4357

编　号	类　别	名　称	规　格	单　位	数量		金额	
					请　领	实　发	计划单价	总　额
02		电路板		个	10	10	15.50	155.00
合　计								¥155.00
用　途	原材料一般消耗领用							

第二联　交会计

实训7　1月10日，从银行取回哈尔滨市大地公司委托收款付款通知，金额136 886元，附购买电机的增值税专用发票，数量800个，单价146元，计买价116 800元，增值税19 856元，运费230元，款项已承付，材料到达验收入库。其相关原始凭证见表3-92～表3-95。

表3-92　实训7原始凭证1

黑龙江省增值税专用发票

发票联

开票日期：2009年1月10日

购货单位	名　　称：天津华普电器有限公司 纳税人识别号：022779154961786611 5 地 址、电 话：天津市西青区杨柳青镇第五大街99号 开户行及账号：工商银行杨柳青分行 02208070356328371008 6				密码区	（略）	
货物或应税劳务名称	规格型号	单位	数量	单价	金额	税率	税额
电路板		个	800	146.00	116 800.00	17%	19 856.00
合　计					116 800.00	17%	19 856.00
价税合计（大写）	壹拾叁万陆仟陆佰伍拾陆元整　（小写）¥ 136656.00						
销货单位	名　　称：哈尔滨市大地公司 纳税人识别号：1124589365405412 地 址、电 话：哈尔滨市泉阳路118号 开户行及账号：哈尔滨工行　100457822709			备注			

收款人：　　复核：　　开票人：　　销货单位（章）

第二联　发票联　购货方记账凭证

表3-93　实训7原始凭证2

托收凭证（受理回单）

1

付款期限 2009年1月10日

委托日期　2009年1月10日

业务类型	委托收款（□ 邮划、□电划）　托收承付（□ 邮划、☑电划）						
付款人	全　称	天津华普电器有限公司		收款人	全　称	哈尔滨市大地公司	
	账　号	02208070356328371008 6			账　号	4400166633215	
	地　址	天津市 开户行	工商银行杨柳青分行		地　址	黑龙江省哈尔滨市 开户行	哈尔滨工　行
金额	人民币（大写）壹拾叁万陆仟捌佰捌拾陆元整					亿千百十万千百十元角分：¥ 1 3 6 8 8 6 0 0	
款项内容	购买材料款及运费	托收凭据名　称	增值税专用发票		附寄单证张数	1	
商品发运情况	已发				合同名称号码		
备注： 复核　　记账		款项收妥日期			收款人开户银行签章		

表3-94　实训7原始凭证3

运费单据

字第5号

人民币（大写）	贰佰叁拾元整	¥230.00元

上款系　　运费

领收人：哈尔滨市大地公司

2009年1月10日

负责人：　　会计：　　出纳：　　经手人：

表3-95　实训7原始凭证4

材料入库单

凭证编号　003

交库单位＿＿＿＿　　收料仓库　1

交库原因＿＿＿＿　　2009年1月6日　　材料类别　主料

材料名称	规格	计量单位	数量		计划单价	计划成本							
			应收	实收		十	万	千	百	十	元	角	分
电机		个	800	800	160.00	1	2	8	0	0	0	0	0
合计						1	2	8	0	0	0	0	0

会计：　　保管：　　仓库负责人：　　验收人：陈明

实训8　1月12日，厂部研发部门研制新产品领用电路板200个，其相关原始凭证见表3-96。

表3-96　实训8原始凭证

领　料　单

领用部门：厂部

库　　号：2　　2009年1月12日　　编号：4360

编号	类别	名称	规格	单位	数量		金额	
					请领	实发	计划单价	总额
02		电路板		个	20	20	15.50	310.00
合计								¥310.00
用途	厂部研制新产品领用							

第二联　交会计

实训9 1月12日，销售部领用电机100个用于样品展览。其相关原始凭证见表3–97。

表3–97 实训9原始凭证

领 料 单

领用部门：销售部门
库 号：2　　　　2009年1月12日　　　　编号：4361

编 号	类 别	名 称	规 格	单 位	数量		金额	
					请 领	实 发	计划单价	总 额
01		电 机		个	100	100	160.00	16 000.00
合 计								¥16 000.00
用 途	销售部门用于样品展览							

第二联 交会计

实训10 1月21日，从辽宁省抚顺市光荣公司购入电机500个，电路板400个，增值税专用发票所列电机单价152元，计买价76 000元；电路板单价16元，计买价6 400元，增值税额14 008元，发生运费360元，款项暂欠，材料已验收入库，其相关原始凭证见表3–98～表3–102。

表3–98 实训10原始凭证1

辽宁省增值税专用发票

发 票 联

（印章：全国统一发票监制章 辽宁省 国家税务局监制）

开票日期：2009年1月21日

购货单位	名 称：天津华普电器有限公司					密码区	（略）	
	纳税人识别号：0227791549617866115							
	地 址、电 话：天津市西青区杨柳青镇第五大街99号							
	开户行及账号：工商银行杨柳青分行 022080703563283710086							
货物或应税劳务名称	规格型号	单位	数量	单价	金额	税率	税额	
电 机		个	500	152.00	76 000.00	17%	12 920.00	
电 路 板		个	400	16.00	6 400.00	17%	1 088.00	
合 计					82 400.00	17%	14 008.00	
价税合计（大写）	玖万陆仟肆佰零捌元整 （小写）¥96 408.00							
销货单位	名 称：辽宁省抚顺市光荣公司			备注	（印章：辽宁抚顺光荣公司 发票专用章）			
	纳税人识别号：14436893654054902							
	地 址、电 话：抚顺市黄河路156号							
	开户行及账号：工行抚顺支行 100557864709							

收款人：　　复核：　　开票人：　　销货单位（章）

第二联 发票联 购货方记账凭证

表3-99 实训10原始凭证2

	运费单据	字第5号
人民币（大写）	叁佰陆拾元整	¥360.00元
	上款系 运费	领收人：抚顺市光荣公司 2009年1月21日

负责人： 会计： 出纳： 经手人：

对于购买电机、电路板发生的运费360元，要求按材料的重量比例进行分配，将其计算结果填入表3-100、表3-101的空格中，同时计算出电机和电路板单位采购成本，再作为会计处理的原始凭据。

表3-100 实训10原始凭证3

材料运费分配表

材料名称	运费总额	分配率（元/千克）	分配金额

会计主管： 记账： 制单：

表3-101 实训10原始凭证4

材料入库单

凭证编号 ________

交库单位 ________ 收料仓库 ________

交库原因 ________ 年 月 日 材料类别 ________

材料名称	规格	计量单位	数量		计划单价	计划成本							
			应收	实收		十	万	千	百	十	元	角	分

会计： 保管： 仓库负责人： 验收人：陈明

表3-102　实训10原始凭证5

托收凭证(受理回单)　　1

委托日期　2009年1月21日　　付款期限 2009年1月21日

<table>
<tr><td colspan="3">业务类型</td><td colspan="6">委托收款(□邮划、□电划)　托收承付(□邮划、☑电划)</td></tr>
<tr><td rowspan="3">付款人</td><td>全　称</td><td colspan="3">天津华普电器有限公司</td><td rowspan="3">收款人</td><td>全　称</td><td colspan="3">辽宁省抚顺市医药批发公司</td></tr>
<tr><td>账　号</td><td colspan="3">022080703563283710086</td><td>账　号</td><td colspan="3">100557864709</td></tr>
<tr><td>地　址</td><td>天津市</td><td>开户行</td><td>工商银行杨柳青分行</td><td>地　址</td><td>辽宁省抚顺市</td><td>开户行</td><td>工行抚顺支行</td></tr>
<tr><td>金额</td><td colspan="6">人民币(大写) 玖万陆仟柒佰陆拾捌元整</td><td colspan="3">亿 千 百 十 万 千 百 十 元 角 分
¥ 9 6 7 6 8 0 0</td></tr>
<tr><td colspan="2">款项内容</td><td colspan="2">购买材料款及运费</td><td>托收凭据名称</td><td colspan="2">增值税专用发票</td><td>附寄单证张数</td><td colspan="2">1</td></tr>
<tr><td colspan="2">商品发运情况</td><td colspan="4">已发</td><td colspan="2">合同名称号码</td><td colspan="2"></td></tr>
<tr><td colspan="4">备注：
复核　记账</td><td colspan="3">款项收妥日期</td><td colspan="3">收款人开户银行签章</td></tr>
</table>

实训11　1月31日，根据领发料凭证，编制“发料凭证汇总表”，见表3-103。

表3-103　发料凭证汇总表

类别 用途	原料及主要材料	辅助材料	燃料	计划成本小计	材料成本差异 （差异率-1.58%）	实际成本

模块四

长期资产岗位核算

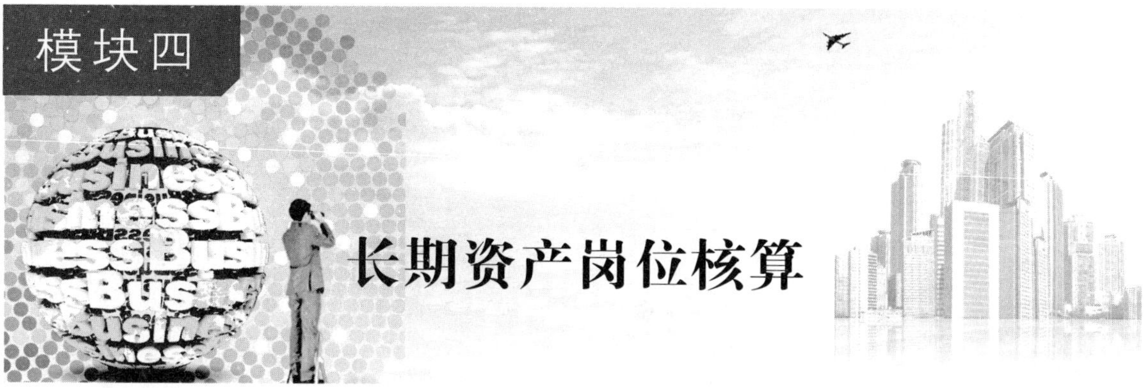

- 任务一　长期资产会计核算岗位认识
- 任务二　固定资产核算
- 任务三　无形资产与长期待摊费用核算
- 任务四　实训

模块导入

任何企业都离不开资产，我们把货币资金、应收款项、存货称为流动资产。除此之外，企业还需要机器设备、运输设备、房屋建筑物、专利技术等。这些都属于企业的长期资产。企业的长期资产包括固定资产、无形资产、长期待摊费用等。

任务一

长期资产会计核算岗位认识

任务目标

通过本任务的学习，学生应能够

☑理解并掌握固定资产、无形资产的概念和分类

☑明确长期资产会计岗位的职责

☑了解长期资产主要核算账户的名称

☑掌握长期资产会计岗位的核算内容

业务认知

一、长期资产概述

企业长期资产主要包括固定资产、无形资产、长期待摊费用等。

（一）固定资产

1.概念及特征

一般认为，固定资产是指使用期限较长，单位价值较高，并且在使用过程中保持原有实物形态的资产。

我国《企业会计准则》规定："固定资产指同时具有以下特征的有形资产：一是为生产商品、提供劳务、出租或经营管理而拥有；二是使用寿命超过一个会计年度"。其中使用寿命是指企业使用固定资产的预计期限。按照现行财务会计制度规定符合以下两个条件之一的劳动资料，都可列为固定资产：

（1）使用期限超过1年的房屋及建筑物、机器、运输工具及其他与生产经营有关的设备、器具、工具等应作为固定资产。

（2）不属于生产经营的主要设备，但单位价值在2 000元以上，并且使用期限超过2年的物品，也应作为固定资产。

所以，固定资产同时满足下列条件才能予以确认：与该固定资产有关的经济利益很可能流入企业；与该固定资产有关的成本能够可靠地计量。

2.分类

对固定资产进行合理的分类，是合理组织固定资产核算和进行固定资产管理的重要条件。固定资产可以按不同的标准进行分类：

1）按经济用途分类

有经营用固定资产和非经营用固定资产两种。这种分类的作用在于分析、考核固定资产的构成情况，促使企业合理地配置和利用固定资产，充分发挥固定资产的效能。

2）按所有权分类

有自有固定资产和融资租入固定资产两种。自有固定资产分为自用固定资产和租出固定资产；对融资租入的固定资产，按照我国现行规定，租入后视同自有固定资产。这种分类的作用在于分析、考核企业固定资产的实有数额及其利用情况，分析和考核租出和租入固定资产的经济效益。

3）按使用情况分类

可以分为使用中的固定资产、未使用的固定资产和不需用的固定资产三大类。这种分类的作用可以考核企业固定资产的利用率，分析未使用固定资产的原因，及时解决不需用固定资产的调出问题，同时，也有利于固定资产折旧的计算、核算。

4）综合分类

综合分类，即按固定资产经济用途和使用情况进行分类。这种分类是将前三种分类方法综合在一起，我国的会计制度一般都是按这种方法分类的。具体分类方法见表4-1。

表4-1　固定资产综合分类

类　别	内　　容
生产经营用固定资产	直接参加生产经营过程或直接为生产经营服务的各种固定资产。例如生产厂房、动力设备、传导设备、运输设备、工具、管理用具等
非生产经营用固定资产	不直接服务于生产经营过程的各种固定资产。例如企业的办公楼、计算机、职工宿舍、食堂以及企业专设的科学研究试验机构的房屋、设备等
租出固定资产	临时租给外单位的固定资产
未使用固定资产	尚未投入使用或尚待安装还不具备使用条件和暂时停止使用、正在改扩建的固定资产
不需用固定资产	企业因故不再使用，尚未调出的固定资产
土地	过去已经单独计价入账的土地，未单独计价入账的土地不属此类
融资租入固定资产	企业以融资租入方式租入的固定资产。在租赁期内，应视同自有固定资产进行管理

3.计价

固定资产的会计管理，首先要解决的问题是如何对其进行计价。对固定资产计价，传统上都以历史成本（原始价值）为基础。此外由于固定资产价值较大，其价值会随着服务能力的下降而逐渐减小，还需要揭示固定资产的折余价值。由此，固定资产的计价方法主要有以下两种。

1）原始价值

原始价值也称原始成本，是指企业在购建某项固定资产达到预定可使用状态前所发生的一切合理、必要的支出。企业新购建固定资产的计价、确定计提折旧的依据等均采用这种计价方法。我国会计实务中，固定资产的计价均采用历史成本。原始价值可以综合反映企业的生产、经营规模和所拥有的生产、经营能力，是计算固定资产折旧的依据。

2）净值

固定资产净值亦称折余价值或账面净值，是指固定资产的原始价值减去固定资产累计折旧后的净额。它反映固定资产的现存账面价值。净值可以反映企业在固定资产的实际资金占用额和固定资产的新旧程度。这种方法主要用于计算因盘盈、盘亏、毁损而发生的固定资产损溢等。

（二）无形资产

1.特点

无形资产，是指企业拥有或者控制的没有实物形态的可辨认非货币性资产。非货币性资产是指货币性资产以外的资产，包括专利权、商标权、非专利技术、著作权、土地使用权等。

无形资产一般具有以下特征：

（1）不存在实物形态，是隐形存在的资产。但它本身有价值，而且价值可能还较大。

（2）具有可辨认性，是指无形资产能够有别于其他资产并能单独辨认。符合以下条件之一的无形资产，被认为具有可辨认性：

①能够从企业中分离或者划分出来，并能够单独或者与相关合同、资产或负债一起用于出售、转让、租赁或者交换等。

②产生于合同性权利或者其他法定权利，无论这些权利是否可以从企业或者其他权利和义务中转移或者分立，例如特许使用权、商标权等。

（3）属于非货币性长期资产。无形资产能在若干会计期间为企业带来经济利益，在为企业带来经济利益的过程中，其价值逐步转化为费用。因此，无形资产被界定为长期资产而不是流动资产。这一特征使得无形资产与无实物形态的流动资产区分开来。

无形资产在满足以下条件时，企业才能加以确认：

①该资产产生的经济利益很可能流入企业。

②该资产的成本能够可靠地计量。具体说确认为无形资产，必须符合无形资产定义，产生的经济利益很可能流入企业，成本能够可靠地计量。

2.内容

企业的无形资产一般包括如下内容：

1）专利权

专利权是国家专利管理机关根据发明人的申请，经审查认定，授予发明人于一定年限内拥有制造或专卖其发明创造成果的一种权利，包括发明专利权、外观设计专利权及实用设计专利权。具有垄断性、地域性、时间性等特征。

2）商标权

商标是用来辨认特定的商品或劳务的标记。商标权是指政府主管机关批准的企业拥有在某类指定的商品或产品上使用特定的名称或图案的权利，包括文字商标权、图形商标权、记号商标权、组合商标权等。

商标权的内容包括独占使用权和禁止权两个方面。所谓独占使用权是指商标权享有人在商标注册的范围内独家使用其商标的权利。禁止权是指商标权享有人排除和禁止他人对商标独占使用权进行侵犯的权利。

商标的价值在于它能够使拥有者具有较大的获利能力。商标代表着产品的质量和信誉，取得信誉卓著商标权的产品往往能够赢得广大消费者的信任，可以高于同类产品的价格在市场上出售，能够取得比同类产品更大的销售额。因此，一个在市场上享有盛誉的商标，也就是企业的一笔财产，并且是可以转让买卖的。

3）著作权

著作权亦称版权，是国家版权管理机关依法授予某著作人或文艺作品的创作人以及出版商在一定年限内发表、制作、出版和发行的专有权利，包括人身权和财产权。一般情况下，著作权并不赋予所有者唯一使用某一作品的权利，而只是赋予所有者向他人因公开发行、制作、出版和再版其作品而取得收益的权利，因此它还享有发表权、署名权、修改权、使用权、保护作品完整权和获得报酬权。

4）土地使用权

土地使用权是指国家允许某一企业在一定时间内对国有土地享有开发、利用、经营的权利。企业为获得土地使用权，应向国家支付一定数额的费用。这项费用一般依据占有的不同质量地段的面积和时间标准计算缴纳。

5）特许权

特许权是指企业经过付费，被准许在一定区域内，以一定的形式生产经营某种商品、产品或劳务的权利。特许权既可以是由政府机关授予的，也可以是由其他企业、单位或个人授予的。

特许权的经济价值在于它具有一定程度的垄断性，从而给企业带来高额收益。例如水、电、邮电通信等专营权，烟草专卖权等。取得特许权时，如果按合同规定每期支付一定的款项，例如按营业收入的百分比提成，这时应根据配比原则在支出时列为当期费用处理，而不形成一项无形资产。如果支付一笔款项，取得特许权若干年或永久性的，才将支出本金化，形成一项无形资产。

6）非专利技术

非专利技术是指企业在生产、工艺、检验、设备安装、调试等方面有关实践经验和技巧的保密性资料和技术。非专利可以用蓝图、配方、技术记录、操作方法的说明等具体资料表现出来，也可以通过向买方派出技术人员进行指导，或接受买方人员实习技术的手段来实现。

3.分类

无形资产可以按照不同的标准分类：

1）按期限分类

可分为有限期无形资产和无限期无形资产两种。有限期无形资产，是指其使用有效期的长短是有法律规定的，例如专利权、商标权等；无限期无形资产指使用有效期限在法律上并无规定。

2）按来源分类

可分为外来无形资产和自创无形资产。外来无形资产包括国家政府给予的某种特权、外单位作为资本投入的无形资产以及企业从外单位购入的无形资产；自创无形资产是指企业自行研制成功而形成的无形资产。

3）按是否可以辨认分类

可分为可辨认无形资产和不可辨认无形资产。

（三）长期待摊费用

1.概念

长期待摊费用，是指企业已经支出，但摊销期限在1年以上（不含1年）的各项费用，包括开办费支出、股票发行费支出以及摊销期限在1年以上的其他待摊费用。

2.内容

1）开办费

是指企业在筹建期间内发生的费用，包括筹建期间的人员工资、办公费、培训费、差旅费、印刷费、注册登记费以及不计入固定资产价值的借款费用等。但不包括筹建期间为取得各项固定资产和无形资产所发生的费用。

2）股票发行费

是指股份有限公司委托其他单位发行股票支付的手续费或佣金，减去发行股票冻结期间的利息收入后的相关费用、从发行股票的溢价中不够抵消的或者无溢价的，应列作长期待摊费用的那部分费用。

3）其他长期待摊费用

是指不属于上述各项的摊销期超过1年的待摊费用。

二、长期资产会计岗位的设置

（一）长期资产会计岗位的职责

长期资产核算岗位的职责一般包括：

（1）按制度规定，结合企业固定资产的配置情况，会同有关职能部门，建立健全固定资产、在建工程、无形资产、长期待摊费用及其他资产的管理与核算办法；并依照企业经营管理的要求，制订固定资产目录。

（2）依照制度规定，设置固定资产登记簿，组织填补固定资产卡片，按固定资产类别、使用部门和每项固定资产进行明细核算。应为融资租入的固定资产单设明细账户核算；属于临时租入的固定资产专设备查簿，登记租入、使用和交还等情况。

（3）根据国家统一规定，按取得固定资产的不同来源，正确计算和确定固定资产的原始价值，及时计价入账；对已入账的固定资产，除发生有明确规定的情况外，不得任意变动。

（4）会同有关职能部门完善固定资产管理的基础工作，建立严格的固定资产明细核算凭证传递手续，加强固定资产增减的日常核算与监督。

（5）按国家的有关规定选择固定资产折旧方法，及时提取折旧；掌握固定资产折旧范围，做到不错、不漏。

（6）负责对在建工程的预决算管理。对自营工程、在施工程要严格审查工程预算；施工中要正确处理试运转所发生的支出和收入；完工交付使用要按规定编制竣工决算，并参与办理竣工验收和交接手续；对出包工程，要参与审查工程承包合同，按规定审批预付工程款；完工交付使用时要认真审查工程决算，办理工程款清算。

（7）负责核算各种无形资产的计价，正确处理无形资产的转让和投资，并按规定确定各种无形资产的摊销期。

（8）负责对长期待摊费用、其他资产的价值管理；掌握各种长期待摊费用的分摊期，正确处理长期待摊费用和待摊费用的划分；确保储备物资的专门用途，维护其安全与完整。

（9）对被清理的固定资产，要分别按有偿转让、报废、毁损等不同情况进行账务处理。

（10）会同有关部门定期组织固定资产清查盘点工作，汇总清查盘点结果，发现问题，查明原因，及时妥善处理；并按规定的报批程序，办理固定资产盘盈、盘亏的审批手续，经批准后办理转销的账务处理。

（11）经常了解主要固定资产的使用情况，运用有关核算资料分析固定资产的利用效果，改善固定资产的管理工作，并向企业提供有价值的会计信息或建议。

（二）长期资产会计岗位的核算内容

长期资产会计岗位的核算范围包括：固定资产的取得核算、固定资产折旧的核算、固定资产处置的核算、固定资产清查的核算、无形资产取得的核算、无形资产摊销的核算、无形资产出售、出租的核算以及长期待摊费用的核算等。

（三）长期资产会计岗位核算账户

企业在长期资产的会计核算中，主要涉及以下账户：

1. 固定资产

属于资产类账户，核算企业所有固定资产的原始价值，以及固定资产的增减变动及结存情况。借方登记企业增加的固定资产原价，贷方登记企业减少的固定资产原价，期末余额在借方反映期末固定资产的账面原价。企业应设置“固定资产登记薄”和“固定资产卡片”，按固定资产类别、使用部门和每项固定资产进行明细核算。

2. 在建工程

属于资产类账户，核算企业为建造或修理固定资产而进行的各项建筑工程、安装工程，包括固定资产新建工程、改扩建工程、大修理工程所发生的实际支出，以及改扩建工程等转入的固定资产净值。借方登记企业各项在建工程的实际支出，贷方登记完工工程转出的实际支出，期末借方余额反映企业尚未完工的基建工程发生的实际支出。

3. 累计折旧

属于资产类账户，核算企业所提取的固定资产折旧及固定资产折旧的累计数额。它是“固定资产”账户的备抵调整账户。贷方登记计提的折旧额，借方登记减少固定资产冲销的折旧额。期末贷方余额反映企业固定资产折旧的累计数。固定资产账户的余额与累计折旧账户的余额相抵后，其差额就是企业现有固定资产的净值。

4. 固定资产清理

属于资产类账户，核算企业因销售、报废和毁损等原因转入清理的固定资产净值及其在清理过程中所发生的清理费用和清理收入等。借方登记转入清理的固定资产净值和发生的费用等，贷方登记出售固定资产收入及清理固定资产的变价收入等，期末余额反映企业尚未清理完毕固定资产的价值及清理收入（清理收入减去清理费用）。该科目应按被清理的固定资产设置明细账进行明细核算。

5. 无形资产

属于资产类账户，该账户核算无形资产的取得和摊销情况。借方反映按规定取得的无形资产实际成本，贷方反映向外单位投资转出的或出售的无形资产账面余额，期末借方余额表示企业已入账的无形资产的成本。

6. 累计摊销

是“无形资产”的备抵调整科目。核算使用寿命有限的无形资产的累计摊销，贷方登记计提的无形资产摊销，借方登记处置无形资产转出的累计摊销，期末贷方余额，反映公司无形资产的累计摊销额。

7. 长期待摊费用

属于资产类账户，核算企业摊销期在1年以上的待摊费用。

思考与练习

一、填空题

1. 固定资产按照经济用途，可分为____________和____________两种。

2. 固定资产按照使用情况，可分为____________、____________和__________3种。

3. 固定资产按照所有权，可分为____________、____________两种。

4. 固定资产计价是指计算固定资产的具体方法，包括____________、____________两种。

5. 无形资产形成的内容包括____________、____________、____________、____________、____________、____________。

6. 无形资产按照期限，可分为____________和____________。

7. 无形资产按照不同来源，可分为____________和____________。

8. 长期待摊费用的内容包括____________、____________、____________。

二、名词解释

1. 固定资产

2. 原始价值

3. 净值

4. 无形资产

5. 长期待摊费用

三、简答题

1.固定资产的特征有哪些?

2.固定资产如何分类?

3.长期资产会计岗位的职责内容是什么?

4.长期资产会计岗位核算哪些内容?

任务二

固定资产核算

任务目标

通过本任务的学习，学生应能够

☑了解固定资产确认、计量、记录的基本知识

☑正确运用“固定资产”、“累计折旧”、“固定资产清理”、“在建工程”等核算账户

☑能够采用平均年限法、双倍余额递减法计算折旧

☑能够独立编写有关固定资产取得、折旧、处置等业务的会计分录

想一想

任何企业都离不开固定资产，我们把企业的机器设备、运输设备、仪器仪表、房屋建筑物等叫固定资产。那么，如果企业购进一张办公桌是否按固定资产入账呢？如果总经理购入一辆汽车作为交通工具应怎样进行账务处理呢？

业务认知

一、固定资产的取得

在企业实际经营过程中，固定资产取得的方式多种多样，包括外购、自行建造、投资者投入、接受捐赠、融资租赁、非货币性资产交换、债务重组等。由于企业取得固定资产的渠道不同，其初始成本构成的具体内容也有所不同。主要情况有：

1. 购入固定资产

外购固定资产的成本，包括购买价款、进口关税、其他税费，及使固定资产达到预定可使用状态前所发生的可归属于该项资产的场地整理费、运输费、装卸费、安装费和专业人员服务费等。根据新修订的《增值税暂行条例》，全国所有行业增值税一般纳税人自2009年1月1日起全面实施增值税转型改革。财政部、国家税务总局《关于全国实施增值税转型改革若干问题的通知》（财税〔2008〕170号）第一条明确规定，自2009年1月1日起，增值税一般纳税人购进（包括接受捐赠、实物投资，下同）或者自制（包括改扩建、安装，下同）固定资产发生的进项税额，可根据《增值税暂行条例》和《增值税暂行条例实施细则》的有关规定，凭增值税专用发票、海关进口增值税专用缴款书和运输费用结算单据从销项税额中抵扣。其中的

准予抵扣的固定资产是指《增值税暂行条例》及其实施细则所规定的固定资产范围，也即《增值税暂行条例实施细则》第二十一条所规定的“固定资产是指使用期限超过12个月的机器、机械、运输工具以及其他与生产经营有关的设备、工具、器具等。对于一般纳税人的不动产以及用于不动产在建工程的购进货物，是不准予抵扣进项税额的。同时，《增值税暂行条例实施细则》第二十三条又对不动产和不动产在建工程进行了界定，即“不动产是指不能移动或者移动后会引起性质、形状改变的财产，包括建筑物、构筑物和其他土地附着物。纳税人新建、改建、扩建、修缮、装饰不动产，均属于不动产在建工程。”

例如：企业进口一辆运输汽车，管理部门使用。支付款项包括关税完税价格200 000元、关税60 000元、增值税44 200元、消费税26 000元、车辆购置税50 000元。那么该项固定资产的初始成本应是336 000元。以一笔款项购入多项没有单独标价的固定资产，应当按照各项固定资产公允价值比例对总成本进行分配，分别确定各项固定资产的成本。

2. 自制、自行建造的固定资产

按建造该项固定资产达到预计可使用状态前所发生的必要支出作为入账价值，包括材料费、设计费、人工费以及应交土地使用税等。例如：企业自行建造一栋厂房，共支付料工费500 000元，建造完工交付使用。那么，该项固定资产的初始成本为500 000元。

3. 投资者投入的固定资产

投资者投入的固定资产，应当按照投资合同或协议约定的价值确定，但合同或协议约定价值不公允的除外。例如：企业接受一公司投入的一项固定资产，原始价值300 000元，已提折旧50 000元，投资合同约定的价值280 000元。该投资合同约定的价值是公允的。那么，该项固定资产的初始成本就是280 000元。

4. 融资租入固定资产

按租赁协议确定的设备价款、运杂费、途中保险费、安装调试费以及融资租入固定资产达到预定可使用状态前发生的利息支出和汇兑损益后的金额作为其成本。

5. 接受捐赠的固定资产

接受捐赠的固定资产，捐赠方提供了有关凭据的，按凭据上标明的金额加上应支付的相关税费，作为固定资产的成本；如果捐赠方未提供有关凭据，则按其市价或同类、类似固定资产的市场价格估计的金额，加上由企业负担的运输费、保险费、安装调试费等作为固定资产入账成本。

6. 盘盈的固定资产

盘盈的固定资产，作为前期差错处理，在按管理权限批准处理前，应先通过“以前年度损益调整”科目核算。盘盈的固定资产，应按重置成本确定其入账价值，借记“固定资产”科目，贷记“以前年度损益调整”科目。

二、固定资产的折旧

（一）固定资产折旧的概念

固定资产在投入使用后，价值会逐渐发生损耗，这部分损耗的价值逐渐转移到成本费用中去，在企业取得营业收入后得以补偿。因此，固定资产折旧就是以货币形式表现的固定资产因损耗而减少的价值。折旧的计提过程也就是成本费用的分配过程，它是在固定资产的有效期使用年限内进行系统摊配，以便使其与各该期的收入相配比。由此可见，固定资产折旧是指在固定资产使用寿命期限内，按确定的方法对应计提折旧额进行的系统分摊核算，主要是为了正确确定各期损益和编制利润表。

固定资产(除土地外)计提折旧的原因在于它价值的损耗，固定资产的损耗分为有形损耗和无形损耗两种。有形损耗是指固定资产由于物质磨损或自然力侵蚀而产生的损耗。无形损耗是由于科学技术的进步和劳动生产率的提高而引起原有固定资产价值的相应贬值或继续使用已在经济上不合算，而不得不在原有固定资产物理性尚未丧失的情况下，提前报废而造成的损失。这种损耗也称精神损耗。固定资产折旧应全面考虑这两种损耗。

为了保证企业将来能重新购置固定资产，同时把固定资产的成本分配到各个受益期，实现期间收入与费用的正确配比，企业必须在固定资产的有效使用年限内计提一定数额的折旧费。正确计提折旧，不仅是正确计算成本、费用的一个前提条件，也是保证固定资产再生产正常进行的重要措施。

（二）固定资产的折旧范围

1.空间范围

在会计实务中，要根据国家的有关法规，明确计提折旧的固定资产范围，而不是所有的固定资产都要计提折旧。

1）计提折旧的范围

房屋、建筑物，在用的机器设备、运输车辆、器具、工具，季节性停用和修理停用的机器设备，以经营租赁方式租出的固定资产，以融资租赁方式租入的固定资产，财政部规定的其他应当提取折旧的固定资产。

2）不提折旧的范围

已提足折旧仍继续使用的固定资产，按规定单独估价作为固定资产入账的土地，财政部规定的其他不得提折旧的固定资产。

2.时间范围

企业在实际工作中，应当按月计提折旧，当月增加的(投入使用)固定资产当月不提折旧，下月开始计提；当月减少的固定资产，当月照提折旧，下月不再计提。固定资产折旧提足后，不论使用与否，均不得再计提折旧。提前报废的固定资产，也不再补提折旧。所谓提足折旧，是指已经提足该项固定资产应提的折旧总额。应提的折旧总额一般不是其原始价值，而是原始价值加上预计清理费用，减去预计残值收入的余额。

例如：2009年1月15日天津华普电器有限公司增加一台机器设备，原值130 000元，预计净残值5 000元。那么，该项固定资产的折旧应从2月份开始提取，应计提的折旧总额为125 000元，如果该项固定资产已提取了125 000元折旧，不管该项固定资产是否继续使用，均不再提取折旧。

（三）影响固定资产折旧的因素

计算每期的折旧费用，主要应考虑以下3种因素：

1.固定资产原值

计算固定资产折旧，一般是以其账面原始价值为基数的。它包括为取得某项固定资产所发生的一切必要支出。

2.固定资产的净残值

它是指预计固定资产报废时可以收回的残余价值扣除预计清理费用后的数额，由于在计算折旧时，对固定资产的残余价值和清理费用只能人为估计，所以净残值的确定有一定的主观性。当残值数额很小，或清理费用很大时，对它往往可以忽略不计。

3.固定资产预计使用年限

固定资产预计使用年限是指其经济使用期限，一般可用下列3种方式表示：

（1）产品时间，诸如多少年或多少月。绝大部分固定资产都是按时间预计。

（2）工作时数即工作量。对一些专用设备，需要预计其工作量（例如机器加工小时等）。

（3）产品数量，有些设备应预计未来可能的生产力，例如汽车的可行驶里程等。

例如：一项固定资产原始价值400 000元，预计净残值20 000元，预计使用10年。这些就是影响固定资产折旧的因素。

企业应当至少于每年年度终了，对固定资产的使用寿命、预计净残值和折旧方法进行复核。固定资产的使用寿命、预计净残值一经确定，不得随意变更。

三、固定资产的后续支出

固定资产投入使用后，为了维护固定资产的正常运转和使用，充分发挥其使用效能，企业将对固定资产进行必要的维护；为了提高生产能力、适应新技术或生产新产品，需要对固定资产进行改建、扩建和更新改造。与上述内容相关的支出发生在固定资产投入使用后，所以称为固定资产的后续支出。

四、固定资产的处置

在企业生产经营过程中，固定资产管理部门应定期检查固定资产的使用状况，对不适用、不需用的固定资产进行更新、置换，并及时处置替换下来的固定资产；对因磨损、技术进步和自然灾害等原因造成的无法使用且不具有处置价值的固定资产进行报废。出于经营需要，企业可能还会使用固定资产对外投资、进行非货币性交换和债务重组等。这些活动会导致固定资产终止使用，使企业的固定资产减少。

会计人员根据固定资产管理部门提供的相应资料，结合固定资产准则规定的终止确认条件，对固定资产予以终止确认。固定资产满足下列条件之一的，应当予以终止确认。

（1）该固定资产处于处置状态。固定资产处置包括固定资产的出售、转让、报废或毁损、对外投资、非货币性交换、债务重组等。由于处于处置状态的固定资产不再用于生产产品、提供劳务、出租或经营管理，所以不再符合固定资产的定义，应予以终止。

（2）该固定资产预期通过使用或处置不能产生经济利益。如果一项固定资产预期通过使用或处置不能产生经济利益，那么它就不再符合固定资产的定义和确认条件，应予以终止确认。

业务核算

一、固定资产取得的核算

（一）取得固定资产主要账户的设置

1.固定资产

属于资产类账户，核算企业所有固定资产的原始价值，以及固定资产的增减变动及结存情况。借方登记企业增加的固定资产原价，贷方登记企业减少的固定资产原价，期末余额在借方反映期末固定资产的账面原价。企业应设置“固定资产登记薄”和“固定资产卡片”，按固定资产类别、使用部门和每项固定资产进行明细核算。该账户的结构见表4–2。

表4–2 “固定资产”账户结构

借 固定资产	贷
固定资产增加的原始价值	固定资产减少的原始价值
期末余额：固定资产结存的原始价值	

2.在建工程

属于资产类账户，核算企业为建造或修理固定资产而进行的各项建筑工程、安装工程，包括固定资产新建工程、改扩建工程、大修理工程所发生的实际支出，以及改扩建工程等转入的固定资产净值。借方登记企业各项在建工程的实际支出，贷方登记完工工程转出的实际支出，期末借方余额反映企业尚未完工的基建工程发生的实际支出。该账户的结构见表4–3。

表4–3 “在建工程”账户结构

借 在建工程	贷
自建或安装固定资产所发生的各项实际支出以及预付款	工程完工转入“固定资产”的成本
期末余额：尚未完工的工程实际成本	

（二）购入固定资产的账务处理

1.购入不需安装的固定资产账务处理

购入不需安装的固定资产，应按实际支付的买价、包装费、运输费、安装成本、交纳的有关税金等作为固定资产的入账价值，借记“固定资产”账户，贷记“银行存款”等账户。

例4–1　2009年1月20日，天津华普电器有限公司从本市立达有限公司购入不需安装的设备一台，单价200 000元，增值税34 000元，计234 000元；发生运费、包装费计1 700元。开出转账支票支付全部价款。相关原始凭证见表4–4～表4–7。

表4–4　例4–1原始凭证1

运费单据　　　　字第14号

人民币（大写）　壹仟柒佰元整　　　　¥1 700.00元

上款系运费、包装费

领收人：天津立达有限公司

2009年1月20日

负责人：　　　会计：刘静　　　出纳：张明　　　经手人：高亮

表4–5　例4–1原始凭证2

天津市增值税专用发票

发　票　联

开票日期：2009年1月20日

购货单位	名　　称：天津华普电器有限公司 纳税人识别号：022779154961786611 5 地 址、电 话：西青区杨柳青镇第五大街99号 开户行及账号：工商银行杨柳青分行 02208070356328371008 6				密码区	（略）	
货物或应税劳务名称	规格型号	单位	数量	单价	金额	税率	税额
输送机	YUJ–17BL	台	2	100 000	200 000	17%	34 000
合　计					200 000	17%	34 000
价税合计（大写）	贰拾叁万肆仟元整　　（小写）¥ 234 000.00						
销货单位	名　　称：天津立达有限公司 纳税人识别号：022440234876456654 3 地 址、电 话：天津市河北区中山路2号 开户行及账号：工商银行中山路分理处			备注			

收款人：张红　　　复核：郭英　　　开票人：李东　　　销货单位（章）

第二联　发票联　购货方记账凭证

表4-6　例4-1原始凭证3

中国工商银行
转账支票存根　（津）
XⅣ 2350643

附加信息

出票日期　2009年1月20日

收款人：	天津立达有限公司
金　额：	¥235 700.00
用　途：	购设备

单位主管　张震　　　会计　李智慧

表4-7　例4-1原始凭证4

固定资产验收单

供货单位：天津立达有限公司　　　2009年1月20日　　　单位：元

固定资产名称	计量单位	数量	金额	预计可使用年限	备注
输送机	台	2	201 700.00	10	购进
供货单位	单位盖章 天津立达有限公司 业务专用章		使用部门	单位盖章 天津华普电器有限公司 业务专用章	
签章： 财务：萧丽 经办：许海			签章： 财务：刘静 经办：王喜		

根据增值税专用发票表明企业购入设备2台，价值200 000元，增值税34 000元。根据运费单据，表明负担运费1 700元。转账支票存根，表明企业已用存款支付了所有款项。天津华普电器有限公司根据上述原始凭证，进行账务处理如下：

借：固定资产　　201 700

　　应交税费——应交增值税（进项税额）　　34 000

　　贷：银行存款　　235 700

在进行上述账务处理后（编制记账凭证），会计人员根据有关资料登记固定资产明细账。固定资产明细账，一般采用卡片式，便于保管和查阅。在本业务中，每一台设备建立一张固定资产卡片。固定资产卡片没有固定格式要求，但必须包括使用部门、原值、折旧计算依据和变动情况等内容，见表4-8。

表4–8　固定资产卡片

编号	类别	名称	品名和规格	使用部门	登记日期
090401	生产用	输送机	YUJ–17BL	生产车间	2009–1–20
增加方式	使用状况	预计使用年限	开始使用日期	减少方式	折旧方法
购入	在用	10	2009–1–20		双倍余额递减法
原值	残值率	残值	年折旧率	月折旧率	月折旧额
100 850.00	4%	4 043.00			

2.购入需安装的固定资产账务处理

企业购入需要安装的固定资产时先记入“在建工程”科目，即购入时，借记“在建工程”科目，贷记“银行存款”等科目；支付安装费用时，借记“在建工程”科目，贷记“银行存款”等科目；安装完成交付使用时，从“在建工程”科目转入“固定资产”科目，借记“固定资产”科目，贷记“在建工程”科目。

例4–2　2009年1月25日，天津华普电器有限公司从广州秦关有限公司购入需安装的设备1台，单价300 000元，增值税51 000元，计351 000元；发生运费4 000元。款已支付，设备已运到进行安装。假定不考虑其他相关税费。安装设备时，领用本公司原材料一批，价值25 000元，支付安装工人的工资为6 000元。相关原始凭证见表4–9～表4–14。

表4–9　例4–2原始凭证1

广州市增值税专用发票

（全国统一发票监制 广州市 国家税务局监制）发票联

开票日期：2009年1月25日

购货单位		密码区	
名　　　称：天津华普电器有限公司			（略）
纳税人识别号：022779154961786615			
地 址、电 话：西青区杨柳青镇第五大街99号			
开户行及账号：工商银行杨柳青分行 022080703563283710086			

货物或应税劳务名称	规格型号	单位	数量	单价	金额	税率	税额
LED生产线	YY–002	台	1	300 000	300 000	17%	51 000
合　　计					300 000	17%	51 000
价税合计（大写）	叁拾伍万壹仟元整				（小写）¥ 351 000.00		

销货单位	备注
名　　　称：广州市秦关有限公司	（广州秦关有限公司 发票专用章）
纳税人识别号：440234872456117	
地 址、电 话：广州市白云中路2号	
开户行及账号：工行广州分行白云分理处	

第二联　发票联　购货方记账凭证

收款人：张明　　　复核：黄宏　　　开票人：李英　　　销货单位（章）

表4-10　例4-2原始凭证2

中国工商银行
转账支票存根　（津）
XⅣ2350645

附加信息

出票日期　2009年1月25日

收款人：	广州市秦关有限公司
金　额：	¥355 000.00
用　途：	购设备

单位主管　张震　　会计　李智慧

表4-11　例4-2原始凭证3

广州市铁路货运收费发票

全国统一发票监制章　广州市　国家税务局监制

发票联

2009年1月25日

托运单位	广州市秦关有限公司			受理单位						受理编号							
装货地点				承运单位	广州京华运输公司					运输公司							
卸货地点										计费里程							
货物名称	件数	包装	规格	托运重量	货物等级	计费运输量		费率			金额						
						运量	周转量	空驶运率	运价率	比价率	万	千	百	十	元	角	分
LED生产线	1	台										4	0	0	0	0	0
包车原因							包车费率										
加减成条件							加减成										
合计金额（大写）	肆仟元整						合计				¥	4	0	0	0	0	0

第二联　运费收据托运单位报销凭证

广州京华运输公司　业务专用章

制票单位：　　开票人：王霞　　复核：　　收费章

表4-12　例4-2原始凭证4

领　料　单

领用部门：机修车间

库　　号：1　　　　2009年1月26日　　　　编号：122612

编　号	类 别	名　称	规　格	单 位	数　量		金　额	
					请 领	实 发	单　价	总　额
		钢材	45#	吨	10	10	2 500	25 000
合　计								¥25 000
用　途	机器设备安装							

第二联　交会计

发料人：李金　　记账：张立　　领料部门负责人：王孔　　领料人：齐萍

表4-13　例4-2原始凭证5

工资分配表

2009年1月26日

部　门	总账账户	明细账户	金　额
机修车间	在建工程	机器设备	6 000.00

表4-14　例4-2原始凭证6

固定资产验收单

安装部门：机修车间　　　　单位：元

固定资产名称	计量单位	数量	金额	预计可使用年限	备注
LED生产线	台	1	335 000.00	10	购进
安装部门	单位盖章 天津华普电器有限公司 机修车间 业务专用章		使用部门	单位盖章 天津华普电器有限公司 业务专用章	
签章： 财务：萧丽 经办：许海			签章： 财务：刘静 经办：王喜		

天津华普电器有限公司根据上述原始凭证，进行账务处理如下：

（1）根据增值税专用发票表明企业购入设备1台，价值300 000元，税金51 000元。根据运费单据，表明负担运费4 000元。转账支票存根，表明企业已用存款支付了所有款项。

借：在建工程　　　　304 000

　　应交税费——应交增值税（进项税额）　　51 000

　　贷：银行存款　　　　355 000

（2）根据领料单，领用原材料时进行账务处理

借：在建工程　　25 000

　　贷：原材料——钢材　　25 000

（3）根据工资分配表，支付安装工人工资时进行账务处理

借：在建工程　　6 000

　　贷：应付职工薪酬　　6 000

（4）根据固定资产验收单，设备安装完毕交付使用，固定资产的入账价值为：

304 000+25 000+6 000=335 000（元）

借：固定资产　　335 000

　　贷：在建工程　　335 000

固定资产卡片略。

（三）自建固定资产的账务处理

企业自建固定资产，应按建造该项资产达到预定可使用状态前所发生的必要支出，作为固定资产的入账价值。包括工程物资成本、人工成本、应予以资本化的固定资产借款费用、缴纳的相关税金以及应分摊的其他间接费用等。

自建固定资产应先通过“在建工程”科目核算，工程达到预定可使用状态时，再从“在建工程”科目转入“固定资产”科目，企业自建固定资产，主要有自营和出包两种方式，由于采用的建设方式不同，其会计处理也不同。

1. 自营方式建造固定资产

自营工程是指企业自行组织工程物资采购，自行组织施工人员施工的建筑工程和安装工程。购入工程物资时，借记“工程物资”科目，贷记“银行存款”等科目；领用工程物资时，借记“在建工程”科目，贷记“工程物资”科目；在建工程领用本企业原材料时，借记“在建工程”科目，贷记“原材料”、“应交税费——应交增值税（进项税额转出）”科目；在建工程领用本企业生产的商品时，借记“在建工程”科目，贷记“库存商品”、“应交税费——应交增值税（销项税额）”科目；自营工程发生的其他费用（例如分配工程人员工资等）借记“在建工程”科目，贷记“银行存款”、“应付职工薪酬”等科目；自营工程达到预定可使用状态时，按实际发生的全部支出，借记“固定资产”科目，贷记“在建工程”科目。

例4-3　2009年1月，天津华普电器有限公司准备自行建造一座库房，发生了下列经济业务：

（1）购入工程物资一批，价款100 000元，增值税为17 000元，款项以银行存款支付，工程物资全部用于库房建造工程。

（2）支付工程人员工资50 000元。

（3）领用生产用原材料一批，价值6 000元，购进该批原材料时支付的增值税进项税额为1 020元。

（4）维修车间为工程提供有关的劳务支出为3 000元。

（5）4月工程达到预定可使用状态交付使用。

相关原始凭证见表4-15～表4-23。

表4-15　例4-3原始凭证1

中国工商银行

转账支票存根　（津）

XⅣ 2350647

附加信息

出票日期　2009年1月3日

收款人：	广州市新兴有限公司
金　额：	¥117 000.00
用　途：	购买钢材

单位主管　张震　　会计　李智慧

表4-16　例4-3原始凭证2

广州市增值税专用发票

全国统一发票监制章　发票联　广州市　国家税务局监制

开票日期：2009年1月3日

购货单位	名称：天津华普电器有限公司				密码区	（略）	
	纳税人识别号：0227791549617866115						
	地址、电话：西青区杨柳青镇第五大街99号						
	开户行及账号：工商银行杨柳青分行　022080703563283710086						
货物或应税劳务名称	规格型号	单位	数量	单价	金额	税率	税额
钢材		吨	25	4 000	100 000	17%	17 000
合　计					100 000	17%	17 000
价税合计（大写）	壹拾壹万柒仟元整				（小写）¥117 000.00		
销货单位	名称：广州市新兴有限公司			备注	广州新兴有限公司　发票专用章		
	纳税人识别号：443456789123456						
	地址、电话：广州市中山中南路10号						
	开户行及账号：工行广州分行中山分理处						

第二联　发票联　购货方记账凭证

收款人：张晓凤　　复核：刘珍　　开票人：林黄　　销货单位（章）

表4–17　例4–3原始凭证3

收　料　单

发票号：001123　　　　2009年1月3日　　　　收字第105号

类　别	材料名称	规格材质	计量单位	数　量	实收数量	金　　额								
						单价	十	万	千	百	十	元	角	分
钢材	钢材		吨	25	25	4 680.00	1	1	7	0	0	0	0	0
检验结果　　检验员签章：				运杂费										
				合计：¥117 000.00										
备注														

第二联　交会计

表4–18　例4–3原始凭证4

工资分配表

2009年1月3日

部　　门	总账账户	明细账户	金　　额
基建部门	在建工程	库房	50 000.00

表4–19　例4–3原始凭证5

领　料　单

领用部门：基建工程
库　　号：3　　　　2009年1月5日　　　　编号：4356

编　号	类 别	名　称	规　格	单 位	数　　量		金　　额	
					请 领	实 发	单　价	总　额
		钢材	60#	吨	25	25	4 680	117 000
合　　计								¥117 000
用　途	工程材料用于基建工程							

第二联　交会计

发料人：王娟　　　　记账：张立　　　　领料部门负责人：王孔　　　　领料人：张萍

表4-20　例4-3原始凭证6

领　料　单

领用部门：基建工程
库　　号：2　　　　2009年1月5日　　　　编号：4358

编　号	类 别	名　称	规　格	单 位	数　量		金　额	
					请 领	实 发	单　价	总　额
		水泥	800#	袋	20	20	300	6 000
合　　计								¥6 000
用　途	工程材料用于基建工程							

第二联　交会计

发料人：李刚　　记账：张立　　领料部门负责人：王孔　　领料人：张苹

表4-21　例4-3原始凭证7

辅助生产费用分配表

2009年1月5日

部　　门	会计账户	工　　时	分配标准	金额（元）
基建部门	在建工程	100	30	3 000

表4-22　例4-3原始凭证8

工程竣工验收决算报告

2009年4月26日　　　　单位：元　编号：210

项目名称	工程批准号	工程预算数	工程决算数	其中设备费	材料费用	工资费用	其他直接费	施工管理费
库房		170 000.00	177 020.00		124 020.00	50 000.00	3 000.00	

新增固定资产					承建部门（盖章）	主管部门（盖章）
固定	型号	单价			负责人：张扬	负责人：王燕
					使用部门（盖章）	财会部门（盖章）
					负责人：马瑶	负责人：冯晓

表4-23　例4-3原始凭证9

固定资产验收单

安装部门：基建工程　　　　2009年4月26日　　　　单位：元

<table>
<tr><td>固定资产名称</td><td>计量单位</td><td>数　　量</td><td>金　　额</td><td>预计可使用年限</td><td>备　　注</td></tr>
<tr><td>库房</td><td>幢</td><td>1</td><td>177 020.00</td><td>20</td><td>新建</td></tr>
<tr><td>建设部门</td><td colspan="2" rowspan="2">单位盖章
天津华普电器有限公司
工程施工队
业务专用章</td><td>使用部门</td><td colspan="2" rowspan="2">单位盖章
天津华普电器有限公司
业务专用章</td></tr>
<tr><td>签章：
财务：高阳
经办：赵华</td><td>签章：
财务：刘静
经办：王喜</td></tr>
</table>

天津华普电器有限公司根据上述原始凭证，进行账务处理如下：

（1）购入工程物资时，根据增值税专用发票、转账支票存根、收料单进行账务处理

借：工程物资　　117 000

　　贷：银行存款　　117 000

（2）工程领用时，根据领料单表4-19进行账务处理

借：在建工程　　117 000

　　贷：工程物资　　117 000

（3）支付工程人员工资时，根据工资分配表进行账务处理

借：在建工程　　50 000

　　贷：应付职工薪酬　　50 000

（4）领用生产用材料时，根据领料单表4-20进行账务处理

借：在建工程　　7 020

　　贷：原材料——水泥　　6 000

　　　　应交税费——应交增值税（进项税额转出）　　1 020

（5）维修车间提供工程劳务支出时，根据辅助生产费用分配表进行账务处理

借：在建工程　　3 000

　　贷：生产成本——辅助生产成本　　3 000

（6）工程达到预定可使用状态交付使用时，根据过程竣工验收决算报告，固定资产验收单进行账务处理

固定资产初始成本为117 000+50 000+7 020+3 000=177 020（元）

借：固定资产——生产经营用固定资产（库房）　　177 020

　　贷：在建工程　　177 020

2.出包方式建造固定资产

出包工程是指企业通过招标等方式将工程项目出包给建造商，由建造商组织施工的建筑工程和安装工程。采用出包方式进行的固定资产工程，其工程的具体支出主要由建造商核算，

在这种方式下，“在建工程”科目主要是企业与建造商办理工程价款的结算科目，企业支付给建造商的工程价款作为工程成本，通过“在建工程”科目核算。具体会计处理如下：企业按合同约定向建造商支付预付款或进度款时，借记“在建工程”科目，贷记“银行存款”科目；工程完工补付工程价款时，借记“在建工程”科目，贷记“银行存款”科目；工程达到预定可使用状态时，按实际发生的全部支出，借记“固定资产”科目，贷记“在建工程”科目。

例4-4　2009年1月6日，天津华普电器有限公司将一幢新建库房工程出包给天津市第二建筑公司承建，按规定首付工程款300 000元，以银行存款支付。2009年5月10日，工程达到预定可使用状态后，支付剩余的250 000元工程款，天津华普电器有限公司以银行存款转账支付，该厂房交付使用（天津市第二建筑公司开具的发票从略）其他相关原始凭证见表4-24～表4-28。

表4-24　例4-4原始凭证1

收款收据

2009年1月6日　　　　No1200001

收款单位	天津第二建筑公司	交款单位	天津华普电器有限公司	金额								
				百	十	万	千	百	十	元	角	分
金额（大写）	人民币：叁拾万元整			¥	3	0	0	0	0	0	0	0
事由	预付工程款			备注：转账支票								

第二联　收据联

会计主管：　　　　收款人：　　　　制单：方圆

表4-25　例4-4原始凭证2

中国工商银行

转账支票存根　（津）

XⅣ 2350923

附加信息

出票日期　2009年1月6日

收款人：	天津第二建筑公司
金　额：	¥ 300 000.00
用　途：	预付工程款

单位主管　张震　　　会计　李智慧

表4-26　例4-4原始凭证3

中国工商银行 转账支票存根　　（津） XⅣ2350987
附加信息
出票日期　2009年5月10日
收款人：天津第二建筑公司
金　额：¥ 250 000.00
用　途：支付工程款
单位主管　张震　　　会计　李智慧

表4-27　例4-4原始凭证4

工程竣工验收决算报告

2009年5月10日　　　　单位：元　编号：215

项目名称	工程批准号	工程预算数	工程决算数	其中设备费	材料费用	工资费用	其他直接费	施工管理费
库房		550 000.00	550 000.00		400 000.00	100 000.00	50 000.00	

新增固定资产					承建部门（盖章） 负责人：李伟	主管部门（盖章） 负责人：王霞
固定	型号	单价			使用部门（盖章） 负责人：马瑶	财会部门（盖章） 负责人：冯晓

天津华普电器有限公司　业务专用章

天津市第二建筑公司　业务专用章

表4-28　例4-4原始凭证5

固定资产验收单

安装部门：天津第二建筑公司　　2009年5月10日　　单位：元

固定资产名称	计量单位	数　量	金　额	预计可使用年限	备　注
库房	幢	1	550 000.00	20	新建
建设部门	单位盖章（天津华普电器有限公司 业务专用章）		使用部门	单位盖章（天津华普电器有限公司 业务专用章）	
签章： 财务：董华 经办：赵琳			签章： 财务：李智慧 经办：王喜		

天津华普电器有限公司根据上述原始凭证，进行账务处理如下：

（1）支付第一期工程款时，根据收款收据及转账支票存根，进行账务处理

借：在建工程　　300 000

　　贷：银行存款　　300 000

（2）工程完工后支付第二期工程款时，根据发票及转账支票存根，进行账务处理

借：在建工程　　250 000

　　贷：银行存款　　250 000

（3）工程达到预定可使用状态交付使用时，根据过程竣工验收决算报告，固定资产验收单进行账务处理

借：固定资产——生产经营用固定资产（库房）　　550 000

　　贷：在建工程　　550 000

（四）投资者投入固定资产的账务处理

投资者投入的固定资产，应按投资各方确认的价值，作为固定资产入账价值。具体账务处理为：按投资各方确认的价值，借记“固定资产”科目，贷记“实收资本”科目（其具体内容会在筹资岗位核算中详细讲解）。

例4-5　2009年1月13日，天津华普电器有限公司接受天津寰宇公司一台设备进行投资，该设备的原值为450 000元，已提折旧120 000元，双方经协商确认的价值为380 000元，占天津华普电器有限公司注册资本的30%，天津华普电器有限公司的注册资本为1 000 000元（不考虑其他相关税费，原始凭证从略）。

天津华普电器有限公司进行账务处理如下：

借：固定资产　　380 000

　　贷：实收资本——天津寰宇公司　　300 000

　　　　资本公积——资本溢价　　80 000

（五）接受捐赠固定资产的账务处理

企业接受捐赠固定资产的计价有两种情况：其一，捐赠方提供了有关凭据的，按凭证上

标明的金额加上应付的相关税费，作为入账价值。其二，捐赠方没有提供有关凭据的，按如下顺序确定其入账价值。如果同类或类似固定资产存在活跃市场的，按同类或类似固定资产的市场价格估计的金额加上应支付的相关税费，作为入账价值。按上述方法确认的价值，减去按该项资产的新旧程度估计的价值损耗后的余额，作为入账价值。借记“固定资产”账户，贷记“资本公积”账户（其具体内容会在筹资岗位核算中详细讲解）。

（六）融资租入固定资产

固定资产租赁的形式主要有经营租赁和融资性租赁。由于经营租赁承租企业在租入固定资产时，并未取得所有权，在会计上对租入的资产不作任何正式的财务处理。这里重点介绍融资租入的核算。

融资租入是指企业以融资租赁方式租入固定资产。融资租赁与一般的经营租赁不同，它是指由于企业资金不足，或为了减少投资风险，借助于租赁公司以及其他金融机构的资金而购入的固定资产，其实质是以实物资产提供的信贷。采用这种方式下的固定资产，在付清全部租金前，属于企业租入的固定资产，当付清最后一笔租金时，即为企业自有的固定资产。所以，在每期所支付的租金中，实际上包括了固定资产买价的分期付款款项以及出租方垫付的资金利息、收取的手续费等。

融资租入的固定资产与企业自有的固定资产不同，因此，核算上需要在“固定资产”账户下设置“融资租入固定资产”明细账户；在“长期应付款”账户下设置“应付融资租入固定资产租赁费”明细账户。

企业融资租入固定资产，应按需要支付的全部租赁费，包括租入固定资产的价款、运输费、途中保险费、安装调试费、手续费和利息等，借记“固定资产——融资租入固定资产”，贷记“长期应付款——应付融资租入固定资产租赁费”；每期支付融资租赁费时，借记“长期应付款——应付融资租入固定资产租赁费”，贷记“银行存款”等；租赁期满，如果合同规定将设备所有权转归承租企业，则应进行转账，即在“固定资产”账户下由“融资租入固定资产”明细账户转入其他有关明细科目。如果融资租入的固定资产需要安装才能交付使用的，在租入固定资产发生租赁费以及安装调试等费用时，应借记“在建工程”账户，交付使用时再由“在建工程”账户转入“固定资产”账户。融资租入固定资产计提的折旧也要在“累计折旧”账户核算。

例4-6　2004年1月，天津华普电器有限公司从南方融资租赁公司以融资租赁的方式租入一台机床，租赁合同规定，租金总额90 000元，平均分5年支出。在付清最后一笔租金时还需支付4 500元的名义转让买价，于第五年年底支付。全部款项付清后，该机床即归天津华普电器有限公司所有。天津华普电器有限公司还为该机床支付包装费和运费共计3 500元，安装调试费2 000元，全部费用均由银行存款支付。估计净残值为4%，折旧年限为10年，有关会计处理如下：

（1）融资租入固定资产时

借：在建工程	94 500	
贷：长期应付款——应付融资租入固定资产租赁费		94 500

（2）支付包装费和运费时

借：在建工程　　3 500

　　贷：银行存款　　3 500

（3）支付安装调试费时

借：在建工程　　2 000

　　贷：银行存款　　2 000

（4）固定资产交付使用时

借：固定资产——融资租入固定资产　　100 000

　　贷：在建工程　　100 000

（5）第一、二、三、四年年末支付租金时

借：长期应付款——应付融资租入固定资产租赁费　　18 000

　　贷：银行存款　　18 000

（6）对融资租入固定资产按月计提折旧时

$100\ 000 \times (1-4\%) \div 10 \div 12=800$（元）

借：制造费用　　800

　　贷：累计折旧　　800

（7）第五年年末付清租金和名义买价时

借：长期应付款——应融资租入固定资产租赁费　　22 500

　　贷：银行存款　　22 500

同时，将融资租入固定资产转归企业所有的固定资产时

借：固定资产——生产固定资产　　100 000

　　贷：固定资产——融资租入固定资产　　100 000

二、固定资产折旧的核算

（一）固定资产折旧的计算方法

将固定资产可折旧价值（固定资产原价值减预计残值）在预计的折旧年限内进行分配的程序属于折旧方法。不同的折旧方法决定了在使用年限内由产品成本负担的固定资产使用费用的高低。目前会计实务中普遍应用的折旧方法有平均年限法、工作量法和加速折旧法等几种。折旧方法一经确定，不得随意变更。如需要变更应当按照规定程序，经批准后报送有关各方备案，并应在会计报表附注中予以说明。

1. 平均年限法

平均年限法也叫做直线法或使用年限法。它是根据固定资产原值减去净残值后的余额，按照固定资产折旧年限平均计算折旧的一种方法。由于按照这种方法提取的折旧额，在各个使用年份或月份都是相等的，折旧的积累额成一条直线上升的趋势，因此这种方法也叫做直线法。

平均年限法的基本公式如下：

$$年折旧额=\frac{固定资产原值-预计净残值}{预计使用年限}$$

$$=\frac{固定资产原值-固定资产原值\times预计净残值率}{预计使用年限}$$

$$=\frac{固定资产原值\times(1-预计净残值率)}{预计使用年限}$$

$$预计净残值率=\frac{预计净残值}{固定资产原值}\times100\%$$

在实际工作中，采用平均年限法计算折旧，折旧额一般是根据固定资产原价值乘以折旧率计算的。固定资产折旧率是指一定期间内固定资产折旧额对固定资产原值的比率。其计算公式如下：

$$年折旧率=\frac{年折旧额}{固定资产原值}\times100\%$$

$$=\frac{固定资产原值\times(1-预计净残值率)}{预计使用年限}\times\frac{1}{固定资产原值}\times100\%$$

$$=\frac{1-预计净残值率}{预计使用年限}\times100\%$$

折旧额应该按月计算，因而还应根据年折旧率，算出月折旧率。

$$月折旧率=\frac{年折旧率}{12}$$

折旧率计算确定以后，不应该任意变动。计算每月折旧额其公式如下：

$$月折旧额=固定资产原值\times月折旧率$$

为了简化核算，在实际工作中，不必每月按固定资产项目逐渐计算，可以在上月计提折旧额的基础上，考虑上月固定资产增减变动影响，加以调整。用公式表示如下：

$$本月应提折旧额=上月计提折旧额+上月增加固定资产应提折旧额-上月减少固定资产应提折旧额$$

例4-7 2009年1月31日，天津华普电器有限公司上月购入联想台式计算机，共计6 000元，预计净残值率为4%，预计使用年限5年。计算年折旧率、月折旧率、月折旧额。

（1）进行相关折旧计算：

$$年折旧率=\frac{6\ 000\times(1-4\%)}{5}\times\frac{1}{6\ 000}\times100\%$$

$$=\frac{1\ 152}{6\ 000}\times100\%=19.2\%$$

$$或=\frac{1-4\%}{5}=19.2\%$$

$$月折旧率=\frac{19.2\%}{12}=1.6\%$$

月折旧额 =6 000 × 1.6% = 96（元）

（2）根据上述计算，完成固定资产卡片其余内容的填写（表4–29）

表4–29　固定资产卡片

编　　号	类　　别	名　　称	品名和规格	使用部门	登记日期
090301	经营管理用	联想台式计算机	Jx6540	办公室	2008–12–30
增加方式	使用状况	预计使用年限	开始使用日期	减少方式	折旧方法
购入	在用	5	2008–12–30		平均年限法
原值	残值率	残值	年折旧率	月折旧率	月折旧额
6 000.00	4%	240.00	19.2%	1.6%	96.00

（3）填写固定资产折旧计算表（表4–30）

表4–30　固定资产折旧计算表

折旧方法：平均年限法　　　　2009年1月31日

固定资产项目	原　　值	残　　值	使用年限	年折旧额	月折旧额
计算机	6 000.00	240.00	5	1 152.00	96.00

按平均年限法计算的每期折旧费用是相等的，这种方法比较适合各个时期使用程度和使用效率大致相同的固定资产。

算一算

2009年5月1日，天津华普电器有限公司购入一台设备原值 50 000元，预计净残值2 000元，预计使用年限5年。计算年折旧率、月折旧率、月折旧额。

2.工作量法

工作量法是根据固定资产在使用时间预计完成的工作量或工作时间计算应提折旧的一种折旧方法。采用这种计算方法，首先要确定固定资产单位工作量（工作小时）的折旧额（单位折旧额），每月用固定资产完成的工作数量或时数乘以单位折旧额，即可计算出各月份的折旧额。其计算公式如下：

$$某固定资产单位折旧额=\frac{该项固定资产应提折旧额}{该项固定资产预计使用年限可完成的总工作量}$$

$$=\frac{固定资产原值\times(1-预计净残值率)}{固定资产预计的总工作数量}$$

$$该项固定资产月折旧额=该项固定资产该月完成的工作数量\times单位折旧额$$

例4-8 2009年1月31日，天津华普电器有限公司有载货汽车一辆，原值166 000元，规定的预计净残值率为5%，规定行驶50万公里，本月行驶880公里。计算该辆载货汽车的单位折旧额和月折旧额。

（1）进行相关折旧计算

$$单位折旧额=\frac{166\,000\times(1-5\%)}{500\,000}=0.315\,4（元/公里）$$

$$该月折旧额=880\times0.315\,4=277.55（元）$$

（2）根据上述计算，完成固定资产卡片其余内容的填列，见表4-31(行车记录表略)。

表4-31 固定资产卡片

编　号	类　别	名　称	品名和规格	使用部门	登记日期
090201	生产用	载货汽车	东风450	采购部门	2008-6-5
增加方式	使用状况	预计使用年限	开始使用日期	减少方式	折旧方法
购入	在用	10	2008-6-5		工作量法
原值	残值率	残值	预计工作总量	月行驶里程	月折旧额
166 000.00	5%	8 300.00	500 000公里	880公里	277.55

（3）填写固定资产折旧计算表（见表4-32）

表4-32 固定资产折旧计算表

折旧方法：工作量法　　　　2009年1月31日

固定资产项目	原　值	残　值	月行驶里程	单位工作量折旧额（元/公里）	月折旧额
载货汽车	166 000.00	8 300.00	880公里	0.3154	277.55

这种折旧计算方法不仅适用于运输车辆、轮船、飞机等，而且还适用于工作任务不饱满的大型精密设备等。这是因为其每月的工作量（公里、吨公里、人公里等）或工作时间（小时数、台班数）往往不均衡，若仍用平均年限法计提折旧，会影响当期损益计算的正确性。采用工作量法计提的折旧额能够较好地反映其价值损耗，使当期损益计算较为合理。

算一算

2009年5月31日，天津华普电器有限公司的一台设备原值为480 000元，预计寿命期限内生产产品产量为12 000件，预计净残值率为5%，本月生产产品50件。计算本月该设备应提取的折旧额。

3. 双倍余额递减法

双倍余额递减法是定率递减法的一种简化计算方法。它是在不考虑固定资产残值的情况下，根据应提折旧的固定资产期初净值，以直线法折旧率的两倍计提折旧额的一种计算方法。其计算公式如下：

年折旧额＝固定资产期初账面净值×双倍直线年折旧率

$$双倍直线年折旧率=2\times(\frac{1}{预计使用年限}\times100\%)=\frac{2}{预计使用年限}\times100\%$$

月折旧率＝年折旧率÷12

月折旧额＝固定资产月初账面价值×月折旧率

在采用双倍余额递减法时，固定资产的期末账面净值是逐年递减的，所以每年计提的折旧额也是逐年递减的。也就是使用前期的折旧额多，以后逐渐递减。但通常在折旧的年限最后两年改用直线法。

$$最后两年年折旧额=\frac{固定资产期初账面价值-预计净残值}{剩余折旧年限}$$

例4-9　天津华普电器有限公司有一台机器设备原值20 000元，预计净残值1 000元，预计使用年限5年。按双倍余额递减法计算每年折旧额。每年折旧额计算见表4-33。

表4-33　折旧计算表

年份	期初账面净值	年折旧率	年折旧额	累计折旧额	期末账面净值
1	20 000	40%	8 000	8 000	12 000
2	12 000	40%	4 800	12 800	7 200
3	7 200	40%	2 880	15 680	4 320
4	4 320	—	1 660	17 340	2 660
5	2 660	—	1 660	19 000	1 000

$$年折旧率=\frac{2}{5}\times100\%=40\%$$

从第四年开始，改用直线法计提折旧，则

每年折旧额=（4 320−1 000）÷ 2=1 660（元）

按双倍余额法，计算出的每年折旧额各被12除，即为各年每月应计折旧额，如第三年每月应计折旧额为240元（2 880 ÷ 12）。

固定资产卡片略。

4. 年数总和法

年数总和法亦称合计年限法、变率递减法，它是将固定资产的原值减去预计净残值后的余额（即该项固定资产应计折旧总额）乘以一个逐年递减的分数（相当于折旧率）计算每期折旧额的一种计算方法。

年折旧率＝尚可使用年数 ÷ 年数总和

月折旧率＝年折旧率 ÷ 12

月折旧额＝(固定资产原值－预计净残值)× 月折旧率

例4−10 天津华普电器有限公司有一台机器设备原值50 000元，预计净残值2 000元，预计使用年限5年。按年数总和法计算每年折旧额。每年折旧额计算见表4−34。

表4−34 折旧计算表

使用年限	应提折旧额	年折旧率	年折旧额	累计折旧
1	48 000	5/15	1 600	1 600
2	48 000	4/15	12 800	28 800
3	48 000	3/15	9 600	38 400
4	48 000	2/15	6 400	44 800
5	48 000	1/15	3 200	48 000

固定资产卡片略。

企业选择不同的固定资产折旧方法，将影响固定资产使用寿命期间内不同时期的折旧费用，因此，折旧方法一经选定，不得随意调整。如果企业随意调整固定资产折旧方法，属于滥用会计政策。

算一算

天津华普电器有限公司有一台设备原值为400 000元，预计寿命为5年，预计净残值率为5%，分别按双倍余额递减法、年数总和法计算各年该设备应提取的年折旧额。

（二）固定资产折旧的核算

企业按照事先固定资产折旧计算方法（一个企业不一定用一种折旧方法，可能不同种类固定资产用不同的折旧方法，但折旧方法确定后，不得随意改变，以保持计算资料的一致性），根据固定资产的折旧范围，每月按固定资产使用部门编制“固定资产折旧计算表”和在此基础上编制“固定资产折旧计算汇总表”；如果企业规模较小，固定资产较少，例如商品流通企业及小型工业企业，可以将两表合一，每月编制固定资产折旧计算表。

例4-11　2009年1月，天津华普电器有限公司固定资产计提折旧6 800元，具体情况见表4-35和表4-36。

根据表4-35，进行账务处理如下：

借：制造费用　　　　　　4 200
　　管理费用　　　　　　2 600
　　贷：累计折旧　　　　　　6 800

表4-35　固定资产折旧计算表

生产车间　　　　　　　　　　　　　　　　　　　　2009年1月

固定资产类别	上月固定资产折旧额	上月增加固定资产折旧额	上月减少固定资产折旧额	本月固定资产折旧额
房屋	100			100
工作机器及设备	4 400	800	1 100	4 100
合计	4 500	800	1 100	4 200

表4-36　固定资产折旧计算汇总表

2009年1月

车间、部门	上月固定资产折旧额	上月增加固定资产折旧额	上月减少固定资产折旧额	本月固定资产折旧额
生产车间	4 500	800	1 100	4 200
企业管理	2 000	600		2 600
合计	6 500	1 400	1 100	6 800

三、固定资产后续支出的核算

企业固定资产投入使用后，为适应新技术发展的需要或为维护和提高固定资产使用效能，要对固定资产进行维护、改建、扩建或改良。固定资产后续支出指固定资产确认后的维护、改扩等支出。企业发生与固定资产有关的后续支出，符合固定资产确认条件的应当计入固定资产成本；否则，应当在发生时计入当期损益。

（一）费用化后续支出

企业与固定资产有关的后续支出，不符合固定资产确认条件的，应当在发生时计入当期损益。

例4-12　天津华普电器有限公司行政办公室有一台复印机需要维修，以银行存款支付维修费2 000元（原始凭证转账支票存根、维修发票略）。

企业账务处理如下：

借：管理费用　　2 000

　　贷：银行存款　　2 000

（二）资本化后续支出

与固定资产有关的后续支出，如果使可能流入企业的经济利益超过了原来的估计，例如延长了固定资产的使用寿命，或使产品的质量实质性提高，或使产品成本实质性降低，则应当计入固定资产账面价值。可资本化的固定资产后续支出发生时，借记“在建工程”等账户，贷记“银行存款”等账户。将发生的固定资产后续支出计入固定资产成本的，应当终止确认被替换部分的账面价值。

四、固定资产处置的核算

（一）固定资产出售

企业固定资产减少的原因主要有出售多余或闲置的固定资产，以及固定资产的报废、毁损等。

固定资产减少，主要通过“固定资产清理”账户核算。“固定资产清理”是资产类账户，用来核算企业因出售、报废和毁损等原因转入清理的固定资产净值，以及在清理过程中发生的清理费用和清理收入。借方登记转入清理固定资产净值以及清理过程中的清理费用；贷方登记出售的固定资产价款、残料价值和变价收入等。固定资产清理完毕，借方余额反映清理后的净损失，贷方余额反映清理后的净收益。“固定资产清理”科目按清理的固定资产设置明细账。

企业对多余或不需用的固定资产，可以转售给其他单位，以减少资金的不合理占用。企业在准备出售固定资产时，应复核其预计净残值，在这种情况下，预计净残值通常应等于公允价值减去处置费用后的净值。固定资产出售时，应将出售固定资产的账面原值、已提折旧和净值予以注销，转入清理；按固定资产净值，借记“固定资产清理”账户；按已提折旧借记“累计折旧”账户；按固定资产的账面原价，贷记“固定资产”账户。企业出售固定资产所得的价款，贷记“固定资产清理”账户，如果出售固定资产所得的价款大于固定资产净值，作为“营业外收入”处理；反之则作为“营业外支出”处理。

例4-13　2009年1月20日，天津华普电器有限公司出售一座办公楼，原值300 000元，已提折旧80 000元，实际出售价格250 000元，款项已收到存入银行，营业税率5%。相关原始凭证见表4-37～表4-39。

表4-37　例4-13原始凭证1

固定资产清理清单

名　称	原　值	已提折旧	残值收入			清理费用	
			保险公司等赔款	出售收入	残料作价入库	税金	其他清理费用
房屋	300 000.00	80 000.00		250 000.00		12 500.00	
清理净损失							
清理净收益　17 500.00							

表4-38　例4-13原始凭证2

中国工商银行进　账　单（收账通知）　　3

2009年1月20日

出票人	全　　称	天津庆阳公司	收款人	全　　称	天津华普电器有限公司
	账　　号	0220807032657210012		账　　号	022080703563283710086
	开户银行	工行河西越秀支行		开户银行	工商银行杨柳青分行
金额	人民币（大写）	贰拾伍万元整		亿千百十万千百十元角分	¥25000000
票据种类	支票	票据张数	1		
票据号码	21562341				
	复核　　记账		签章	中国工商银行天津杨柳青支行 2009年1月20日 转讫	收款人开户银行

此联是收款人开户银行交给收款人的收账通知

表4-39　例4-13原始凭证3

天津市市地方税收税控专用发票

地税监

查询电话:(020)83313567　　　　查询号码：19130012672

顾客名称：天津庆阳公司　　　　校对号码：1913001672

开票日期：2009年1月20日　　税控器号：030069915　　税控防伪码：321A3175982B101C

(全国统一发票监制章 天津市 国家税务局监制)

经营项目	收费说明		金　　额
出售建筑物	出售房屋收入		250 000.00
合计人民币(大写)贰拾伍万元整			¥250 000.00
收款单位：天津华普电器有限公司		备注	天津华普电器有限公司 发票专用章
税务登记号：0227791549617866115			
地址及电话：天津市西青区杨柳青镇第五大街99号			

开票人：朱晴　　　　收款人：邓毫　　　　收款单位(盖章)

天津华普电器有限公司，根据上述原始凭证进行账务处理如下：

(1)将该项建筑物转入清理时

借：固定资产清理　　　　220 000

　　累计折旧　　　　80 000

　　贷：固定资产——非生产经营用固定资产　　　　300 000

（2）收到款项时

借：银行存款　　　　　　　　　　　　　　　250 000

　　贷：固定资产清理　　　　　　　　　　　　　　250 000

（3）发生清理费用和计算税金时

借：固定资产清理　　　　　　　　　　　　　12 500

　　贷：应交税费——应交营业税　　　　　　　　　12 500

（4）结转净收益时

此时固定资产清理借方232 500元，贷方250 000元，净收益为17 500元。

借：固定资产清理　　　　　　　　　　　　　17 500

　　贷：营业外收入——处置固定资产净收益　　　　17 500

（二）固定资产报废、毁损账务处理

固定资产在正常使用过程中，由于磨损而丧失其功能，不能继续使用，或由于社会技术进步必须由先进设备替换落后设备，以及能源消耗高按国家规定应予以淘汰的设备，应按规定程序报废，经批准后进行清理。固定资产进入报废清理过程，表明它已退出企业，不再参与企业经营活动。因此，在开始清理时，也应将该项固定资产的原值、已提折旧和净值予以注销。在清理过程中发生的各种费用，借记“固定资产清理”、“银行存款”等科目；固定资产的残料价值和变价收入，以及固定资产毁损中应由保险公司或过失人赔偿的损失，借记“银行存款”、“材料物资”、“其他应收款”等科目，贷记“固定资产清理”科目。固定资产清理完毕，清理后的净收益，借记“固定资产清理”科目，贷记“营业外收入”科目；清理后的净损失，则应区别处理：属于自然灾害等非正常原因造成的损毁，借记“营业外支出——非正常损失”科目；属于正常的处理损失，借记“营业外支出——处理固定资产损失”科目，贷记“固定资产清理”科目。

例4-14　2009年1月25日，天津华普电器有限公司有旧磨床一台，因使用期已满经批准报废。原值200 000元，已提折旧190 000元，在清理过程中以银行存款支付清理费用3 200元，拆除的残料作价5 000元已入库。相关原始凭证见表4-40～表4-42。

表4-40　固定资产清理清单

<table>
<tr><td rowspan="2">名　称</td><td rowspan="2">原　值</td><td rowspan="2">已提折旧</td><td colspan="3">残值收入</td><td colspan="2">清理费用</td></tr>
<tr><td>保险公司等赔款</td><td>出售收入</td><td>残料作价入库</td><td>税金</td><td>其他清理费用</td></tr>
<tr><td>磨床</td><td>200 000.00</td><td>190 000.00</td><td></td><td></td><td>5 000.00</td><td></td><td>3 200.00</td></tr>
<tr><td colspan="8">清理净损失　8 200.00
清理净收益</td></tr>
</table>

表4-41 例4-14原始凭证2

天津市劳动服务企业统一发票

客户名称：天津华普电器有限公司　　2009年1月25日　　№.0662661

劳务名称	单位	数量	单价	金额					
				千	百	十	元	角	分
清理劳务				3	2	0	0	0	0
合计金额（大写）	叁仟贰佰元整			¥3 200.00					
结算方式	支票	开户银行及账号	工行玉泉路分理处						

收款人：李明　　开票人：张荣　　单位名称（盖章有效）

表4-42 例4-14原始凭证3

收 料 单

发票号：________　　2009年1月25日　　字第224号

材料类别	材料名称	规格材质	计量单位	数量	实收数量	金额								
						单价	十	万	千	百	十	元	角	分
	钢材		公斤	2 000	2 000	2.5			5	0	0	0	0	0
检验结果　检验员签章				运杂费										
				合计：¥5 000.00										
备注														

天津华普电器有限公司，根据上述原始凭证进行账务处理如下：

（1）固定资产转入清理时

借：固定资产清理　　10 000

　　累计折旧　　190 000

　　贷：固定资产——生产经营用固定资产（磨床）　　200 000

（2）支付清理费用时

借：固定资产清理　　3 200

　　贷：银行存款　　3 200

（3）残料作入库时

借：原材料　　5 000

　　贷：固定资产清理　　5 000

（4）清理后计算并结转其清理的净损失时

借：营业外支出——处置固定资产损失　　　　　8 200

　　贷：固定资产清理　　　　　　　　　　　　　　8 200

例4–15　2009年2月12日，天津华普电器有限公司运输卡车一辆，原价160 000元，已提折旧50 000元，在一次交通事故中报废，应收过失人赔偿款20 000元，保险公司赔偿款80 000元，款项尚未收到。相关原始凭证见表4–43。

表4–43　固定资产清理清单

名　称	原　值	已提折旧	残值收入			清理费用	
			保险公司等赔款	出售收入	残料作价入库	税　金	其他清理费用
卡车	160 000.00	50 000.00	100 000.00				
清理净损失　10 000.00 清理净收益							

天津华普电器有限公司，根据上述原始凭证进行账务处理如下：

（1）将卡车转入清理时

借：固定资产清理　　　　　　　　　　　　110 000

　　累计折旧　　　　　　　　　　　　　　　5 000

　　贷：固定资产——非生产经营用固定资产（运输工具）　　160 000

（2）结转应收到赔偿款时

借：其他应收款——张扬　　　　　　　　　20 000

　　　　　　　——天津太平洋保险公司　　　80 000

　　贷：固定资产清理　　　　　　　　　　　　　100 000

（3）结转清理净损失时

借：营业外支出——非常损失　　　　　　　10 000

　　贷：固定资产清理　　　　　　　　　　　　　10 000

（三）固定资产盘亏

企业盘亏的固定资产，在报经转销前先通过“待处理财产损益——待处理固定资产损益”账户核算；报经批准后，再从账户的贷方转入“营业外支出”等账户。

例4–16　2009年1月31日，天津华普电器有限公司盘亏一台空调机，账面原值8 000元，已提折旧2 000元。相关原始凭证见表4–44。

表4–44　固定资产盘亏报告表

2009年1月31日

性质	设备名称	规格型号	原始价值	已提折旧	入账价值	预计尚可使用年限
盘亏	空调机		8 000.00	2 000.00	6 000.00	3
备注：先挂账，进一步查明原因，报上级批示 处理意见： 批准人：　　财务负责人：　　经手人：罗玲						

天津华普电器有限公司根据固定资产盘亏报告表，进行账务处理如下：

借：待处理财产损益——待处理固定资产损益　　6 000

　　累计折旧　　2 000

　　贷：固定资产——非生产经营用固定资产(空调机)　　8 000

例4–17　2009年1月31日，上级对上述盘亏空调提出了处理意见，相关原始凭证见表4–45。

表4–45　固定资产盘亏报告表

2009年1月31日

性质	设备名称	规格型号	原始价值	已提折旧	入账价值	预计尚可使用年限
盘亏	空调机		8 000.00	2 000.00	6 000.00	3
备注：先挂账，进一步查明原因，报上级批示 处理意见：盘亏空调机计入营业外支出 批准人：许帆　　财务负责人：冯晓　　经手人：罗玲						

天津华普电器有限公司根据固定资产盘亏报告表，进行账务处理如下：

借：营业外支出——固定资产盘亏　　6 000

　　贷：待处理财产损益——待处理固定资产损益　　6 000

(四)对外投资转出固定资产

企业在生产经营过程中，为使生产要素更合理地结合，可以把一些多余或闲置的固定资产作为投资，投入其他企业，通过“长期股权投资”账户核算。其核算要点是：按转出固定资产的账面价值(即该项固定资产账面原值减去已提折旧)，加上应支付的相关税费，借记“长期股权投资”账户，按投出固定资产已提折旧借记“累计折旧”账户，按投出固定资产的账面原值贷记“固定资产”账户，按应支付的相关税费，贷记“银行存款”、“应交税费”等账户。

思考与练习

一、单项选择题

1. 某企业自行建造管理用房一间，购入所需的各种物资100 000元，支付增值税17 000元，全部用于建造中。另外领用本企业生产的产品一批，实际成本2 000元，售价2 500元，支付工程人员工资20 000元，提取工程人员福利费2 800元，支付其他费用3 755元。该企业适用的增值税税率为17%，则该房屋的实际造价为（　　）元。

A. 145 980　　B. 145 895　　C. 145 555　　D. 143 095

2. 某企业2009年购入一台需安装的设备，买价为600 000元，增值税102 000元，运费18 000元，上述款项用银行存款支付，安装过程中领用工程物资50 000元，应付工程人员工资30 000元，设备于12月交付使用，则该设备的入账价值为（　　）元。

A. 800 000　　B. 780 000　　C. 820 000　　D. 698 000

3. 某项固定资产原值为200 000元，预计净残值为2 000元。预计使用年限为5年，则在年数总和法下第二年的折旧额为（　　）元。

A. 26 400　　B. 52 800　　C. 40 000　　D. 39 600

4. 由于自然灾害等原因造成的在建工程报废或毁损，减去残料价值和过失人或保险公司等赔款后的净损失，应借记的会计科目是（　　）。

A. 在建工程　　B. 待处理财产损溢　　C. 营业外支出　　D. 固定资产清理

5. 企业生产车间使用的固定资产发生的下列支出中，直接计入当期损益的是（　　）。

A. 购入时发生的安装费用　　B. 发生的装修费用

C. 购入时发生的运杂费　　D. 发生的修理费

6. 某企业2009年6月期初固定资产原值10 500万元。6月增加了一项固定资产入账价值为750万元；同时6月减少了固定资产原值150万元；则6月份该企业应提折旧的固定资产原值为（　　）万元。

A. 11 100　　B. 10 650　　C. 10 500　　D. 10 350

7. 如果不考虑固定资产的减值准备，下列方法中每期折旧额相等的折旧方法是（　　）。

A. 工作量法　　B. 双倍余额递减法　　C. 年数总和法　　D. 平均年限法

8. 某企业2008年11月1日购入一项固定资产。该固定资产原价为498万元，预计使用年限为5年，预计净残值为30万元，按年数总和法计提折旧。该固定资产2009年应计提的折旧额是（　　）万元。

A. 148.6　　B. 153.4　　C. 145.2　　D. 192.56

9. 下列各项中所发生的固定资产后续支出中，不能资本化的支出是（　　）。

A. 资产生产的产品质量提高

B. 资产的生产能力增大

C. 恢复或保持资产的原有性能标准，以确保未来经济效益的实现

D. 资产的估计使用年限延长

10. 下列固定资产中，应计提折旧的固定资产有（　　）。

A. 经营租赁方式租入的固定资产　　B. 季节性停用的固定资产

C. 正在改扩建固定资产　　D. 融资租出的固定资产

11. 甲公司2005年12月购进压模机一台，入账价值为100万元，预计净残值5.6万元，预计使用年限为5年，甲公司采用双倍余额递减法计提折旧，2008年应计提折旧为（　　）万元。

A. 14.4　　B. 2　　C. 24　　D. 20

二、多项选择题

1. 下列各项，会引起固定资产账面价值发生变化的有（　　）。

A. 计提固定资产减值准备　　B. 计提固定资产折旧

C. 固定资产改扩建　　D. 固定资产大修理

2. 固定资产的后续支出，可能记入的会计科目有（　　）。

A. 固定资产　　B. 制造费用　　C. 管理费用　　D. 销售费用

3. 双倍余额递减法和年数总和法是两种计算折旧的方法，其共同点包括（　　）。

A. 都属于加速折旧的方法　　B. 每期折旧率是固定的

C. 前期的折旧高，后期的折旧低　　D. 都不考虑残值

4. 下列各项，应通过“固定资产清理”科目核算的有（　　）。

A. 盘亏的固定资产　　B. 出售的固定资产

C. 报废的固定资产　　D. 毁损的固定资产

5. 下列各项中应记入“固定资产清理”科目借方的有（　）。

A. 支付清理固定资产人员的工资　　B. 因自然灾害损失的固定资产取得的赔款

C. 因出售厂房而缴纳的营业税　　D. 因自然灾害损失的固定资产账面净值

6. 下列项目需要计入到在建工程科目的有（　　）。

A. 购入不需安装的固定资产　　B. 购入需要安装的固定资产

C. 固定资产的改扩建　　D. 固定资产的大修理

7. 下列项目中应计入当期损益的有（　　）。

A. 计提固定资产减值准备

B. 融资租赁固定资产未确认融资费用的摊销

C. 不超过固定资产可收回金额的改良支出

D. 生产车间所计提的固定资产折旧

8. 在固定资产计提折旧时，始终考虑固定资产残值的折旧方法有（　　）。

A. 平均年限法　　B. 工作量法　　C. 双倍余额递减法　　D. 年数总和法

9. 下列固定资产应计提折旧的有（　　）。

A. 融资租入的固定资产　　B. 按规定单独估价作为固定资产入账的土地

C. 大修理停用的固定资产　　D. 未使用的机器设备、房屋及建筑物

10. 计提固定资产折旧应借记的会计科目有（　　）。

A.制造费用　　B.销售费用　　C.管理费用　　D.其他业务成本

三、判断题

1.企业购置的环保设备和安全设备等资产，由于它们的使用不能直接为企业带来经济利益，所以企业不应将其确认为固定资产。（　）

2.在不考虑计提固定资产减值准备的情况下，某项固定资产期满报废时，无论采用年限平均法，还是采用加速折旧法，其累计折旧额一定等于该项固定资产应计提折旧总额。（　）

3.固定资产是指使用寿命超过一年的资产。（　）

4.固定资产折旧方法的选择不但影响资产负债表中的资产总额，也影响利润表中的净利润。（　）

5.企业接受投资者投入的固定资产按照双方确认的价值作为入账价值。（　）

6.企业应当对所有固定资产计提折旧。（　）

7.固定资产的大修理费用和日常修理费用，通常不符合固定资产确认条件，金额较小时应当在发生时计入当期管理费用，金额较大时采用预提或待摊方式处理。（　）

8.按双倍余额递减法计提的折旧额在任何时候都大于按平均年限法计算的折旧额。（　）

四、计算题

1.某企业上月购进已交付使用的汽车一辆，原值为65 000元。预计残值率为3%，使用年限10年。

【要求】采用平均年限法计算月折旧率、月折旧额。

2.依上题，若该年在使用年限内预计行驶650 000吨公里，预计残值率为4%，本月实际行驶65 000吨公里。

【要求】采用工作量法计算本月折旧额。

3.某设备原值10 000元，预计残值200元，预计使用年限5年。

【要求】分别采用双倍余额递减法和年数总和法计算各年计提折旧额。

五、业务核算题

【资料】某企业的经济业务如下：

（1）签发转账支票，购进汽车一辆，价款60 000元，增值税10 200元，试车费100元，购置附加费4 400元，共计74 700元。汽车已交付使用。

（2）购入不需要安装的设备一台，买价35 000元，增值税5 950元，运杂费300元，运装费100元，款项已通过银行转账支付，支票付讫。

（3）购入需要安装的设备一台，买价28 000元，增值税4 760元，支付安装费500元，运输费1 000元，款项均已由银行转账支付。

（4）安装上述设备，领用材料800元，应付工资1 000元。

（5）上项设备安装完毕，交付使用。

（6）以一台旧设备作为投资，投出单位账面原价为80 000元，经双方评估确认该设备的价值为60 000元。

（7）将一台不需用的设备出售，账面原价为2 400元，已提折旧1 400元。出售收入3 000元已存入银行。

（8）在年终财产清理中发现盘亏设备一台，账面原价3 600元，已提折旧2 600元。

（9）有一台设备因不能继续使用，经批准报废处理，原价36 000元，已提折旧35 000元，清理过程中支付清理费用400元，残料收现金800元。

（10）经批准，将旧吉普车出售给某单位，该车原值40 000元，已提折旧15 000元，双方协商价23 000元，款已收存银行。

（11）因火烧房屋一栋，原值180 000元，已提折旧120 000元，转入清理。以银行存款支付清理费用7 000元，收到保险公司赔款50 000元。

（12）委托某汽车修理厂对其拥有的车辆进行经常性修理，共支付修理费3 000元，以银行存款支付。

（13）从B公司以融资租赁方式租入一台机床，租赁公司租金总额800 000元，平均分5年支出。企业另以银行存款支付运杂费共计15 600元，在设备安装过程中，支付安装人员工资3 500元，以银行存款支付其他安装费6 200元，领用材料10 000元，应负担增值税1 700元。租赁期满后，该机床归B公司所有。估计净残值率为3%，折旧年限为6年。

【要求】 根据上述资料编制会计分录。

任务三

无形资产与长期待摊费用核算

任务目标

通过本任务的学习，学生应能够

☑理解无形资产实际成本的计量

☑能够概括出无形资产购入、摊销和处置的核算要点

☑能够正确运用“无形资产”账户

☑能够独立编制无形资产购入、摊销和处置业务的会计分录

业务认知

一、无形资产

无形资产应按取得时的实际成本计量。无形资产取得时的实际成本按以下原则确定：

（1）购入的无形资产，按购入该项无形资产的全部实际支出（买价、手续费等）计价入账。

（2）其他单位投资转入的无形资产应该按照资产评估价或合同约定的价值计价入账。

（3）企业自行研制开发并按法律程序申请取得的无形资产，按依法取得时发生的注册费、律师费等作为其实际成本入账。

（4）接受捐赠的无形资产有凭据的按凭据上标明的金额加上支付的相关税费入账。没有凭据的按市价作为实际成本入账。

（5）购入的土地使用权，或以支付土地出让金方式取得的土地使用权，按照实际支付的价款作为实际成本入账。

二、长期待摊费用

长期待摊费用是指企业已经发生，应由本期和以后各期负担的，摊销期在一年以上的各项费用。长期待摊费用本质上不属于资产，但由于它一般数额较大、收益期较长，所以将其列为资产项目，在受益期内转销或分期摊销。企业长期待摊费用主要包括：开办费支出、股票发行费、其他长期待摊费用。

业务核算

一、无形资产取得的核算

1. 购入无形资产的账务处理

企业购入无形资产，应按实际购进成本入账。借记“无形资产”账户，贷记“银行存款”账户。如果一次性支出费用较大，可以将其资本化，列入无形资产账户。如果数额较小，可以直接列入当期损益。

2. 投资者投入无形资产的账务处理

投资者投入的无形资产，按投资各方确认的价值作为实际成本，借记“无形资产”账户，贷记“实收资本”账户。

3. 接受捐赠无形资产的账务处理

接受捐赠的无形资产，捐赠方提供了有关凭据的，按凭据上标明的金额加上应支付的相关税费，作为实际成本；捐赠方没提供有关凭据的，按其市价或同类、类似无形资产的市价作为实际成本，借记“无形资产”账户，贷记“待转资产价值”账户。

4. 企业自创无形资产的账务处理

企业自行开发并按法律程序申请取得的无形资产，按依法取得时发生的注册费、律师费等作为其实际成本，借记“无形资产”账户，贷记“银行存款”等账户。研制开发过程中发生的材料费用、直接参与开发人员的工资及福利费等研发费用，应当区分研究阶段与开发阶段分别进行核算。研究阶段发生的各项支出应予以费用化，计入当期损益；开发阶段发生的支出，符合资本化条件的，可以资本化，确认为无形资产。

为核算企业的研究开发支出，企业应设置“研发支出”科目，该科目设置“研发支出——资本化支出”和“研发支出——费用化支出”两个明细科目。其中，“研发支出——资本化支出”登记企业发生的满足资本化条件的无形资产研究开发支出；“研发支出——费用化支出”核算不符合资本化条件的无形资产研究开发支出。

企业自行开发无形资产发生的研发支出，不满足资本化条件的，借记“研发支出——费用化支出”科目；满足资本化条件的，借记“研发支出——资本化支出”科目，贷记“原材料”、“银行存款”、“应付职工薪酬”等科目。期末，应将“研发支出——费用化支出”科目归集的金额转入“管理费用”科目，借记“管理费用”科目，贷记“研发支出——费用化支出”科目。

企业研究开发项目达到预定用途形成无形资产的，应按“研发支出——资本化支出”科目归集的金额转入“无形资产”科目，借记“无形资产”科目，贷记“研发支出——资本化支出”科目。

例4-18　2009年1月20日天津华普电器有限公司自行开发成功一套计算机管理软件，并依法申请了专利，为此发生了注册费30 000元和律师费20 000元，这时该公司应将该项专利权作为无形资产入账50 000元。相关原始凭证见表4-46～表4-50。

表4-46　例4-18原始凭证1

天津市服务业统一发票（记账联）

客户名称：天津华普电器有限公司　　2009年1月20日　　No5423216

项　　目	金额						
	万	千	百	十	元	角	分
商标注册费	3	0	0	0	0	0	0
合计金额人民币（大写）叁万元整　　¥30 000.00							

填票人：郑欣　　收款人：张兴　　单位名称（章）

表4-47　例4-18原始凭证2

天津市服务业统一发票（记账联）

客户名称：天津华普电器有限公司　　2009年1月20日　　No5321482

项　　目	金额						
	万	千	百	十	元	角	分
律师服务费	2	0	0	0	0	0	0
合计金额人民币（大写）贰万元整　　¥20 000.00							

填票人：李阳　　收款人：王江　　单位名称（章）

表4-48　例4-18原始凭证3

中国工商银行

转账支票存根　　（粤）

XⅣ 00000209

附加信息

出票日期　2009年1月20日

收款人：	广州市商标局
金　额：	¥ 30 000.00
用　途：	商标注册费

单位主管　周阳　　　会计　刘静

表4-49　例4-18原始凭证4

中国工商银行
转账支票存根　　（粤）
XⅣ 00000211
附加信息
出票日期　2009年1月20日
收款人：广州申亚律师事务所
金　额：¥20 000.00
用　途：支付律师费
单位主管　周阳　　　会计　刘静

表4-50　例4-18原始凭证5

无形资产收入单

转入或购入单位：天津华普电器有限公司

转出或售出单位：本单位自行研制　　　　2009年1月20日

名　称	单　位	数　量	单　价	金　额	摊销期限(年)
专利技术	项	1	50 000.00	50 000.00	10
合计		1		50 000.00	

单位主管：李明　　　　制单：张光

天津华普电器有限公司，根据上述原始凭证进行账务处理如下：

借：无形资产——专利技术　　　　50 000

　　贷：银行存款　　　　50 000

例4-19　2009年1月25日开始天津华普电器有限公司自行研发一项新专利技术，至2009年11月1日，该无形资产通过可行性论证，进入开发试制阶段。到2009年12月15日，该无形资产达预定可使用状态。2009年6月至10月每月发生各种研发费用400 000元，工资费用200 000元。2009年11月至12月，每月发生各项研发支出200 000元，工资费用1 000 000元，2009年11月至12月发生的支出全部符合资本化条件(原始凭证略)。

天津华普电器有限公司，2009年6月至10月支出各项费用时，进行账务处理如下：

借：研发支出——费用化支出　　　　600 000

　　贷：银行存款　　　　400 000

　　应付职工薪酬　　　　　　　　　　　　　200 000

2009年6月至10月，每月末结转研发费用时，进行账务处理如下：

借：管理费用　　　　　　　　　　　　600 000

　贷：研发支出——费用化支出　　　　　　　　600 000

2009年11月至12月发生各项费用时，进行账务处理如下：

借：研发支出——资本化支出　　　　　1 200 000

　贷：银行存款　　　　　　　　　　　　　　200 000

　　应付职工薪酬　　　　　　　　　　　　1 000 000

2009年12月15日无形资产达到预定使用状态时，进行账务处理如下：

借：无形资产　　　　　　　　　　　　2 400 000

　贷：研发支出——资本化支出　　　　　　　2 400 000

二、无形资产摊销的核算

无形资产属于企业的长期资产，能在较长的时间内给企业带来效益。但无形资产通常也有一定的有效期限，因此无形资产应当自取得当月起在预计使用年限内平均摊销，记入各期费用。如果预计使用年限超过了相关合同规定的有效年限，该无形资产的摊销年限按如下原则确定：

（1）合同规定受益年限但法律没有规定有效年限的，摊销期不应超过合同规定的受益年限。

（2）合同没有规定受益年限但法律规定有效年限的，摊销期不应超过法律规定的有效年限。

（3）合同规定了受益年限，法律也规定了有效年限的，摊销期不应超过二者之中较短者。

（4）如果合同没有规定受益年限，法律也没规定有效年限的，摊销期不应超过10年。

（5）摊销无形资产价值时，借记“管理费用——无形资产摊销”科目，贷记“累计摊销”科目。

（6）若预计某项无形资产已经不能给企业带来未来经济利益，应当将该项无形资产的摊销价值全部转入当期管理费用。

无形资产的价值摊销方法采用直线法。其公式如下；

$$\text{某项无形资产年摊销额}=\frac{\text{该项无形资产原价}}{\text{有效服务（预计收益）年限}}$$

$$\text{某项无形资产月摊销额}=\frac{\text{年摊销额}}{12}$$

例4-20　2009年1月30日，天津华普电器有限公司摊销上述专利技术。相关原始凭证见表4-51。

表4-51　无形资产摊销计算表

项目：专利权　　　　　　　　　　2009年1月30日

名　　称	原始成本	摊销期限（年）	月摊销金额	计入账户
专利技术	50 000.00	10	416.67	管理费用
合计			416.67	

企业账务处理如下：

借：管理费用——无形资产摊销　　　　　　416.67

　　贷：累计摊销　　　　　　　　　　　　　　416.67

三、无形资产处置的核算

（一）无形资产出售的账务处理

无形资产出售时，表明企业放弃无形资产所有权。此时，应将所取得的价款与该无形资产的账面价值（原值减去累计摊销和已计提的减值准备）的差额计入当期损益。

出售无形资产，按实际取得的转让价款，借记“银行存款”科目，按已计提的累计摊销额，借记“累计摊销”科目，按无形资产的账面金额，贷记“无形资产”科目，按应支付的相关税费，贷记“应交税费”、“银行存款”等科目，按其差额，贷记“营业外收入——非流动资产处置利得”或借记“营业外支出——非流动资产处置损失”科目。已计提减值准备的，还应同时结转减值准备。

例4-21　2009年1月1日，天津华普电器有限公司出售其拥有的一项无形资产，该无形资产账面价值800 000元，摊余价值310 000元，出售所得价款320 000元，营业税税率为5%。相关原始凭证见表4-52～表4-54。

表4-52　无形资产转让计算单

2009年1月1日

转让单位	天津华普电器有限公司		受让单位	天津军辉商贸公司		
名　称	单位	数量	原始价值	已摊销	净值	转让方式
专利技术	项	1	800 000	490 000	310 000	有偿
转让价值	人民币（大写）叁拾贰万元整　　¥320 000.00					

转让单位（盖章）　　　　主管：　　　　复核：　　　　制单：

表4-53　例4-21原始凭证2

中国工商银行进 账 单（收账通知）　　3

2009年1月1日

出票人	全　称	天津军辉商贸公司	收款人	全　称	天津华普电器有限公司
	账　号	02280703563284320018		账　号	02280703563283710086
	开户银行	工行和平东风支行		开户银行	工行杨柳青分行
金额	人民币（大写）	叁拾贰万元整		亿千百十万千百十元角分	¥32000000
票据种类	支票	票据张数	1		
票据号码	21562351				
复核　记账				中国工商银行天津杨柳青支行 2009年1月1日 转讫	收款人开户银行签章

此联是收款人开户银行交给收款人的收账通知

表4-54　例4-21原始凭证3

商品销售统一发票

全国统一发票监制章 天津市国家税务局监制

客户名称：天津军辉商贸公司　　2009年1月1日　　№.9765432

品名规格	单位	数量	拾	万	千	百	十	元	角	分
专利技术			3	2	0	0	0	0	0	0
合计金额（大写）	叁拾贰万元整	¥320 000.00								
付款方式	支票	开户银行及账号	泉路分理处							

天津华普电器有限公司 财务专用章

收款人：李刚　　开票人：王娜　　单位名称（盖章有效）

第二联　记账联

天津华普电器有限公司根据上述原始凭证，进行账务处理如下：

借：银行存款　　320 000

　　累计摊销　　490 000

　　营业外支出　　6 000

　　贷：无形资产——专利技术　　800 000

　　　　应交税费——应交营业税　　16 000

（二）无形资产出租的账务处理

无形资产出租，只是将无形资产的使用权让渡给其他单位或个人，出让方仍保留对该项无形资产的所有权。因此，企业出租无形资产所取得的租金收入，借记“银行存款”账户，贷记“其他业务收入”账户；按出租无形资产发生的相关税费，借记“其他业务成本”账户，贷记“银行存款”等账户；摊销出租无形资产的价值时，借记“其他业务成本”账户，贷记“无形资产”账户。

例4-22　2009年1月1日，天津华普电器有限公司将5年前注册的商标权出租给合作单位使用，租期2年，每月收取租金2 000元，已知商标权账面余额为18 000元，按24个月平均转销；每月租金收入按5%计提应交纳的营业税（原始凭证略）。

企业账务处理如下：

（1）每月收取租金存入银行时

借：银行存款　　2 000

　　贷：其他业务收入　　2 000

（2）每月计提应交纳的营业税时

借：其他业务成本　　100

　　贷：应交税费——应交营业税　　100

（3）每月摊销无形资产时

借：其他业务成本　　750

　　贷：累计摊销　　750

四、长期待摊费用的核算

由于长期待摊费用本身没有价值，不可转让，不能为企业带来经济利益，因此，对企业发生的长期待摊费用应当进行单独核算。

（1）当企业发生长期待摊费用时，借记“长期待摊费用”账户，贷记有关账户。

（2）当企业摊销长期待摊费用时，借记“制造费用”、“销售费用”、“管理费用”等账户，贷记“长期待摊费用”账户。

例4-23　某公司在投资筹建期间，发生筹建人员工资3 200元，办公费3 400元，差旅费支出3 180元，各种文件资料印刷费2 000元，注册登记费700元，筹建期间的利息净支出600元。6月1日公司正式开始生产（原始凭证略）。

（1）开办费入账时

借：长期待摊费用——开办费　　13 080

　　贷：银行存款　　13 080

（2）6月份开始生产时

借：管理费用——开办费摊销　　13 080

　　贷：长期待摊费用——开办费　　13 080

思考与练习

一、单项选择题

1. 企业进行研究与开发无形资产过程中发生的各项支出，应记入的会计科目是（　　）。

A. 研发支出　　B. 管理费用　　C. 无形资产　　D. 销售费用

2. 甲公司内部研究开发一项专利技术项目，2009年1月实际发生有关研究费用60万元。2009年开发阶段的支出，包括实际发生材料费用100万元，参与研究的人员薪酬50万元，假定符合资本化条件。2009年2月依法申请注册取得专利权，发生注册费3万元，律师费7万元，则2009年2月该无形资产的入账价值应为（　　）万元。

A.160　　B.210　　C.70　　D.10

3. 无形资产摊销时，其摊销额应记入（　　）。

A. 制造费用　　B. 销售费用　　C. 管理费用　　D. 其他业务成本

4. 企业出售无形资产发生的净损失应记入（　　）。

A. 其他业务成本　　B. 主营业务成本　　C. 投资收益　　D. 营业外支出

5. 企业已经支出，但摊销期限在1年以上（不含1年）的各项费用，称为（　　）。

A. 待摊费用　　B. 预提费用　　C. 长期待摊费用　　D. 未确认融资费用

二、多项选择题

1. 下列属于无形资产的是（　　）。

A. 专利权　　B. 非专利技术　　C. 土地使用权　　D. 商誉

2. “研发支出”科目核算企业进行研究与开发无形资产过程中发生的各项支出，其正确的表述方法是（　　）。

A. 本科目应当按照研究开发项目，分别用“费用化支出”与“资本化支出”进行明细 核算

B. 企业自行开发无形资产发生的研发支出，不满足资本化条件的，借记“研发支出——费用化支出”科目，满足资本化条件的，借记“研发支出——资本化支出”科目

C. 企业以其他方式取得的正在进行中研究开发项目，应按确定的金额，借记“研发支出——资本化支出”科目

D. 期末，企业应将该科目归集的费用化支出金额，借记“管理费用”科目，贷记“研发支出——资本化支出”科目

E. 研究开发项目达到预定用途形成无形资产的，应按“研发支出——资本化支出”的余额，借记“无形资产”科目，贷记“研发支出——资本化支出”科目

3. 有关无形资产的摊销方法其正确表述是（　　）。

A. 合同规定受益年限但法律没有规定有效年限的，摊销期不应超过合同规定的受益年限

B. 合同没有规定受益年限但法律规定有效年限的，摊销期不应超过法律规定的有效年限

C. 合同规定了受益年限，法律也规定了有效年限的，摊销期不应超过二者之中较短者

D. 如果合同没有规定受益年限，法律也没规定有效年限的，摊销期不应超过10年

4. 下列各项中，企业应确认为无形资产的有（　　）。

A. 吸收投资取得的土地使用权　　B. 因转让土地使用权补交的土地出让金

C. 企业购入的专利权　　D. 企业的研究费用

5. 长期待摊费用主要包括（　　）。

A.开办费　　B.固定资产小修理支出

C.融资租入固定资产支出　　D.股票发行费

三、判断题

1.使用寿命有限的无形资产应当摊销，使用寿命不确定的无形资产不予摊销。（　　）

2.由于出售无形资产属于企业的日常活动，因此出售无形资产所取得的收入应通过“其他业务收入”科目核算。（　　）

3.无形资产作为能为企业带来经济利益的一种长期资产，应在一定期限内平均摊销，其摊销金额计入管理费用，同时冲减无形资产的账面余额，报废时无残值。（　　）

4.企业自行开发无形资产发生的研发支出，不满足资本化条件的，借记“管理费用”，满足资本化条件的，借记“无形资产”科目。（　　）

5.开办费是指企业筹建期间内发生的一切费用。（　　）

6.企业自行开发无形资产发生的研发支出，在研究开发项目达到预定用途形成无形资产的，应按“研发支出—资本化支出”科目的余额，转入无形资产。（　　）

四、业务核算题

【目的】 练习无形资产和长期待摊费用的核算。

【资料】 某企业发生以下经济业务：

（1）该公司为一项新产品专利技术进行研究开发活动。2008年发生业务如下：

①2008年1月为获取知识而进行的活动发生差旅费15万元，以现金支付。

②2008年3月为经改进的材料、设备而发生费用16万元，以银行存款支付。

③2008年5月在开发过程中发生材料费40万元、人工工资10万元，以及其他费用30万元，合计80万元，其中，符合资本化条件的支出为50万元。

④2008年6月末，该专利技术已经达到预定用途。

（2）该企业购买一项非专利技术，成本为360 000元，受益期限为10年，每月应摊销3 000元。

（3）该企业将其购买的一项专利转让给A公司，该专利的成本为600 000元，已摊销220 000元，应交税费25 000元，实际取得的转让价为500 000元，款项存入银行。

（4）该企业年初向外单位租入一层办公用房，租赁期为5年，从承租日期该企业对该办公用房进行装修，出包工程款150 000元，以银行存款付清，改办公房尚可使用15年。

【要求】 根据上述经济业务编制会计分录。

任务四

实　训

实训目的

☑ 明确固定资产增加、减少的明细分类核算和折旧计提的核算方法
☑ 掌握不同途径固定资产增加的会计处理和不同方式使固定资产减少的会计处理
☑ 能够采用不同方法计提固定资产折旧及其相应的账务处理
☑ 明确无形资产购入、摊销和处置的核算方法
☑ 掌握不同途径无形资产增加的会计处理
☑ 能够采用直线法进行无形资产摊销的计算及会计处理
☑ 掌握无形资产处置的会计处理
☑ 能够熟练审核原始凭证并根据审核无误的原始凭证填制记账凭证，并登记固定资产、无形资产明细账

实训环境

会计模拟实验室，配有相关原始凭证、记账凭证、账簿、实物展台等。

实训要求

- 进行固定资产分类和计价，对固定资产进行分类编号，设立固定资产明细卡片
- 进行无形资产分类和计价，设立无形资产明细账
- 掌握固定资产增、减的明细分类核算，根据会计凭证登记固定资产明细账
- 掌握无形资产购入、摊销和处置的明细分类核算，根据会计凭证登记无形资产明细账
- 进行固定资产折旧的核算，包括固定资产折旧率的计算、固定资产折旧的计算，编制固定资产折旧计提表
- 了解固定资产清查方法，编制固定资产盘盈盘亏报告单
- 正确核算在建工程成本，严格审核在建工程支出，及时进行账务处理

实训资料

【企业概况】

企业名称：天津华普电器有限公司

法定代表人：王振通

注册地址：天津市西青区杨柳青镇第五大街99号

注册资本：1 000万元

企业类型：有限责任公司

经营范围及主要产品：家用电器

经营方式：生产销售

企业组织机构：企业下设两个基本生产车间、两个辅助生产车间、厂部办公室、供应部、销售部等

开户行：工商银行杨柳青分行

账号：0220807035632837100086

税务登记证号：0227791549617866115

纳税人类型：一般纳税人

增值税率：17%

财务部分负责人：张震

会计：李智慧

出纳：赵青云

【业务资料】

天津华普电器有限公司2009年6月发生有关经济业务如下：

实训1　6月2日，天津华普电器有限公司从广州秦观有限公司购进需要安装的设备一台，设备款100 000元，增值税17 000元，开出为期3个月的银行承兑汇票支付设备款，并开出转账支票支付设备运输费、安装费5 000元，其相关原始凭证见表4–55～表4–58。

表4-55　实训1原始凭证1

广州市增值税专用发票

发票联

开票日期：2009 年 6 月 2 日

购货单位	名　　称：天津华普电器有限公司 纳税人识别号：0227791549617866115 地 址、电 话：西青区杨柳青镇第五大街99号 开户行及账号：工商银行杨柳青分行 022080703563283710086				密码区	（略）	
货物或应税劳务名称	规格型号	单位	数量	单价	金额	税率	税额
全自动洗衣机生产线	Yj-005	台	1	100 000	100 000	17%	17 000
合　计					100 000	17%	17 000
价税合计（大写）	壹拾壹万柒仟元整				（小写）¥117 000.00		
销货单位	名　　称：广州市秦关有限公司 纳税人识别号：440234872456117 地 址、电 话：广州市白云中路2号 开户行及账号：工行广州分行白云分理处			备注			

收款人：张明　　复核：黄宏　　开票人：李英　　销货单位（章）

第二联　发票联　购货方记账凭证

表4-56　实训1原始凭证2

运费、安装收据

字第 3 号

人民币（大写）　伍仟元整　　¥5 000.00 元

上款系运费、安装费

领收人：广州秦观有限公司

2009 年 6 月 2 日

表4-57　实训1原始凭证3

银行承兑汇票（卡片）　2

出票日期（大写）　贰零零玖年零陆月零贰日　　　　汇票号码 XI101

出票人全称	天津华普电器有限公司	收款人	全　称	广州秦观有限公司
出票人账号	022080703563283710086		账　号	045080703512345850067
付款行全称	工商银行杨柳青分行		开户银行	工行广州分行白云分理处
出票金额	人民币（大写）　壹拾壹万柒仟元整			亿 千 百 十 万 千 百 十 元 角 分 ¥ 1 1 7 0 0 0 0 0
汇票到期日（大写）	贰零零玖年零玖月零贰日	承兑协议编号		
本汇票请你行承兑，此项汇票款我单位按承兑协议遇到期日前足额交存你行，到期请予以支付 出票人签章 2009年6月2日	本汇票已经承兑到期日由本行付款 承对行签章 承兑日期　2009年9月2日		天津华普电器有限公司 汇票专用章	

此联持票人开户行随委托收款凭证寄付款人

表4-58　实训1原始凭证4

中国工商银行

转账支票存根　（津）

XⅣ 2350645

附加信息

出票日期　2009 年 6 月 2 日

收款人：	广州市秦关有限公司
金　额：	¥5 000.00
用　途：	设备运费、安装费

单位主管　张震　　　　会计　李智慧

实训2　6月4日，设备安装完成，达到预定可使用状态，相关原始凭证见表4-59。

表4-59　实训2原始凭证

固定资产验收单

安装部门：机修车间　　　　单位：元

固定资产名称	计量单位	数量	金额	预计可使用年限	备注
全自动洗衣机生产线	台	1	105 000.00	10	购进
安装部门	单位盖章（天津华普电器有限公司 机修车间业务专用章）		使用部门	单位盖章（天津华普电器有限公司 业务专用章）	
签章： 财务：萧丽 经办：许海			签章： 财务：刘静 经办：王喜		

实训3　6月5日，天津华普电器有限公司从本市立达有限公司购入不需安装的设备一台，单价120 000元，增值税20 400元，计140 400元；发生运费、包装费计1 300元。开出转账支票支付全部价款。相关原始凭证见表4-60～表4-63。

表4-60　实训3原始凭证1

运费　单据　　　　字第8号

人民币（大写）　壹仟叁佰元整　　　　¥ 1 300.00 元

上款系运费、包装费　　　　领收人：天津立达有限公司

（天津立达有限公司 财务专用章）

2009年6月5日

负责人：　　会计：刘静　　出纳：张明　　经手人：高亮

表4-61　实训3原始凭证2

中国工商银行
转账支票存根　（津）
XⅣ 2350649

附加信息

出票日期　2009 年 6 月 5 日

收款人：天津立达有限公司	
金　额：¥ 141 700.00	
用　途：购设备	

单位主管　张震　　　　会计　李智慧

表4-62　实训3原始凭证3

天津市增值税专用发票

发　票　联

全国统一发票监制章　天津市　国家税务局监制

开票日期：2009 年 6 月 5 日

购货单位	名　　称：天津华普电器有限公司 纳税人识别号：0227791549617866115 地 址、电 话：天津西青区杨柳青镇第五大街99号 开户行及账号：工商银行杨柳青分行 022080703563283710086				密码区	（略）	
货物或应税劳务名称	规格型号	单位	数量	单价	金额	税率	税额
输送机	YUJ-19BL	台	1	120 000	120 000	17%	20 400
合　计					120 000	17%	20 400
价税合计（大写）	壹拾肆万零肆佰元整				（小写）¥140 400.00		
销货单位	名　　称：天津立达有限公司 纳税人识别号：0224402348764566543 地 址、电 话：天津市河北区中山路2号 开户行及账号：工商银行中山路分理处				备注	天津立达有限公司 发票专用章	

收款人：张红　　复核：郭英　　开票人：李东　　销货单位（章）

第二联　发票联　购货方记账凭证

表4-63　实训3原始凭证4

固定资产验收单

安装部门：天津立达有限公司　　　　2009年6月5日　　　　单位：元

固定资产名称	计量单位	数量	金额	预计可使用年限	备注
输送机	台	1	121 300.00	10	购进
供货单位 签章： 财务：萧丽 经办：许海	单位盖章		使用部门 签章： 财务：刘静 经办：王喜	单位盖章	

实训4　6月6日，天津华普电器有限公司自行开发成功新型空调，并依法申请了专利，为此发生了注册费20 000元和律师费10 000元，这时天津华普电器有限公司将该项专利权作为无形资产入账30 000元。相关原始凭证见表4-64～表4-68。

表4-64　实训4原始凭证1

天津市服务业统一发票（记账联）

客户名称：天津华普电器有限公司　　　　2009年6月6日　　　　No.5423216

项目	万	千	百	十	元	角	分
商标注册费	2	0	0	0	0	0	0
合计金额人民币（大写）贰万元整　　¥ 20 000.00							

填票人：郑欣　　　　收款人：张兴　　　　单位名称（章）

表4-65　实训4原始凭证2

天津市服务业统一发票（记账联）

客户名称：天津华普电器有限公司　　　　2009年6月6日　　　　No.5321482

项目	万	千	百	十	元	角	分
律师服务费	1	0	0	0	0	0	0
合计金额人民币（大写）壹万元整　　¥10 000.00							

填票人：李阳　　　　收款人：王江　　　　单位名称（章）

表4-66　实训4原始凭证3

中国工商银行
转账支票存根　（吉）
XⅣ 00000209

附加信息

出票日期　2009年6月6日

收款人：	天津市商标局
金　额：	¥20 000.00
用　途：	商标注册费

单位主管　　　　会计

表4-67　实训4原始凭证4

中国工商银行
转账支票存根　（吉）
XⅣ 00000211

附加信息

出票日期　2009年6月6日

收款人：	天津市鑫鑫律师事务所
金　额：	¥10 000.00
用　途：	支付律师费

单位主管　　　　会计

表4-68　实训4原始凭证5

无形资产收入单

转入或购入单位：天津华普电器有限公司
转出或售出单位：本单位自行研制　　　　2009年6月6日

名称	单位	数量	单价	金额	摊销期限(年)
专利技术	项	1	30 000.00	30 000.00	10
合计		1		30 000.00	

会计主管：张震　　　　　　　　制单：李智慧

实训5　6月8日，天津华普电器有限公司从上海购入需要安装的生产流水线1套，发票上注明价款500 000元，增值税85 000元，支付运费5 000元，以电汇方式支付全部价款，相关原始凭证见表4-69～表4-71。

表4-69　实训5原始凭证1

上海市增值税专用发票

发　票　联

开票日期：2009年6月8日

购货单位	名　　称：天津华普电器有限公司 纳税人识别号：0227791549617866115 地 址、电 话：天津西青区杨柳青镇第五大街99号 开户行及账号：工商银行杨柳青分行 022080703563283710086				密码区	（略）	
货物或应税劳务名称	规格型号	单位	数量	单价	金额	税率	税额
空调生产线	KTX-12BL	套	1	500 000	500 000	17%	85 000
合　计					500 000	17%	85 000
价税合计（大写）	伍拾捌万伍仟元整				（小写）¥585 000.00		
销货单位	名　　称：上海正泰有限公司 纳税人识别号：02144023487648660628 地 址、电 话：上海市一号路2号 开户行及账号：工商银行一号路分理处			备注			

收款人：张红　　复核：郭英　　开票人：李东　　销货单位（章）

第二联 发票联 购货方记账凭证

表4-70　实训5原始凭证2

上海市铁路货运收费发票

发　票　联

2009年6月8日

托运单位	上海市正泰有限公司			受理单位				受理编号								
装货地点				承运单位	上海联华运输公司			运输公司								
卸货地点								计费里程								
货物名称	件数	包装	规格	托运重量	货物等级	计费运输量		费率			金额					
						运量	周转量	空驶运率	运价率	比价率	万	千	百	十	元	角	分
空调生产线	1	台										5	0	0	0	0	0
包车原因							包车费率									
加减成条件							加减成									
合计金额（大写）	伍仟元整						合计				¥	5	0	0	0	0	0

制票单位：　　开票人：王霞　　复核：　　收费章

第二联 运费收据托运单位报销凭证

表4-71　实训5原始凭证3

工商银行　电汇凭证(回单)

委托日期 2009年6月8日

汇款人	全称	天津华普电器有限公司			收款人	全称	上海市正泰有限公司														
	账号或住址	02208070356328371 0086				账号或住址	021060703563286780190025														
	汇出地点	天津市	开户行	工商银行杨柳青分行		汇入地点	上海市	汇入行名称	工商银行一号路分理处												
金额	人民币(大写) 伍拾玖万元整											亿	千	百	十	万	千	百	十	元	角	分
														¥	5	9	0	0	0	0	0	0
汇款用途：购设备					科目(付) 对方科目 汇入行解汇日期 2009年6月8日 复核　出纳　记账																

（印章：中国工商银行天津市杨柳青支行 ★2009.6.8★ 票据受理专用章）

实训6　6月9日，安装设备时，领用公司原材料一批，价值30 000元。相关原始凭证见表4-72。

表4-72　实训6原始凭证

领　料　单

领用部门：机修车间

库　　号：2　　　　2009年6月9日　　　　编号：4356

编号	类别	名称	规格	单位	数量		金额		
					请领	实发	单价	总额	
		钢材	60#	吨	15	15	2 000	30 000	第二联 交会计
合计								¥30 000	
用途	领用材料用于设备安装								

发料人：王娟　　记账：李智慧　　领料部门负责人：王孔　　领料人：张苹

实训7　6月10日，安装设备时核算安装人员工资7 200元，相关原始凭证见表4-73。

表4-73　工资分配表

2009年6月10日

部　门	总账账户	明细账户	金　额
机修车间	在建工程	机器设备	7 200.00

实训8　6月12日，安装设备达到预定可使用状态，结转完工成本。相关原始凭证见表4–74。

表4–74　实训8原始凭证

固定资产验收单

安装部门：机修车间　　　　　　　　　　　　　　　　单位：元

固定资产名称	计量单位	数　量	金　额	预计可使用年限	备　注
空调生产线	套	1	542 200.00	15	购进
安装部门 签章： 财务：萧丽 经办：许海	单位盖章 （天津华普电器有限公司 机修车间业务专用章）		使用部门 签章： 财务：刘静 经办：王喜	单位盖章 （天津华普电器有限公司 财务专用章）	

实训9　6月15日，天津华普电器有限公司出售其拥有的一项无形资产，账面价值600 000元，摊余价值250 000元，出售所得价款300 000元，营业税税率为5%。相关原始凭证见表4–75～表4–77

表4–75　实训9原始凭证1

中国工商银行进　账　单（收账通知）　　3

2009年6月15日

出票人	全　称	天津军辉商贸公司	收款人	全　称	天津华普电器有限公司
	账　号	02280703563284320018		账　号	02280703563283710086
	开户银行	工行和平东风支行		开户银行	工行杨柳青分行
金额	人民币（大写）	叁拾万元整		亿千百十万千百十元角分	¥30000000
票据种类	支票	票据张数	1		
票据号码	21562351				
复核　记账				中国工商银行天津杨柳青支行 2009年1月1日 转讫 收款人开户银行签章	

此联是收款人开户银行交给收款人的收账通知

表4–76　实训9原始凭证2

无形资产转让计算单

2009年6月15日

转让单位	天津华普电器有限公司		受让单位	天津军辉商贸公司		
名　称	单位	数量	原始价值	已摊销	净值	转让方式
专利技术	项	1	600 000	350 000	250 000	有偿
转让价值	人民币（大写）叁拾万元整　　¥300 000.00					

转让单位:(盖章)　　主管:　　复核:　　制单:

表4–77　实训9原始凭证3

商品销售统一发票

客户名称：天津军辉商贸公司　　2009年6月1[illegible]日　　№.9765432

品名规格	单　位	数　量	金额 拾	万	千	百	十	元	角	分
专利技术			3	0	0	0	0	0	0	0
合计金额（大写）	叁拾万元整	¥300 000.00								
付款方式	支票	开户银行及账号	工行玉泉路分理处							

第二联　记账联

实训10　6月18日，天津华普电器有限公司收到天津市中山公司投入的一项专利技术，各方确认的价值为150 000元。相关原始凭证见表4–78。

表4–78　实训10原始凭证

无形资产拨入单

转入或购入单位：天津华普电器有限公司

转出或售出单位：天津市中山公司　　2009年6月18日

名　称	单　位	数　量	单　价	金　额	摊销期限（年）
专利技术	项	1	150 000.00	150 000.00	8
合计		1		150 000.00	

单位主管：李明　　制单：张光

实训11　6月20日，天津华普电器有限公司签发转账支票支付厂办会客室装修款24 000元，该项费用摊销期限2年，从本月起摊销。相关原始凭证见表4–79。

表4-79　实训11原始凭证

中国工商银行 转账支票存根　（吉） XⅣ 00000223
附加信息
出票日期　2009年6月20日
收款人：天津市科艺隆装修公司
金　额：¥ 24 000.00
用　途：支付装修费
单位主管　　会计

实训12　6月22日，天津华普电器有限公司出售一座办公楼，原值300 000元，已提折旧100 000元，实际出售价格260 000元，款项已收到存入银行，营业税率5%。相关原始凭证见表4-80～表4-82。

表4-80　实训12原始凭证1

中国工商银行**进　账　单**（收账通知）　　3

2009年6月22日

出票人	全　称	天津庆阳公司	收款人	全　称	天津华普电器有限公司
	账　号	0220807032657210012		账　号	022080703563283710086
	开户银行	工行河西越秀支行		开户银行	工商银行杨柳青分行
金额	人民币（大写）	贰拾陆万元整			亿 千 百 十 万 千 百 十 元 角 分 ¥ 2 6 0 0 0 0 0 0
票据种类	支票	票据张数	1		
票据号码	21562341				
复核　记账				签章	中国工商银行天津杨柳青支行 2009年6月22日 转讫 收款人开户银行

此联是收款人开户银行交给收款人的收账通知

表4-81　实训12原始凭证2

固定资产清理清单

名称	原值	已提折旧	残值收入			清理费用	
			保险公司等赔款	出售收入	残料作价入库	税金	其他清理费用
房屋	300 000.00	100 000.00		260 000.00		13 000.00	
清理净损失 清理净收益　47 000.00							

表4-82　实训12原始凭证3

天津市市地方税收税控专用发票

地 税 监

查询电话:(020)83313567　　查询号码：19130012672

顾客名称：天津庆阳公司　　校对号码：1913001672

开票日期：2009年6月22日　税控器号：030069915　　税控防伪码：321A3175982B101C

经营项目	收费说明	金额
出售建筑物	出售房屋收入	260 000.00
合计人民币(大写)贰拾陆万元整		¥260 000.00
收款单位：天津华普电器有限公司	备注	
税务登记号：02277915049617866115		
地址及电话：天津市西青区杨柳镇第五大街99号		

开票人：朱晴　　收款人：邓毫　　收款单位(盖章)

实训13　6月23日，天津华普电器有限公司有旧磨床一台，因使用期已满经批准报废。原值300 000元，已提折旧280 000元，在清理过程中以银行存款支付清理费用4 200元，拆除的残料作价5 000元已入库。相关原始凭证见表4-83～表4-86。

表4-83　实训13原始凭证1

固定资产清理清单

名称	原值	已提折旧	残值收入			清理费用	
			保险公司等赔款	出售收入	残料作价入库	税金	其他清理费用
磨床	300 000.00	280 000.00			5 000.00		4 200.00
清理净损失 清理净收益 19 200.00							

表4-84　实训13原始凭证2

中国工商银行
转账支票存根　（津）
XⅣ 23506538

附加信息

出票日期　2009 年 6 月 23 日

收款人：	天津大众公司
金　额：	¥ 4 200.00
用　途：	支付清理费用

单位主管 张震　　会计　李智慧

表4-85　实训13原始凭证3

天津市劳动服务业统一发票

客户名称：天津华普电器有限公司　　2009年6月23日　　No.0662661

劳务名称	单位	数量	单价	金额					
				千	百	十	元	角	分
清理劳务				4	2	0	0	0	0
合计金额（大写）	肆仟贰佰元整			¥4 200.00					
结算方式	支票	开户银行及账号		工行玉泉路分理处					

收款人：李明　　开票人：张荣　　单位名称（盖章有效）

表4-86　实训13原始凭证4

收　料　单

发票号：　　2009年6月23日　　字第224号

材料类别	材料名称	规格材质	计量单位	数量	实收数量	金额								
						单价	十	万	千	百	十	元	角	分
	钢材		千克	2 000	2 000	2.5			5	0	0	0	0	0
检验结果　检验员签章				运杂费										
				合计：¥5 000.00										
备注														

实训14　6月25日，天津华普电器有限公司将8年前注册的商标权出租给合作单位使用，租期2年，每月收取租金3 000元，每月租金收入按5%计提应交纳的营业税。相关原始凭证见表4-87～表4-89。

表4-87　实训14原始凭证1

收款收据

2009年6月25日　　　　No.1200001

收款单位	天津华普电器有限公司	交款单位	光大有限公司	金额								
				百	十	万	千	百	十	元	角	分
金额（大写）	人民币：叁仟元整					¥	3	0	0	0	0	0
事由	商标权租金收入			备注：转账支票								

会计主管：　　　　收款人：　　　　制单：

第二联　收据联

（印章：全国统一发票监制章 国家税务局监制；天津华普电器有限公司 财务专用章）

表4-88　实训14原始凭证2

中国工商银行进　账　单（收账通知）　3

2009年6月25日

出票人			收款人		
全　称	光大有限公司		全　称	天津华普电器有限公司	
账　号	000564623167		账　号	022080703563283710086	
开户银行	建行长春支行		开户银行	工商银行杨柳青分行	

金额	亿	千	百	十	万	千	百	十	元	角	分
人民币（大写）叁仟元整					¥	3	0	0	0	0	0

票据种类	支票	票据张数	1
票据号码	21562381		

复核　　记账

中国工商银行天津杨柳青支行
2009年6月25日
转
讫

收款人开户银行签章

此联是收款人开户银行交给收款人的收账通知

表4-89　实训14原始凭证3

营业税计算表

2009年6月25日

计税项目	计税金额	税　　率	应交营业税
无形资产租金收入	3 000	5%	150

负责人：　　　　制表人：

实训15　6月30日，天津华普电器有限公司有一仓库原值100 000元，预计使用10年，预计经残值率4%，采用直线法预提年折旧额、月折旧额。将折旧计算出来填在表4-90内，再根据“固定资产折旧计算表”编制记账凭证。

表4-90　实训15原始凭证

固定资产折旧计算表

2009年6月30日　　　　单位：元

部　门	项　目	原　值	净残值率	应提年折旧额	应提月折旧额	备　注
合　计						

主管　　　　会计　　　　审核　　　　制单

实训16　6月30日，天津华普电器有限公司有一生产设备，原值100 000元，预计使用5年，预计经残值4 000元，假设采用双倍余额递减法计算年折旧额。相关原始凭证见表4-91。

表4-91　实训16原始凭证

双倍余额递减法折旧计算表

2009年6月30日　　　　单位：元

使用年限	年初账面折余价值	年折旧率	年折旧额	累计折旧额	年初账面折余价值	备　注
合　计						

实训17　6月30日，天津华普电器有限公司有一生产设备，原值48 000元，预计使用5年，预计经残值1 440元，假设采用年数总和法计算年折旧额。相关原始凭证见表4-92。

表4-92 实训17原始凭证

年数总和法折旧计算表

2009年6月30日 单位：元

使用年限	固定折旧基数	尚可使用年限	年数总和	年折旧率	年折旧额	累计折旧额	期末折余价值	月折旧额
合　计								

实训18　6月30日，天津华普电器有限公司摊销本月应负担的厂办会客室装修费1 000元。相关原始凭证见表4-93。

表4-93 实训18原始凭证

长期待摊费用摊销表

2009年6月30日 单位：元

费用项目	总　额	本月摊销额
装修费	24 000.00	1 000.00
合 计	24 000.00	1 000.00

实训19　6月30日，天津华普电器有限公司摊销上述专利技术。相关原始凭证见表4-94。

表4-94 实训19原始凭证

无形资产摊销计算表

项目:专利权 2009年6月30日

名称	原始成本	摊销期限(年)	月摊销金额	计入账户
自研开发专利技术	30 000	10	250	管理费用
接受投资专利技术	150 000	8	1 562.5	管理费用
出租商标权	120 000	10	1 000	其他业务成本
合计			2 812.5	

实训20　公司在财产清查中盘亏设备一台，其账面原值89 000元，已提折旧36 000元，经批准作为营业外支出处理。其原始凭证见表4–95。

表4–95　实训20原始凭证

固定资产盘盈、盘亏报告表

2009年6月30日

固定资产名称	盘盈			盘亏			原因
	数量	市场价格	损耗	数量	原始价值	已提折旧	
生产设备				1台	89 000	36 000	丢失
处理意见	领导批示，同意做盘亏处理，按净值53 000元列作企业营业外支出。						

模块五 资金筹集岗位核算

- 任务一 资金核算会计岗位认识
- 任务二 企业所有者投资核算
- 任务三 银行借款核算
- 任务四 实训

模块导入

企业筹资是指企业根据其生产经营、对外投资及调整资金结构等活动对资金的需要，通过一定的渠道，采用适当的方式，获取所需资金的一种行为。企业筹资按照所筹资金的性质可以分为权益资金的筹集和负债资金的筹集。

任务一

资金核算会计岗位认识

任务目标

通过本任务的学习，学生应能够

☑了解资金核算会计岗位的含义

☑明确资金核算会计岗位的职责

☑理解并熟知资金核算会计岗位核算的内容

业务认知

一、资金核算会计岗位的含义

每一个企业，从成立到日常经营活动，以及后续发展，各环节都离不开资金，首要解决的问题，无不是资金问题，而企业筹集资金有多种渠道，方式也十分多样，可以接受投资者投资、捐赠，还可以借入资金、发行债券等。

投资人对企业投资可以用现金投资，也可以用现金以外的实物资产投资。符合国家规定比例的，还可以用无形资产投资。

企业从银行或其他金融机构取得的借款按偿还期不同分为短期借款和长期借款，不论期限长短，都必须按期偿还，并按规定利率支付借款利息。

发行债券是企业筹集长期使用资金而发行的一种书面凭证。通过凭证上所记载的利率、期限等，表明发行债券企业承诺在未来某一特定日期还本付息。

二、资金核算会计岗位的职责

为了进行会计核算、实施会计监督，企业应当根据自身经营管理的要求和业务活动规模的大小，以及会计工作的实际，在内部设置资金核算会计岗位。

资金核算会计岗位的职责主要体现在以下几个方面：

（1）拟定资金管理和核算办法。

（2）编制资金收支计划。

（3）负责资金调度。

（4）负责资金筹集的明细分类核算。

（5）负责企业各项投资的明细分类核算。

三、筹集资金的分类

1. 按权益性质分类

按权益性质分 {
权益性筹资 → 吸收直接投资、发行股票、内部积累 → 成本高、风险低
债务性筹资 → 发行债券、银行借款、融资租赁、商业信用 → 成本低、风险高
}

2. 按资金使用的期限分类

按资金使用期限分 {
短期资金 → 临时借款、商业信用 → 成本低风险高
长期资金 → 吸收直接投资、发行股票、发行债券、银行借款、融资租赁 → 成本高风险低
}

四、筹集资金渠道

1. 国家财政资金

国家财政资金是指国家以财政拨款形式投入企业的资本。它过去是国有企业自有资本的主要来源。企业改革之后，原有企业的固定基金、流动基金和专用基金中的更新改造基金转作国家资本金，因此，国家财政资金在一定时期内仍是国有企业的主要资金来源。它适用于国有企业筹资，是由国家投资形成，产权归国家所有。

2. 银行信贷资金

银行信贷资金是指在再生产过程中存在和发展的以偿还为条件的供借贷使用的货币资金。其来源主要是：各种形式的存款(财政性存款、企业存款、城乡居民储蓄存款等)以及银行自有资金。主要用于对企业和社会的贷款，以满足社会生产和商品流通的需要。

3. 非银行金融机构资金

除商业银行和专业银行以外的所有金融机构提供的各种金融服务。主要包括信托、证券、保险、融资租赁等机构以及农村信用社、财务公司等。

4. 其他企业资金

企业间相互投资、商业信用形成的债权、债务资金。

5. 居民个人资金

形成民间资金来源渠道。

6. 企业自留资金

企业内部形成的资金，例如：公积金和未分配利润。

五、筹集资金的原则

（1）规模适当：合理确定资金需求量，努力提高筹资效率。

（2）筹措及时：适时取得资金来源，保证资金投放需要。

（3）来源合理：遵守国家有关法规，维护各方合法权益。

（4）方式经济：研究投资方向，提高投资效果。

（5）资金结构合理：合理安排资本结构，保持适当的偿债能力。使分险小，成本低。

六、资金核算会计岗位的核算内容

资金核算会计岗位核算的范围包括：企业接受投资人投入的现金、实物、无形资产的核算；企业接受捐赠的核算；企业借入短期借款的核算；短期借款利息的核算；归还短期借款的核算；企业借入长期借款的核算；长期借款利息的核算；归还长期借款的核算；发行债券的核算；债券利息的核算；债券到期还本付息的核算等。

七、资金核算会计岗位账户设置

1.实收资本

属于所有者权益类账户，核算企业接受投资人投入的实收资本。按投资者进行明细核算。

2.资本公积

属于所有者权益类账户，核算企业收到投资者出资额超出其在注册资本或股本中所占份额的部分等。

3.短期借款

属于负债类账户，核算企业向银行或其他金融机构借入的期限在一年以内（含一年）的各种借款。应按照贷款单位或债权人设置明细账，并按借款种类及期限进行核算。

4.长期借款

属于负债类账户，核算企业向银行或其他金融机构借入的期限在一年以上的各种借款。应按照贷款单位或债权人设置明细账，并按借款种类及期限进行核算。

5.应付债券

属于负债类账户，核算企业为筹集长期资金而实际发行的债权及应付的利息。

思考与练习

一、填空题

1.一个企业正常运营首先解决的是________问题。

2.企业筹集资金渠道方式________，包括________、________、________、________、________、________。

3.企业从银行等金融机构取得借款按偿还期不同分________和________借款。

4.发行债券是筹集________发行的书面证明。凭证上应记载________和________。企业应承诺在未来某一日________。

二、判断题

1.企业筹集资金只能从银行等金融机构取得。（　　）

2.投资人只能向企业投入现金，不能投入其他实物。（　　）

3.企业发行债券是为了筹集短期资金。（　　）

4.财政资金也是企业筹集资金的一个渠道。（　　）

5.拟定资金管理和核算办法，编制资金收支计划是资金核算会计岗位的职责。（　　）

6.应付债券是核算企业发行债券应设置的账户。（　　）

7.企业不接受无形资产投资，只接受有形资产和现金的投资。（　　）

三、多项选择题

1.企业筹集资金的渠道包括（　　）。

A.接受投资　B.接受捐赠　C.借入资金　D.发行债券

2.筹集资金按期限长短分为（　　）。

A.短期资金　B.长期资金　C.中短期资金　D.中长期资金

3.企业筹集资金的原则是（　　）。

A.规模适当　B.筹措及时　C.方法自选　D.来源不限

4.资金核算会计岗位账户设置包括（　　）。

A.实收资本　B.资本公积　C.短期借款　D.原材料

四、简答题

1.资金核算会计岗位的含义是什么？

2.资金核算会计岗位的职责是什么？

3.资金来源的具体渠道是什么？

4.资金核算会计岗位的核算内容是什么？

5.资金核算会计岗位应设置哪些账户？

任务二

企业所有者投资核算

任务目标

通过本任务的学习，学生应能够

☑了解企业接受投资涉及主要账户的内容

☑掌握“实收资本”、“资本公积”等账户的会计核算内容及账务处理方法

业务认知

一、权益资金

（一）实收资本

实收资本是指投资者按照企业章程或合同、协议的约定，实际投入企业的资本。是企业注册登记的法定资本总额的来源，它表明所有者对企业的基本产权关系。实收资本的构成比例即投资者的出资比例或股东的股份比例，是企业据以向投资者进行利润或股利分配的主要依据。

企业的投资者包括国家、法人单位、个人和外商等，投资方式既可以采用货币资金（例如现金资产）的方式出资，也可以采用非现金资产（例如原材料、库存商品、固定资产、无形资产）的方式出资。投资者投入的资本是企业在工商行政管理部门注册登记的资本金，是国家批准企业从事生产经营活动的首要条件。

投资者向企业投入的资本，在企业持续经营期间内，除依法减资或转让外，不得以任何形式抽回。

（二）资本公积

资本公积是投资者或者其他人投入到企业、所有权归属于投资者、并且金额超过法定资本部分的资本。从形成来源上看，资本公积具体包括资本溢价、外币资本折算差额以及其他资本公积等。

二、设置的主要账户

企业在接受投资的会计核算中，主要涉及以下账户：

1.“实收资本”账户

该账户属于所有者权益类账户，用来核算企业所有者投入资本的增减变动情况。贷方登

记实际收到的投资额，借方登记按法定程序减少的资本数额，期末贷方余额表示投入资本的实有数额。该账户应按投资人设置明细分类账户，进行明细分类核算。其结构见表5–1。

表5–1 “实收资本”账户结构

借方	实收资本　　　　　贷方
按法定程序减少的资本数额	实际收到的投资额
	投入资本的实有数额

2.“股本”账户（主要用于合资企业）

该账户属于所有者权益类账户，股份有限公司应设置“股本”账户，用于核算公司在核定的股本总额及核定的股份总额范围内实际发行股票的数额，该账户贷方登记公司按核定的股份总额范围内实际发行的股票票面总额，借方登记公司按照法定程序经批准减少的股本数额，期末贷方余额反映公司期末股本实有数额。

3.“资本公积”账户

该账户属于所有者权益类账户，用来核算企业因资本溢价等而引起的投资者公共积累资本的增减变动情况。贷方登记增加的资本公积数额，借方登记按规定转增注册资本的数额，期末贷方余额表示资本公积的结余数。

“资本公积”账户应按照资本公积的类别设置明细账进行核算：①资本溢价；②接受捐赠非现金资产准备；③外币资本折算差额；④其他资本公积。其结构见表5–2。

表5–2 “资本公积”账户结构

借方	资本公积　　　　　贷方
按规定转增注册资本的数额	因资本溢价、接受捐赠等原因而增加的资本公积数额
	资本公积的结余数

业务核算

一、实收资本的核算

企业收到所有者投入企业的资本后，应根据有关原始凭证（例如投资清单、银行通知单等）分别按不同的出资方式进行会计处理。

天津华普电器有限责任公司2009年1月份发生下列经济业务：

例5–1　1月1日，收到北京市红星公司投入资本500 000元，存入银行。相关原始凭证见表5–3和表5–4。

表5-3　例5-1原始凭证1

信汇凭证（收账通知）　　1

委托日期 2008 年 12 月 28 日

汇款人	全　称	北京市红星公司			收款人	全　称	天津华普电器有限公司		
	账号或住址	440105600987034				账号或住址	0220807035632837100086		
	汇出地点	北京市	汇出行名称	工行北京长安里支行		汇入地点	天津市	汇入行名称	工商银行杨柳青分行
金额	人民币（大写） 伍拾万元整						亿千百十万千百十元角分		5 0 0 0 0 0 0 0
汇款用途：投资					科目（付） 对方科目 中国工商银行天津杨柳青支行 2009年1月1日 转 讫 汇入行解汇日期　2008 年 12 月 28 日 复核　出纳　记账				
上列款项已根据委托办理，如需查询，请持此单来行面洽。 汇入银行盖章		上列款项已照收无误 收款人盖章							

表5-4　例5-1原始凭证2

收款收据

2009 年 1 月 1 日　　　　No.1200001

收款单位	天津华普电器有限公司	交款单位	北京市红星公司	金额 百十万千百十元角分
金额（大写）	人民币：伍拾万元整			¥ 5 0 0 0 0 0 0 0
事由	投资			备注：信汇凭证

第三联　记账联

天津华普电器有限公司 财务专用章

会计主管：　　收款人：　　制单：

天津市华普公司根据上述原始凭证进行账务处理如下：

借：银行存款　　500 000

　　贷：实收资本——法人资本　　500 000

例5-2　1月3日，收到天津市兴旺工厂投入的机器设备，双方协商按设备的账面原始价值234 000元作为投入资本入账。相关原始凭证见表5-5。

天津市华普公司根据上述原始凭证进行账务处理如下：

借：固定资产　　234 000

　　贷：实收资本——法人资本　　234 000

表5–5　例5–2原始凭证

固定资产联营转移单

调出单位：天津市兴旺工厂

调入单位：天津华普电器有限公司　　　　2009年1月3日　　　　单位：元

调拨原因及根据		投　资		评估确认价值		人民币：234 000.00	
固定资产名称	规格型号	单位	数量	预计使用年限	已使用年限	现有价值	作价依据
机　　床	GX	台	1	10	2	234 000.00	评估报告
调出单位	天津兴旺工厂 业务专用章			调入单位		天津华普电器有限公司 业务专用章	
签章： 财务：萧丽 经办：许海				签章： 财务：刘静 经办：王喜			

接受单位记账联

例5–3　1月10日，收到兴旺工厂投入的专利权一项，双方协商以150 000元作为投入资本入账。相关原始凭证见表5–6。

表5–6　例5–3原始凭证

无形资产拨入单

调出单位：天津市兴旺工厂

调入单位：天津华普电器有限公司　　　　2009年1月10日　　　　单位：元

无形资产名称	数　量	金　额	预计可使用年限	备　注
专 利 权	1	150 000	10	投　资
调出单位	单位盖章 天津兴旺工厂 业务专用章		调入单位	单位盖章 天津华普电器有限公司 业务专用章
签章： 财务：萧丽 经办：许海			签章： 财务：刘静 经办：王喜	

天津市华普公司根据上述原始凭证进行账务处理如下：

借：无形资产——专利权　　　　150 000

　　贷：实收资本——法人资本　　　　150 000

例5–4　1月25日，收到天津市兴旺工厂作为资本投入的原材料甲材料一批，该批原材料确认的价值为10 000元。经税务部门认定应交增值税额为1 700元。兴旺工厂已开具了增值税专用发票。相关原始凭证见表5–7和表5–8。

表5-7　例5-4原始凭证1

收　料　单

材料科目：　　　　　　　　　　　　　原材料供应单位：天津市兴旺工厂
材料类别：　　　　　　　　　　　　　原料发票号码：

2009年1月25日　　　　　　　　收料仓库：一仓库

材料名称	规　格	单　位	数　量		实际成本			
			应　收	实　收	单　价	金　额	合　计	单位成本
甲材料		千克	200	200	50	10 000	10 000	50
合　　计				200		10 000	10 000	
用途	生产冰箱							

记账：　　　　　　　　收料人：　　　　　　　　制单：

表5-8　例5-4原始凭证2

天津市增值税专用发票

全国统一发票监制章 天津市 国家税务局监制

发　票　联

开票日期：2009年1月25日

购货单位		密码区	
名　　称：天津华普电器有限公司			（略）
纳税人识别号：0227791549617866115			
地 址、电 话：天津市西青区杨柳青镇第五大街99号 022-27391234			
开户行及账号：工商银行杨柳青分行 022080703563283710086			

货物或应税劳务名称	规格型号	单位	数量	单价	金额	税率	税额
甲材料		千克	200	50	10 000.00	17%	1 700.00
合　　计					10 000.00	17%	1 700.00
价税合计（大写）	壹万壹仟柒佰元整		（小写）¥11 700.00				

销货单位	备注
名　　称：天津市兴旺工厂	天津兴旺工厂 发票专用章
纳税人识别号：450407987654321	
地 址、电 话：天津市津海路1号	
开户行及账号：天津河西工行一支行10002345	

第二联　发票联　购货方记账凭证

收款人：　　　　复核：　　　　开票人：　　　　销货单位（章）

天津市华普电器公司根据上述原始凭证进行账务处理如下：

借：原材料——甲材料　　　　　　　　10 000
　　应交税费——应交增值税（进项税额）　　1 700
　　贷：实收资本——法人资本　　　　　　　11 700

二、资本公积的核算

天津市华普电器有限责任公司2009年1月份发生下列经济业务：

例5-5 天津市华普电器有限责任公司成立于2000年，注册资本为1 000万元。为扩展生产决定接受新的投资者。2009年1月10日，根据合同约定，企业收到天津光大公司投入资本800 000元，占700 000元的份额，且款项已存入该企业的开户银行。相关原始凭证见表5-9。

表5-9 例5-5原始凭证

中国工商银行 进账单（收账通知） 3

2009年1月10日

<table>
<tr><td rowspan="3">出票人</td><td>全　　称</td><td>天津市光大公司</td><td rowspan="3">收款人</td><td>全　　称</td><td colspan="11">天津市华普电器有限责任公司</td></tr>
<tr><td>账　　号</td><td>10002579</td><td>账　　号</td><td colspan="11">022080703563283710086</td></tr>
<tr><td>开户银行</td><td>工行河西大沽南路支行</td><td>开户银行</td><td colspan="11">工商银行杨柳青分行</td></tr>
<tr><td rowspan="2">金额</td><td rowspan="2">人民币（大写）</td><td rowspan="2" colspan="3">捌拾万元整</td><td>亿</td><td>千</td><td>百</td><td>十</td><td>万</td><td>千</td><td>百</td><td>十</td><td>元</td><td>角</td><td>分</td></tr>
<tr><td></td><td></td><td>¥</td><td>8</td><td>0</td><td>0</td><td>0</td><td>0</td><td>0</td><td>0</td><td>0</td></tr>
<tr><td colspan="2">票据种类</td><td>汇票　票据张数　1</td><td colspan="13" rowspan="3">中国工商银行天津
杨柳青支行
2009年1月10日
转
讫
收款人开户银行签章</td></tr>
<tr><td colspan="2">票据号码</td><td>12524039</td></tr>
<tr><td colspan="3">复核　　记账</td></tr>
</table>

天津市华普电器公司根据上述原始凭证进行账务处理如下：

借：银行存款　　800 000

　　贷：实收资本——法人资本　　700 000

　　　　资本公积——资本溢价　　100 000

例5-6 1月31日，经批准将企业的资本公积100 000元转增注册资本（其中国家资本60 000元，法人资本40 000元）。原始凭证略。

借：资本公积　　100 000

　　贷：实收资本——国家资本　　60 000

　　　　　　　　——法人资本　　40 000

思考与练习

一、填空题

1. 实收资本指企业按照章程或约定__________表明所有者对企业的__________。投资者的出资比例是企业据以向投资者进行__________的主要依据。

2. 企业的投资者包括__________、__________、__________、__________等。

3. 投资者投入的资本是企业在工商部门注册的__________，是国家批准从事生产经营的__________。

4. 投资者投入资金时记在实收资本的__________。该账户的期末余额表示投入资本的__________。

5. 资本公积包括__________、__________、__________、__________。

6. 资本公积增加时记在__________，借方登记__________，期末余额表示__________。

二、判断题

1. 投资者向企业投入的资本在企业持续经营期间内可以随意抽回。（ ）

2. 企业的投资者不包括国家这个主体。（ ）

3. 企业按投资人的投资比例进行利润或股利分配。（ ）

4. 实收资本增加时记在借方。（ ）

5. 资本公积增加时记在贷方，借方登记按规定转赠注册资本的数额。（ ）

6. 收到其他法人投入的原材料不能计入实收资本账户。（ ）

三、选择题

1. 企业的投资者包括（ ）。

A. 国家　B. 法人单位　C. 个人　D. 外商

2. 非现金资产投入不包括（ ）。

A. 原材料　B. 库存商品　C. 转账支票　D. 固定资产

3. 资本公积包括（ ）。

A. 资本溢价　B. 接受捐赠　C. 接受企业投资　D. 接受固定资产投资

4. 所有者权益核算应设置的账户包括（ ）。

A. 实收资本　B. 股本　C. 资本公积　D. 短期借款

四、问答题

1. 简述实收资本的内容。

2. 实收资本账户是怎样核算的？

3. 简述资本公积的内容。

4. 资本公积账户核算的内容和方法是什么？

五、业务核算题

【资料】 某企业2008年1月发生以下业务：

（1）1日收到北京兴华公司投入资本20万元存入银行。

（2）13日收到天津裕兴公司投入设备一台，双方协议价格32万元，为投入资本入账。

（3）23日又收到天津裕兴公司作为资本投入的原材料一批，原材料价值3万元，裕兴公司已开具了增值税专用发票，税率17%。

（4）25日收到北京兴华公司投入的专利权一项，双方协商以5万元入账。

（5）26日公司决定为扩大规模接受新的投资者投资，根据合同规定企业收到天津实达公司投入资本15万元，占13万元份额，款项已存入该公司账户。

（6）28日接受外商捐赠设备一台，价值13万元。

（7）30日经批准将企业的资本公积8万元转正注册资本（其中国家资本6万元，法人资本2万元）。

【要求】 根据上述资料编制会计分录。

任务三

银行借款核算

任务目标

通过本任务的学习，学生应能够

☑了解短期借款、长期借款的含义

☑掌握短期借款的核算内容及账务处理

☑掌握长期借款的核算内容及账务处理

☑理解并掌握应付债券的核算内容及账务处理

业务认知

企业从银行取得的借款按偿还期不同分为短期借款和长期借款，不论期限长短，都必须按期偿还，并按规定利率支付借款利息。

一、短期借款

1.概念

短期借款，是指企业向银行或其他金融机构等借入的期限在1年以下（含1年）的各种借款。

2.种类

企业短期借款主要有生产经营周转借款、临时借款、票据贴现借款等。

1）生产经营周转借款

是指企业为了满足本身生产经营对流动资金的需要而向银行或其他金融机构等借入的款项。

2）临时借款

是指企业为了满足季节性等生产经营流动资金的需要而临时向银行或其他金融机构等借入的款项。

3）票据贴现借款

是指企业因流动资金周转发生困难时，将持有的商业承兑汇票或银行承兑汇票向银行申请票据贴现的借款。

3.主要账户

企业为了维持或补充正常的生产经营活动，向银行或其他金融机构借入的各种流动借款需在“短期借款”账户中进行核算。

该账户属于负债类账户，用来核算企业从银行借入的偿还期在一年以内的各种借款的增减变动情况。贷方登记借入的各种短期借款，借方登记到期偿还的借款，期末贷方余额表示尚未偿还的短期借款，见表5-10。该账户按照债权人的名称设置明细账，并按借款种类进行明细核算。

表5-10　“短期借款”账户结构

借方	短期借款　　　　　贷方
到期偿还的借款	借入的各种短期借款
	尚未偿还的短期借款

企业发生的短期借款利息属于筹资费用，应计入当期“财务费用”账户。在实际工作中，银行一般于每季度末收取短期借款利息，为此企业的短期借款利息一般采用按月计提的方式进行核算，即在每个季度的前两个月，将本月应负担的利息费用计提出来，借记“财务费用”账户，贷记“应付利息”账户，在每个季度的第三个月实际支付时，按已经计提的利息额，借记“应付利息”账户，按实际支付的利息额与计提数的差额（即第三个月应负担的利息费用），借记“财务费用”账户，按实际支付的利息额，贷记“银行存款”账户，如果短期借款利息是按月支付，或在短期借款到期时连同本金一起支付，并且数额较小，可以不采取计提的办法，而在实际支付时，全额直接计入当期损益，借记“财务费用”账户，贷记“银行存款”账户。

二、长期借款

1. 概念

长期借款是指企业向银行或其他金融机构借入的期限在1年以上（不含1`年）的各项借款。长期借款主要包括固定资产投资借款、更新改造借款、科研开发借款等。固定资产投资借款主要用于固定资产的新建、改建、扩建等基本建设项目；更新改造借款主要用于企业对原有设备进行更新或技术改造；科研开发借款主要用于企业根据国家规定的任务采用新技术，研究、开发新产品。

2. 主要账户

企业为了扩大经营规模，满足长期资金的需要，向银行或其他金融机构借入的各种借款需在“长期借款”账户中进行核算。

该账户属于负债类账户，用来核算企业从银行借入的偿还期在一年以上的各种借款的增减变动情况。贷方登记借入的各种长期借款的本金以及应付的利息，借方登记到期偿还的借款本息，期末贷方余额表示尚未偿还的长期借款本息，见表5-11。本账户应按照提供贷款的银行等金融机构设立明细账，并按借款种类进行明细分类核算。

表5–11 “长期借款”账户结构

借方	长期借款　　　　贷方
到期偿还的借款本息	借入的各种长期借款的本金以及应付的利息
	尚未偿还的长期借款本息

长期借款一般用于固定资产的购建、改扩建工程、大修理工程、以及流动资金的正常需要等方面。它是企业长期负债的重要组成部分，必须加强管理与核算。

三、应付债券

1. 概念

应付债券是指企业为筹集长期使用资金而委托银行发行的一种书面凭证。企业通过发行应付债券取得资金是以将来履行归还购买债券者的本金和利息义务作为保证的，这种未来需履行的义务构成了企业的一项长期负债。

2. 主要账户

为了总括反映为筹集长期资金而实际发行的债券及应付利息业务，企业应设置“应付债券”账户（企业发行1年期及1年期以下的短期债券，应当另设“应付短期债券”账户核算，而不在“应付债券”账户核算）。该账户的贷方登记应付债券的本金和利息，借方登记归还债券的本金和利息，期末贷方余额表示企业尚未归还的债券本金和利息。为了详细反映应付债券的面值、溢价、折价及应付利息业务，“应付债券”账户下应设置“债券面值”、“债券溢价”、“债券折价”、“应付利息”4个明细账户，在此基础上按债券的种类进行明细分类核算。

业务核算

一、短期借款核算

天津市华普电器有限责任公司2009年1月份发生下列经济业务。

例5–7　1月1日，向银行借入60 000元，期限9个月，年利率8%，该借款到期后如数归还，利息分月计提，按季支付，款项已存入银行，相关原始凭证见表5–12～表5–19。

表5–12　例5–7原始凭证1

请借款人认真阅读本合同，尤其是带有★★★★符号的条款，在确认无异议后签署本合同。

中国工商银行借款合同

（中/短期流动资金贷款）

津工行2009年流贷字56120304号

借　款　人：天津华普电器有限公司

住　　　所：天津市西青区杨柳青镇第五大街99号

法定代表：王振通

贷　款　人：工商银行杨柳青分行

地　　　址：天津市卫东路135号

鉴于借款人向贷款人申请流动资金贷款，根据中华人民共和国有关法律、法规及其他有关规定，借款人与贷款人双方协商一致，特定立本合同。

第一条　贷　款

1.1　币种人民币

1.2　金额（大写金额）陆万元整，借款人所欠本金的实际金额以贷款人出具的会计凭证为准。

1.3　期限：玖个月（年/月），自2009年1月1日至2009年10月1日。

1.4　利率:8%

1.5　本合同项下的贷款仅限于生产周转。借款人不得将本合同项下的贷款挪作他用。

（略）

甲方（公章）

乙方（公章）

表5-13 例5-7原始凭证2

中国工商银行（流动资金贷款）借款凭证

单位编号：A288　　日期：2009年1月1日　　银行编号：3868

借款人	名　称	天津华普电器有限公司	收款人	名　称	天津华普电器有限公司
	账　号	022080703563283710086		账　号	022080703563283710086
	开户银行	工商银行杨柳青分行		开户银行	工商银行杨柳青分行
借款期限（最后还款日）	2009年10月1日	利　率	8%	起息日期	2009年8月1日
借款申请金额	人民币（大写）陆万元整			千百十万千百十元角分	6 0 0 0 0 0 0
借款原因及用途	生产周转	银行核定金额			¥ 6 0 0 0 0 0 0

期限	计划还款日期	√	计划还款金额	分次还款记录	期　次	还款日期	还款金额	结　欠
1	2009年10月1日		60 000.00					
2								
3								

备注：

上述借款业已同意贷给并转入你单位往来账户，借款到期应按期归还。此致

借款单位

中国工商银行天津市杨柳青支行 ★ 2009.1.1 ★ 核算专用章

（银行盖章）2009年1月1日

表5-14 例5-7原始凭证3

利息费用计提表

2009年1月30日

项　目	银行借款利息	合　计
生产车间	300	300
厂　部	100	100
合　计		400

表5-15 例5-7原始凭证4

利息费用计提表

2009年2月28日

项　目	银行借款利息	合　计
生产车间	300	300
厂　部	100	100
合　计		400

表5-16　例5-7原始凭证5

中国工商银行 转账支票存根　（津） XⅣ00000112
附加信息
出票日期　2009年3月31日
收款人：工商银行杨柳青分行
金　额：￥1 200.00
用　途：支付利息
单位主管　　　　会计

表5-17　例5-7原始凭证6

中国工商银行　计付利息清单（付出传票）

2009年3月31日

户　名	天津市华普电器公司	账　号	10004567	会计分录：
计息时间	2009.1.01–2009.3.31			
计息积数	60 000.00	利率	年8%	
利息金额人民币（大写）	壹仟贰佰元整		￥1 200.00	转账日期：

表5-18　例5-7原始凭证7

中国工商银行 转账支票存根　（津） XⅣ00000002
附加信息
出票日期　2009年10月1日
收款人：工商银行杨柳青分行
金　额：￥60 000.00
用　途：偿还借款
单位主管　　　　会计

表5-19　例5-7原始凭证8

偿还贷款凭证

2009年10月1日

借款单位名称	天津华普电器有限公司	贷款账号	10004567	结算账号	0220807035632837100086
还款金额（大写）	陆万元整				千 百 十 万 千 百 十 元 角 分 ¥ 6 0 0 0 0 0 0
贷款种类	短期借款	借出日期	2009年1月1日	原约定还款日期：2009年10月1日	
上列款项请由本单位结算账户内偿还到期贷款60 000元				中国工商银行杨柳青支行 受理凭证专用章	

天津市华普电器有限责任公司根据上述原始凭证，进行账务处理如下：

（1）1月1日借入款项时（原始凭证见表5-12和表5-13）

借：银行存款　　60 000

　　贷：短期借款　　60 000

（2）1月末预提当月利息 60 000×8%÷12=400（元）时（原始凭证见表5-14）

借：财务费用　　400

　　贷：应付利息　　400

（3）2月末计提当月利息时（原始凭证见表5-15）

借：财务费用　　400

　　贷：应付利息　　400

（4）3月末以转账支票支付本季度借款利息时（原始凭证见表5-16和表5-17）

借：财务费用　　400

　　应付利息　　800

　　贷：银行存款　　1200

第二、三季度的会计处理同上。

（5）10月1日以转账支票偿还借款本金时（原始凭证见表5-18和表5-19）

借：短期借款　　60 000

　　贷：银行存款　　60 000

例5-8　如果上例中的借款期限是8个月，则到期日为9月1日，8月末之前的会计处理与上述相同。则9月1日偿还借款及支付利息时，相关原始凭证见表5-20和表5-21。

天津市华普电器公司根据上述原始凭证进行账务处理如下：

9月1日偿还本金及支付利息时：

借：短期借款　　60 000

　　应付利息　　800

　　贷：银行存款　　60 800

表5-20　例5-8原始凭证1

偿还贷款凭证(付款凭证)

2009年9月1日

借款单位名称	天津华普电器有限公司	贷款账号	10004567	结算账号	81451058675081002
还款金额（大写）	陆万元整				千 百 十 万 千 百 十 元 角 分 ¥ 6 0 0 0 0 0 0
贷款种类	短期借款	借出日期	2009年1月1日	原约定还款日期：2009年9月1日	
上列款项已由本单位结算账户内偿还到期贷款60 000元					

中国工商银行杨柳青支行 受理凭证专用章

表5-21　例5-8原始凭证12

中国工商银行　计付利息清单(付出传票)

2009年9月1日

户　　名	天津市华普电器公司	账　　号	10004567	会计分录：
计息时间	2009.7.01-2009.8.30			
计息积数	60 000.00	利率	年8%	
利息金额人民币(大写)	捌佰元整	¥800.00		转账日期：

二、长期借款核算

企业借入的长期借款，借记“银行存款”账户，贷记“长期借款”账户；归还时，借记“长期借款”账户，贷记“银行存款”账户。企业发生的借款费用(包括利息、汇兑损失等)，应区别下列情况处理：

(1)属于筹建期间的，计入长期待摊费用，借记“长期待摊费用”账户，贷记“长期借款”账户。

(2)属于发生的与固定资产购建有关的专门借款的借款费用，在固定资产达到预定可使用状态前按规定应予以资本化，借记“在建工程”账户，贷记“长期借款”账户；固定资产达到预定可使用状态后所发生的借款费用以及按规定不能予以资本化的借款费用，借记“财务费用”账户，贷记“长期借款”账户。

业务核算

天津市华普电器有限责任公司2006年1月份发生下列经济业务。

例5-9　1月31日，向银行借入期限为3年，年利率为8.4%的借款200 000元，用于购买不需安装的设备一台，款项已存入银行，本息于到期日一次支付。原始凭证见表5-22～表5-27。

表5-22　例5-9原始凭证1

请借款人认真阅读本合同，尤其是带有★★★★符号的条款，在确认无异议后签署本合同。

中国工商银行借款合同

（中／长期资金贷款）

津工行2006年流贷字56120304号

借　款　人：天津华普电器有限公司

住　　　所：天津市西青区杨柳青镇第五大街99号

法定代表：王振通

贷　款　人：工商银行杨柳青分行

地　　　址：天津市卫东路135号

鉴于借款人向贷款人申请流动资金贷款，根据中华人民共和国有关法律、法规及其他有关规定，借款人与贷款人双方协商一致，特定立本合同。

第一条　贷　款

1.1　币种人民币

1.2　金额（大写金额）贰拾万元整，借款人所欠本金的实际金额以贷款人出具的会计凭证为准。

1.3　期限：叁年（年／月），自2006年1月31日至2009年1月31日。

1.4　利率:8.4%

1.5　本合同项下的贷款仅限于生产周转。借款人不得将本合同项下的贷款挪作他用。

（略）

甲方（公章）　天津华普电器有限公司　财务专用章

乙方（公章）　中国工商银行杨柳青支行　业务专用章

表5-23　例5-9原始凭证2

中国工商银行（流动资金贷款）借款凭证　3

单位编号：A288　　日期：2006年1月31日　　银行编号：3868

借款人	名　称	天津华普电器有限公司	收款人	名　称	天津华普电器有限公司
	账　号	022080703563283710086		账　号	022080703563283710086
	开户银行	工商银行杨柳青分行		开户银行	工商银行杨柳青分行
借款期限（最后还款日）	2009年1月31日	利　率	8.4%	起息日期	2006年1月31日

借款申请金额	人民币（大写）贰拾万元整	千	百	十	万	千	百	十	元	角	分
			¥	2	0	0	0	0	0	0	0
借款原因及用途	购买固定资产　银行核定金额	千	百	十	万	千	百	十	元	角	分
			¥	2	0	0	0	0	0	0	0

期限	计划还款日期	√	计划还款金额	分次还款记录	期　次	还款日期	还款金额	结　欠
3年	2009年1月31日		200 000.00					

备注：

上述借款业已同意贷给并转入你单位往来账户，借款到期应按期归还。此致

借款单位

中国工商银行天津市杨柳青支行

★ 2009.1.1 ★

核算专用章

（银行盖章）2006年1月31日

表5-24　例5-9原始凭证3

固定资产验收单

供货单位：北京市青云有限公司　　2006年2月1日　　单位：元

名称及规格	数　量	单　位	买　价	运　费	包装费	金　额	备　注
机　床	2	台	187 200	10 000	2 800	200 000	交付使用
验收部门：生产部门							

会计：　　制单：

表5-25　例5-9原始凭证4

长期借款利息计提表

2006年2月25日

项　目	银行借款利息	合　计
生产车间	1 000	1 000
厂　部	400	400
合　计		1 400

表5-26　例5-9原始凭证5

偿还贷款凭证

2009年1月31日

<table>
<tr><td>借款单位名称</td><td colspan="3">天津华普电器有限公司</td><td>贷款账号</td><td>10004567</td><td>结算账号</td><td colspan="10">022080703563283710086</td></tr>
<tr><td rowspan="2">还款金额（大写）</td><td colspan="6" rowspan="2">贰拾伍万零肆佰元整</td><td>千</td><td>百</td><td>十</td><td>万</td><td>千</td><td>百</td><td>十</td><td>元</td><td>角</td><td>分</td></tr>
<tr><td></td><td>¥</td><td>2</td><td>5</td><td>0</td><td>4</td><td>0</td><td>0</td><td>0</td><td>0</td></tr>
<tr><td>贷款种类</td><td>长期借款</td><td>借出日期</td><td colspan="3">2006年1月31日</td><td colspan="11">原约定还款日期：2009年1月31日</td></tr>
<tr><td colspan="6">上列款项请由本单位结算账户内偿还到期贷款250 400元。此致</td><td colspan="11">中国工商银行杨柳青支行 受理凭证专用章</td></tr>
</table>

表5-27　例5-9原始凭证6

中国工商银行

转账支票存根　（津）

XⅣ00000002

附加信息

出票日期　2009年1月31日

收款人：	工商银行杨柳青分行
金　额：	¥250 400.00
用　途：	偿还借款

单位主管　　　　会计

天津市华普电器公司根据上述原始凭证进行账务处理如下：

（1）取得长期借款时

借：银行存款　　200 000

　　贷：长期借款　　200 000

（2）购入固定资产时

借：固定资产　　200 000

　　贷：银行存款　　200 000

（3）借款利息处理时

年利息：200 000×8.4%＝16 800（元）

月利息：16 800÷12＝1 400（元）

借：财务费用　　1 400

　　贷：长期借款　　1 400

（4）到期还本付息时

借：长期借款　　　　　　　　　　250 400

　　贷：银行存款　　　　　　　　　　250 400

例5–10　天津市华普电器公司为扩大生产规模，于2006年1月1日向工商银行借入期限为2年的款项600 000元，用于厂房建设，出包给天津市第一建筑公司，该借款年利息率为8%，单利计算，到期一次还本付息，款项已由银行直接拨入企业存款账户，工程于2006年12月31日完工。相关原始凭证见表5–28～表5–33。

表5–28　例5–10原始凭证1

中国工商银行（流动资金贷款）借款凭证　　3

单位编号：A288　　　　日期：2006年1月31日　　　　银行编号：3868

借款人	名　称	天津华普电器有限公司	收款人	名　称	天津华普电器有限公司
	账　号	02208070356328371008 6		账　号	022080703563283710086
	开户银行	工商银行杨柳青分行		开户银行	工商银行杨柳青分行

借款期限（最后还款日）	2008年1月1日	利　率	8.4%	起息日期	2006年1月1日

			千	百	十	万	千	百	十	元	角	分
借款申请金额	人民币（大写）陆拾万元整			¥	6	0	0	0	0	0	0	0
借款原因及用途	购买固定资产	银行核定金额		¥	6	0	0	0	0	0	0	0

期限	计划还款日期	√	计划还款金额	分次还款记录	期　次	还款日期	还款金额	结　欠
2年	2008年1月1日		600 000.00					

备注：	上述借款业已同意贷给并转入你单位往来账户，借款到期应按期归还。此致 借款单位 （银行盖章）2006年1月1日 中国工商银行天津市杨柳青支行 ★ 2006.1.1 ★ 核算专用章

表5-29　例5-10原始凭证2

中国工商银行
转账支票存根　　（津）
XⅣ 00000232

附加信息______________________

出票日期　2006年12月31日

收款人：	天津市第一建筑公司
金　额：	¥600 000.00
用　途：	支付工程款

单位主管　　　　　　会计

建筑发票从略。

表5-30　例5-10原始凭证3

工程竣工验收决算报告

2007年4月26日　　　　单位：元　编号：210

项目名称	工程批准号	工程预算数	工程决算数	其中设备费	材料费用	工资费用	其他直接费	施工管理费
厂房		650 000.00	600 000.00		450 000.00	102 000.00	15 000.00	33 000.00
新增固定资产					承建部门（盖章）		主管部门（盖章）	
固定	型号	单价						
					负责人：张扬		负责人：王燕	
					使用部门（盖章）		财务部门（盖章）	
					负责人：马瑶		负责人：张震	

天津市第一建筑公司 业务专用章

天津华普电器有限公司 业务专用章

表5-31　例5-10原始凭证4

固定资产验收单

承建单位：天津市第一建筑公司

建设单位：天津华普电器有限公司　　　2006年12月31日　　　单位：元

固定资产名称	计量单位	数　量	金　额	预计可使用年限	备　注
厂　房	幢	1	600 000.00	20	新　建
建设部门	单位盖章 （天津市第一建筑公司 业务专用章）		使用部门	单位盖章 （天津华普电器有限公司 业务专用章）	
签章： 财务：高阳 经办：赵华			签章： 财务：刘静 经办：王喜		

表5-32　例5-10原始凭证5

偿还贷款凭证

2008年1月31日

借款单位名称	天津华普电器有限公司	贷款账号	10004567	结算账号	022080703563283710086
还款金额（大写）	陆拾玖万陆仟元整				千 百 十 万 千 百 十 元 角 分 ¥ 6 9 6 0 0 0 0 0
贷款种类	长期借款	借出日期	2006年1月1日	原约定还款日期：2008年1月1日	
上列款项请由本单位结算账户内偿还到期贷款696 000元。此致				（中国工商银行杨柳青支行 受理凭证专用章）	

表5-33　例5-10原始凭证6

中国工商银行

转账支票存根　（津）

XⅣ 00000341

附加信息＿＿＿＿＿＿＿＿

出票日期　2008年1月1日

收款人：工商银行河西支行
金　额：¥ 696 000.00
用　途：归还借款本息

单位主管　　　　会计

天津市华普电器公司根据上述原始凭证进行账务处理如下：

（1）取得长期借款时

借：银行存款　　　　600 000

　　贷：长期借款　　　　600 000

（2）购建固定资产时

借：在建工程　　　　600 000

　　贷：银行存款　　　　600 000

（3）2006年12月31日工程完工时

年利息：600 000 × 8% = 48 000（元）

2006年1月1日～2006年12月31日利息

借：在建工程　　　　48 000

　　贷：长期借款　　　　48 000

工程完工时

借：固定资产　　　　648 000

　　贷：在建工程　　　　648 000

（4）到期还本付息时

2007年1月1日～2007年12月31日利息

借：财务费用　　　　48 000

　　贷：长期借款　　　　48 000

2008年1月1日还本付息时

借：长期借款　　　　696 000

　　贷：银行存款　　　　696 000

三、应付债券核算

应付债券的核算主要包括债券发行的核算、债券利息的核算、债券溢价与折价摊销的核算、债券还本付息的核算等。

（一）债券的发行

企业发行债券时，按实际收到的款项，借记“银行存款”等账户，按债券票面价值，贷记“应付债券——债券面值”账户；溢价或折价发行的债券，还应按发行价格与票面价值之间的差额，贷记“应付债券——债券溢价”或借记“应付债券——债券折价”账户。

企业在发行债券时，应将待发行债券的票面金额、债券票面利率、还本期限与方式、发行总额、发行日期和编号、委托代售部门、转换股份等情况在备查簿中进行登记。

企业债券发行价格的高低一般取决于债券票面价值、债券票面利率、发行当时的市场利率以及债券期限的长短等因素。债券发行有面值发行、溢价发行和折价发行3种情况。

企业债券按其面值出售的，称为面值发行。此外，债券还可能按低于或高于其面值的价格出售，即折价发行和溢价发行。折价发行是指债券的售价低于债券的面值；而溢价发行则是指债券的售价高于债券的面值。

1.债券面值发行

例5-11　2006年1月1日，天津市华普电器有限责任公司按面值发行3年期，票面年利率为3.15%，到期一次还本付息的债券600 000元（发行费用略），用以补充流动资金，发行的债券款已存入银行。相关原始凭证见表5-34。

表5-34　例5-11原始凭证

中国工商银行现金存款单（第一联回单）

2006年1月1日

存款单位	全　　称	天津华普电器有限公司	开户银行	工商银行杨柳青分行
	账　　号	022080703563283710086	款项来源	发行债券

人民币（大写）	陆拾万元整	百	十	万	千	百	十	元	角	分
		¥	6	0	0	0	0	0	0	0

票面	张数	百	十	万	千	百	十	元	角	分	
壹佰元	5 000		5	0	0	0	0	0	0	0	本存款单金额银行全部收讫
伍拾元	200		1	0	0	0	0	0	0	0	
拾元											（收款银行盖章）
伍元											收款员
贰元											复核员
壹元											

会计：　　　　复核：　　　　记账：

天津华普电器有限公司根据上述原始凭证进行账务处理如下：

借：银行存款　　600 000

　　贷：应付债券——债券面值　　600 000

2.债券溢价发行

例5-12　2006年1月1日，天津市华普电器公司发行5年期，到期一次还本付息，票面年利率为3.6%的债券用于固定资产投资。债券票面价值为1 000 000元，实际发行价格为1 022 500元（发行费用略），发行的债券款已存入银行。相关原始凭证见表5-35。

天津华普电器有限公司根据下述原始凭证进行账务处理如下：

借：银行存款　　1 022 500

　　贷：应付债券——债券面值　　1 000 000

　　　　　　　　——债券溢价　　22 500

表5-35　例5-12原始凭证

中国工商银行现金存款单（第一联回单）

2006年1月1日

存款单位	全　　称	天津华普电器有限公司	开户银行	工商银行杨柳青分行
	账　　号	02208070356328371008 6	款项来源	发行债券

人民币（大写）	千	百	十	万	千	百	十	元	角	分
壹佰零贰万贰仟伍佰元整	¥	1	0	2	2	5	0	0	0	0

票面	张数	百	十	万	千	百	十	元	角	分	
壹佰元	9 000		9	0	0	0	0	0	0	0	本存款单金额银行全部收讫
伍拾元	2 000		1	0	0	0	0	0	0	0	
拾元	2 250			2	2	5	0	0	0	0	（收款银行盖章）
伍元											收款员
贰元											复核员
壹元											

会计：　　　　　　　　复核：　　　　　　　　记账：

3.债券折价发行

例5-13　若例5-12的债券为折价发行，票面年利率为2.88%，实收发行款986 500元存入银行，其他资料不变。相关原始凭证见表5-36。

表5-36　例5-13原始凭证

中国工商银行现金存款单（第一联回单）

2001年1月1日

存款单位	全　　称	天津华普电器有限公司	开户银行	工商银行杨柳青分行
	账　　号	02208070356328371008 6	款项来源	发行债券

人民币（大写）	千	百	十	万	千	百	十	元	角	分
玖拾捌万陆仟伍佰元整		¥	9	8	6	5	0	0	0	0

票面	张数	百	十	万	千	百	十	元	角	分	
壹佰元	9 000		9	0	0	0	0	0	0	0	本存款单金额银行全部收讫
伍拾元	2 000		1	0	0	0	0	0	0	0	
拾元	650				6	5	0	0	0	0	（收款银行盖章）
伍元											收款员
贰元											复核员
壹元											

会计：　　　　　　　　复核：　　　　　　　　记账：

天津市华普电器有限责任公司根据上述原始凭证进行账务处理如下：

借：银行存款 986 500

应付债券——债券折价 13 500

贷：应付债券——债券面值 1 000 000

（二）债券应付利息的计算和溢价、折价的摊销

企业已发行的债券应按期计提利息；溢价或折价发行的债券，其债券发行价格总额与债券面值总额的差额，应当在债券存续期间分期摊销。摊销方法可以采用直线法，也可采用实际利率法，通常采用直线法。

分期计提利息及摊销溢价、折价时，应当区别下列情况分别处理：

（1）面值发行债券应计提的利息，借记“在建工程”、“财务费用”等账户，贷记“应付债券——应付利息”账户。

（2）溢价发行债券，按应摊销的溢价金额，借记“应付债券——债券溢价”账户，按应计利息与溢价摊销的差额，借记“在建工程”、“财务费用”等账户，按应付利息，贷记“应付债券——应付利息”账户。

（3）折价发行债券，按应摊销的折价金额和应付利息之和，借记“在建工程”、“财务费用”等账户，按应摊销的折价金额，贷记“应付债券——债券折价”账户，按应付利息，贷记“应付债券——应付利息”账户。

1.面值发行债券应计利息

例5–14 承例5–11，假设发行的债券于每年末一次计提利息。相关原始凭证见表5–37。

表5–37 按面值发行债券利息计提表

计息日期	账面价值	应付利息①
		①=面值×票面利率
2006年1月1日	600 000	
2006年12月31日	600 000	18 900
2007年12月31日	600 000	18 900
2008年12月31日	600 000	18 900
合　计	—	56 700

天津市华普电器有限责任公司根据上述原始凭证进行账务处理如下：

2006年12月31日，应付利息＝600 000×3.15%＝18 900（元）

借：财务费用 18 900

贷：应付债券——应付利息 18 900

2007年—2008年分录相同。

2.债券溢价摊销和应付利息

例5–15 承例5–12，假设发行的债券于每年末进行利息计提、溢价摊销。原始凭证见表5–38。

表5-38 债券溢价摊销表（直线法）

计息日期	应付利息①	溢价摊销②	实际利息费用③	未摊销溢价④	账面价值⑤
	①=面值×票面利率	②=溢价总额÷5	③=①-②	④=④-②	⑤=⑤-②
2006年1月1日				22 500	1 022 500
2006年12月31日	36 000	4 500	31 500	18 000	1 018 000
2007年12月31日	36 000	4 500	31 500	13 500	1 013 500
2008年12月31日	36 000	4 500	31 500	9 000	1 009 000
2009年12月31日	36 000	4 500	31 500	4 500	1 004 500
2010年12月31日	36 000	4 500	31 500	0	1 000 000
合　计	180 000	22 500	157 500	—	—

天津华普电器有限公司根据上述原始凭证进行账务处理如下：

2006年12月31日

应付利息＝1 000 000×3.6%＝36 000（元）

溢价摊销＝22 500÷5＝4 500（元）

借：在建工程　　31 500

　　应付债券——债券溢价　　4 500

　　贷：应付债券——应付利息　　36 000

2007年—2010年分录相同。

3.债券折价摊销和应付利息

例5-16　承例5-13，假设发行的债券于每年末进行利息计提、折价摊销。原始凭证见表5-39。

表5-39 债券折价摊销表（直线法）

计息日期	应付利息①	折价摊销②	实际利息费用③	未摊销折价④	账面价值⑤
	①=面值×票面利率	②=折价总额÷5	③=①+②	④=④-②	⑤=⑤+②
2006年1月1日				13 500	986 500
2006年12月31日	28 800	2 700	31 500	10 800	989 200
2007年12月31日	28 800	2 700	31 500	8 100	991 900
2008年12月31日	28 800	2 700	31 500	5 400	994 600
2009年12月31日	28 800	2 700	31 500	2 700	997 300
2010年12月31日	28 800	2 700	31 500	0	1 000 000
合　计	144 000	13 500	157 500	—	—

天津华普电器有限公司根据上述原始凭证进行账务处理如下：

2006年12月31日：

应付利息＝1 000 000×2.88%＝28 800（元）

折价摊销＝13 500÷5＝2 700（元）

借：在建工程　　31 500
　　贷：应付债券——应付利息　　28 800
　　　　　　　　——债券折价　　2 700

2007年—2010年分录相同。

（三）债券到期支付本息

债券到期支付本息，按支付的本金，借记“应付债券——债券面值”账户，按支付的利息，借记“应付债券——应付利息”账户，按支付的本金和利息之和，贷记“银行存款”账户。

例5-17　承例5-11～例5-13债券到期支付本息，天津华普电器有限公司应编制以下会计分录：

例5-11债券到期的本息和：（600 000 + 18 900 × 3）= 656 700元，债券到期支付本金和利息的会计分录：

借：应付债券——债券面值　　600 000
　　　　　　——应付利息　　56 700
　　贷：银行存款　　656 700

例5-12债券到期的本息和：（1 000 000 + 36 000 × 5）= 1 180 000元，债券到期支付本金和利息的会计分录：

借：应付债券——债券面值　　1 000 000
　　　　　　——应付利息　　180 000
　　贷：银行存款　　1 180 000

例5-13债券到期的本息和：（1 000 000 + 28 800 × 5）= 1 144 000元。

债券到期支付本金和利息的会计分录：

借：应付债券——债券面值　　1 000 000
　　　　　　——应付利息　　144 000
　　贷：银行存款　　1 144 000

思考与练习

一、填空题

1. 短期借款，指企业向银行或其他金融机构借入的期限在__________的各种借款。

2. 企业短期借款的种类有__________、__________、__________等。

3. 企业发生的短期借款利息应当计入当期的__________。

4. 长期借款是企业向银行或其他金融机构借入的期限在__________的各项借款，长期借款主要用于__________、__________、__________等。

5. 长期借款贷方登记__________、借方登记__________，期末贷方余额表示__________。

6. 应付债券贷方登记__________、借方登记__________，期末贷方余额表示__________。

7. 长期债券的发行可以按__________，也可以按__________和__________。

二、判断题

1. 短期借款是企业向金融机构借入1年以下，不含1年的借款。（ ）

2. 生产经营周转借款是企业为了满足季节性生产需要临时向银行等金融机构所借的款项。（ ）

3. 向银行及其他金融机构借入的流动借款在“短期借款”账户中核算。（ ）

4. 企业发生的短期借款利息属于筹资费用。（ ）

5. 长期借款不包括更新改造借款。（ ）

6. 属于工程筹建期间的长期借款，应计入“长期待摊费用”。（ ）

7. 属于与固定资产购建有关的长期借款，在固定资产可使用前应计入财务费用。（ ）

8. 企业发行的长期债券和短期债券核算方法一样。（ ）

9. 债券只能按面值发行。（ ）

10. 债券发行的利率可以不参考当时的市场利率。（ ）

三、简答题

1. 短期借款的核算方法及内容是什么？

2. 长期借款是怎样核算的？

3. 应付债券是怎样核算的？

4. 长期债券发行的方法有几种，内容是什么？

四、名词解释

1. 短期借款

2. 票据贴现借款

3. 企业临时借款

4. 长期借款

5. 应付债券

五、业务核算题

【资料】 某企业发生如下业务：

（1）2004年1月1日，向银行借入70 000元，期限9个月，年利率7%，款项已存入银行，利息分月计提，按季支付。

（2）2004年10月1日，偿还银行9个月的短期借款和利息（写出最后一个季度每个月的利息提取分录）。

（3）2005年1月1日，向银行借入期限为3年，年利率为8.5%的借款100 000元，用于购买不需安装的设备一台，按月提利息，到期一次性还款。

（4）2008年1月1日，偿还3年期的借款和利息。

（5）2006年1月1日，企业为扩大生产规模，向银行借入期限为2年款项300 000元，用于厂房建设，并把工程承包给广东建筑公司，借款利息9%，单利计算，到期一次还本付息。

（6）2006年12月31日，工程完工。

（7）2008年1月1日，偿还建设厂房的2年期借款和利息。

（8）2007年1月1日，为筹集资金，按面值发行3年期的债券400 000元，票面利率为3.35%，债券款已存入银行。

（9）2008年1月1日，发行4年期的债券，票面年利率3.8 %，用于固定资产投资，面值500 000元，实际发行价值501 125元，债券款已存入银行。

（10）2008年末计提4年期债券利息并进行溢价摊销。

（11）2009年1月1日，企业发行3年期债券，票面利率2.78%，面值300 000元，发行价286 500元，价款已存入银行。

（12）2009年末计提3年期债券利息并进行折价摊销。

【要求】 根据上述业务编制会计分录。

任务四

实 训

实训目的

☑能够识别与投资者投入资本和银行借款等经济业务有关的原始凭证
☑能够准确填制记账凭证，掌握投资和银行借款等经济业务的核算，并正确登记账簿

实训环境

会计模拟实验室，配有相关原始凭证、记账凭证、账簿、实物展台等。

实训要求

- 了解企业生产经营活动的整个过程，理解企业投资核算所涉及账户的性质和结构
- 熟悉原始凭证，掌握企业投资过程的会计核算，正确编制会计分录，准确填制记账凭证
- 掌握银行借款的会计核算，正确编制会计分录，准确填制记账凭证
- 掌握以审核无误的原始凭证为依据填制→记账凭证→登记账簿的会计操作
- 保管各种有价证券，保管有关印鉴、空白收据和空白支票

实训资料

【企业概况】

企业名称：天津华普电器有限公司

法定代表人：王振通

注册地址：天津市西青区杨柳青镇第五大街99号

电话：022-27391234

注册资本：1 000万元

企业类型：有限责任公司

经营范围及主要产品：家用电器

经营方式：生产销售

企业组织机构：企业下设两个基本生产车间、两个辅助生产车间、厂部办公室、供应部、销售部等

开户行：西青区杨柳青镇第五大街99号

账号：0220807035632837100086

税务登记证号：0227791549617866115

纳税人类型：一般纳税人

增值税率：17%

财务部门负责人：张震

会计：李智慧

出纳：赵青云

【业务资料】

天津华普电器有限公司2008年发生有关经济业务如下：

实训1　1月1日，向银行借入为期6个月，年利率8%的借款120 000元，存入银行存款账户，该借款到期后如数归还，利息分月计提，按季支付，款项已收存银行，相关原始凭证见表5-40和5-41。

表5-40　实训1原始凭证1

中国工商银行（流动资金贷款）借款凭证

单位编号：A288　　　　日期：2008年1月1日　　　　银行编号：3868

借款人	名　称	天津华普电器有限公司	收款人	名　称	天津华普电器有限公司
	账　号	0220807035632837100086		账　号	0220807035632837100086
	开户银行	工商银行杨柳青分行		开户银行	工商银行杨柳青分行

借款期限（最后还款日）	2008年6月1日	利　率	8%	起息日期	2008年1月1日

			千	百	十	万	千	百	十	元	角	分
借款申请金额	人民币（大写）拾贰万元整			¥	1	2	0	0	0	0	0	0
借款原因及用途	生产周转	银行核定金额		¥	1	2	0	0	0	0	0	0

期限	计划还款日期	√	计划还款金额	分次还款记录	期　次	还款日期	还款金额	结　欠
1	2008年7月1日		120 000.00					
2								
3								

备注：	上述借款业已同意贷给并转入你单位往来账户，借款到期应按期归还。此致 借款单位 （银行盖章）2008年1月1日 中国工商银行天津市杨柳青支行 ★2008.1.1★ 核算专用章

表5-41　实训1原始凭证2

请借款人认真阅读本合同，尤其是带有 **** 符号的条款，在确认无异议后签署本合同。

中国工商银行借款合同

（中/短期流动资金贷款）
津工行2008年流贷字56120304号

借　款　人：天津华普电器有限公司
住　　　所：天津市西青区杨柳青镇第五大街99号
法定代表：王振通
贷　款　人：工商银行杨柳青分行
地　　　址：天津市卫东路135号

鉴于借款人向贷款人申请流动资金贷款，根据中华人民共和国有关法律、法规及其他有关规定，借款人与贷款人双方协商一致，特定立本合同。

第一条　贷　款

1.1　币种人民币
1.2　金额（大写金额）拾贰万元整，借款人所欠本金的实际金额以贷款人出具的会计凭证为准。
1.3　期限：陆个月（年/月），自2008年1月1日至2008年7月1日。
1.4　利率：8%
1.5　本合同项下的贷款仅限于生产周转。借款人不得将本合同项下的贷款挪作他用。
（略）

甲方（公章）　天津华普电器有限公司 财务专用章

乙方（公章）　中国工商银行杨柳青支行 业务专用章

实训2　1月1日，天津华普电器有限公司为扩建厂房，向银行借入3年期长期借款200 000元，年利率10%，借款合同规定到期一次还本付息。假设扩建厂房于2010年末建成达到预定可使用状态并办理竣工决算手续。相关原始凭证见表5-42和表5-43。

表5-42　实训2原始凭证1

请借款人认真阅读本合同，尤其是带有★★★★符号的条款，在确认无异议后签署本合同。

中国工商银行借款合同

（中/短期流动资金贷款）

津工行2008年流贷字56120304号

借　款　人：天津华普电器有限公司
住　　　所：天津市西青区杨柳青镇第五大街99号
法 定 代 表：王振通
贷　款　人：工商银行杨柳青分行
地　　　址：天津市卫东路135号

鉴于借款人向贷款人申请流动资金贷款，根据中华人民共和国有关法律、法规及其他有关规定，借款人与贷款人双方协商一致，特定立本合同。

第一条　贷　款

1.1　币种人民币
1.2　金额（大写金额）贰拾万元整，借款人所欠本金的实际金额以贷款人出具的会计凭证为准。
1.3　期限：叁年（年/月），自2008年1月1日至2011年1月1日。
1.4　利率:10%
1.5　本合同项下的贷款仅限于生产周转。借款人不得将本合同项下的贷款挪作他用。
（略）

天津华普电器有限公司 财务专用章
甲方（公章）

中国工商银行杨柳青支行 业务专用章
乙方（公章）

表5-43　实训2原始凭证2

中国工商银行（流动资金贷款）借款凭证

单位编号：A288　　日期：2008年1月1日　　银行编号：3868

借款人	名　称	天津华普电器有限公司	收款人	名　称	天津华普电器有限公司
	账　号	02208070356328371008 6		账　号	022080703563283710086
	开户银行	工商银行杨柳青分行		开户银行	工商银行杨柳青分行

借款期限（最后还款日）	2011年1月1日	利　率	10%	起息日期	2008年1月1日

借款申请金额	人民币（大写）贰拾万元整		千	百	十	万	千	百	十	元	角	分
				¥	2	0	0	0	0	0	0	0
借款原因及用途	扩建厂房	银行核定金额	千	百	十	万	千	百	十	元	角	分
				¥	2	0	0	0	0	0	0	0

期限	计划还款日期	√	计划还款金额	分次还款记录	期　次	还款日期	还款金额	结　欠
3年	2011年1月1日		200 000.00					

备注：	上述借款业已同意贷给并转入你单位往来账户，借款到期应按期归还。此致 借款单位 中国工商银行天津市 杨柳青支行 ★2008.1.1★ 核算专用章 （银行盖章）2008年1月1日

实训3　1月5日，收到天津市星旺公司投入资本300 000元，存入银行。相关原始凭证见表5-44和表5-45。

表5-44　实训3原始凭证1

信汇凭证（收账通知）　　1

委托日期2008年1月3日

汇款人	全　称	天津兴旺公司			收款人	全　称	天津华普电器有限公司	
	账号或住址	440105600987034				账号或住址	022080703563283710086	
	汇出地点	天津市	汇出行名称	工行天津河东支行		汇入地点	天津市	汇入行名称	工商银行杨柳青分行

金额	人民币（大写）叁拾万元整	亿	千	百	十	万	千	百	十	元	角	分
				¥	3	0	0	0	0	0	0	0

汇款用途：投资		科目（付） 对方科目 中国工商银行天津 杨柳青支行 2009年8月1日 转 讫
上列款项已根据委托办理，如需查询，请持此单来行面洽。 汇入银行盖章	上列款项已照收无误 收款人盖章	汇入行解汇日期　2008年1月5日 复核　　出纳　　记账

表5-45　实训3原始凭证2

收款收据

2008年1月5日　　No.1200001

收款单位	天津华普电器有限公司	交款单位	天津兴旺公司	金额								
				百	十	万	千	百	十	元	角	分
金额（大写）	人民币：叁拾万元整			¥	3	0	0	0	0	0	0	0
事由	投资			备注：信汇凭证								

会计主管：　　收款人：　　制单：

第三联　记账联

（印章：天津华普电器有限公司 财务专用章）

实训4　1月8日，公司收到天津华安有限公司投入设备一台，投出单位账面原价100 000元，双方协议确定的价值为650 000元，设备已投入使用。相关原始凭证见表5-46和表5-47。

表5-46　实训4原始凭证1

天津市增值税专用发票

发票联

开票日期：2008年1月8日

购货单位	名称：天津华普电器有限公司 纳税人识别号：022779154961786 6115 地址、电话：天津市西青区杨柳青镇第五大街99号 022-27391234 开户行及账号：工商银行杨柳青分行 022080703563283710086				密码区	（略）		
货物或应税劳务名称	规格型号	单位	数量	单价	金额	税率	税额	
机　床		台	1		650 000.00	17%	110 500.00	
合　计					650 000.00	17%	110 500.00	
价税合计（大写）	柒拾陆万零伍佰元整　（小写）¥760 500.00							
销货单位	名称：天津华安有限公司 纳税人识别号：450407987654321 地址、电话：天津市津津公路14号 开户行及账号：天津河西工行一支行10002345			备注				

收款人：　　复核：　　开票人：　　销货单位（章）

第二联　发票联　购货方记账凭证

（印章：天津华安有限公司 发票专用章）

表5-47　实训4原始凭证2

固定资产联营转移单

调出单位：天津华安有限公司

调入单位：天津华普电器有限公司　　2008年1月8日　　单位：元

调拨原因及根据		投资		评估确认价值		人民币：234 000.00	
固定资产名称	规格型号	单位	数量	预计使用年限	已使用年限	现有价值	作价依据
机　床	GX	台	1	10	2	760 500.00	评估报告
调出单位	天津华安有限公司 业务专用章			调入单位		天津华普电器有限公司 业务专用章	
签章： 财务：萧丽 经办：许海				签章： 财务：刘静 经办：王喜			

接受单位记账联

实训5　1月10日，以存款偿还期限为3个月的到期借款50 000元。相关原始凭证见表5-48。

表5-48　实训5原始凭证

偿还贷款凭证（付款凭证）

2008年1月10日

借款单位名称	天津华普电器有限公司	贷款账号	10004567	结算账号	022080703563283710086
还款金额（大写）	伍万元整			千百十万千百十元角分	¥5000000
贷款种类	短期借款	借出日期	2007年10月10日	原约定还款日期：2008年1月10日	
上列款项已由本单位结算账户内偿还到期贷款50 000元				中国工商银行杨柳青支行 受理凭证专用章	

实训6　1月15日，收到天津裕兴公司作为资本投入的原材料一批，原材料价值40 000元，裕兴公司已开具了增值税专用发票，税率17%。相关原始凭证见表5-49和表5-50。

表5-49　实训6原始凭证1

收　料　单

材料类别：　　原材料供应单位：天津裕兴公司

供货单位：　　原料发票号码：

2008年1月15日　　收料仓库：一仓库

材料名称	规　格	计量单位	数　量		实际成本			
			应　收	实　收	运杂费	其　他	合　计	单位成本
甲材料		千克	1 000	1 000	40	40 000	40 000	40
合　计				1 000		40 000	40 000	
用途	生产冰箱							

记账：　　收料人：　　制单：

表5-50　实训6原始凭证2

天津市增值税专用发票

全国统一发票监制章 天津市 国家税务局监制

发　票　联

开票日期：2008年1月15日

购货单位	名　　称：天津华普电器有限公司 纳税人识别号：370305987654321 地 址、电 话：天津市西青区杨柳青镇第五大街99号 开户行及账号：工商银行杨柳青分行 02208070356328371008 6				密码区	（略）	
货物或应税劳务名称	规格型号	单位	数量	单价	金额	税率	税额
甲材料		千克	1 000	40	40 000.00	17%	6 800
合　计					40 000.00	17%	6 800
价税合计（大写）	肆万陆仟捌佰元整　　（小写）¥46 800.00						
销货单位	名　　称：天津裕兴公司 纳税人识别号：450407987654321 地 址、电 话：天津市卫国路12号 开户行及账号：天津河西工行一支行10002345			备注	天津裕兴有限公司 发票专用章		

收款人：　　　复核：　　　开票人：　　　销货单位（章）

第二联　发票联　购货方记账凭证

实训7　1月20日，华兴公司用商标权向本公司投资，经专家评估确认，价值为80 000元。相关原始凭证见表5-51。

表5-51　实训7原始凭证

无形资产拨入单

调出单位：天津市华兴公司

调入单位：天津华普电器有限公司　　　2008年1月20日　　　单位：元

无形资产名称	数　量	金　额	预计可使用年限	备　注
专利权	1	80 000	10	投　资
调出单位	单位盖章		调入单位	单位盖章
签章： 财务：萧丽 经办：许海	天津华兴公司 业务专用章		签章： 财务：刘静 经办：王喜	天津华普电器有限公司 业务专用章

实训8 1月22日，公司准备吸收新投资者丙公司，按照投资协议，收到丙公司投入资本300万元，享有200万的份额。接到银行通知，300万元投资额已经到账。假定不考虑其他因素。相关原始凭证见表5-52。

表5-52 实训8原始凭证

中国工商银行 进账单（收账通知） 3

2008年1月22日

出票人	全　称	丙公司	收款人	全　称	天津华普电器有限公司
	账　号	10002579		账　号	022080703563283710086
	开户银行	工行河东支行		开户银行	工商银行杨柳青分行
金额	人民币（大写）	叁佰万元整		亿千百十万千百十元角分	￥ 3 0 0 0 0 0 0 0 0
票据种类	支票	票据张数	1		
票据号码	12334039				
复核　记账				收款人开户银行签章	

中国工商银行天津
杨柳青支行
2009年1月22日
转
讫

实训9 1月30日，计提本月实训1所借贷款的利息800元，相关原始凭证见表5-53。

表5-53 实训9原始凭证

利息费用计提表

2008年1月31日

项　目	银行借款利息	合　计
生产车间	600	600
厂　部	200	200
合　计		800

实训10 3月30日，接到银行通知，2008年第一季度银行借款利息为2 400元，已预提1 600元。相关原始凭证见表5-54。

表5-54 实训10原始凭证

中国工商银行　计付利息清单（付出传票）

2008年3月30日

户　名	天津市华普电器有限责任公司	账　号	022080703563283710086	会计分录：
计息时间	2008.1.01–2008.3.31			
计息积数	120 000.00	利率	年8%	
利息金额人民币（大写）	贰仟肆佰元整		￥2 400.00	转账日期：

中国工商银行杨柳青支行
受理凭证专用章

实训11　12月31日，该厂房建成达到预定可使用状态共发生工程成本200 000元，均以存款支付。相关原始凭证见表5-55和表5-56。

表5-55　实训11原始凭证1

中国工商银行
转账支票存根　（津）
XⅣ 00000232

附加信息

出票日期　2008年12月31日

收款人：	天津市第一建筑公司
金　额：	￥200 000.00
用　途：	支付工程款

单位主管　　会计

表5-56　实训11原始凭证2

工程竣工验收决算报告

2008年12月31日　　单位：元　编号：210

项目名称	工程批准号	工程预算数	工程决算数	其中设备费	材料费用	工资费用	其他直接费	施工管理费
厂房		250 000.00	200 000.00		150 000.00	20 000.00		30 000.00
新增固定资产					承建部门（盖章）		主管部门（盖章）	
固定	型号	单价			负责人：张扬		负责人：王燕	
					使用部门（盖章）		财会部门（盖章）	
					负责人：马瑶		负责人：张晨	

（印章：天津市第一建筑公司 业务专用章；天津志普电器有限公司 业务专用章）

实训12　2009年8月31日，该厂房建成达到预定可使用状态已办理竣工决算手续，并计提本年长期借款利息200 000×10%=20 000(元)相关原始凭证见表5-57和表5-58。

表5-57　实训12原始凭证1

固定资产验收单

承建单位：天津市第一建筑公司

建设单位：天津华普电器有限公司　　　2008年12月31日　　　单位：元

<table>
<tr><td>固定资产名称</td><td>计量单位</td><td>数　量</td><td>金　额</td><td>预计可使用年限</td><td>备　注</td></tr>
<tr><td>厂　房</td><td>幢</td><td>1</td><td>200 000.00</td><td>20</td><td>新　建</td></tr>
<tr><td>建设部门</td><td colspan="2" rowspan="2">单位盖章
天津市第一建筑公司
业务专用章</td><td>使用部门</td><td colspan="2" rowspan="2">单位盖章
天津华普电器有限公司
业务专用章</td></tr>
<tr><td>签章：
财务：高阳
经办：赵华</td><td>签章：
财务：刘静
经办：王喜</td></tr>
</table>

表5-58　实训12原始凭证2

长期借款利息计提表

2008 年 12 月 30 日

项　　目	银行借款利息	合　　计
生产车间	18 000	18 000
厂　　部	2 000	2 000
合　　计		20 000

实训13　2009年12月31日，计提本年长期借款利息200 000 × 10%=20 000(元)，相关原始凭证见表5-59。

表5-59　实训13原始凭证

长期借款利息计提表

2009 年 12 月 31 日

项　　目	银行借款利息	合　　计
生产车间	18 000	18 000
厂　　部	2 000	2 000
合　　计		20 000

实训14　2010年12月31日，计提本年长期借款利息200 000 × 10%=20 000元，并还本付息。相关原始凭证见表5-60和表5-61。

表5-60　实训14原始凭证1

长期借款利息计提表

2010年12月31日

项　　目	银行借款利息	合　　计
生产车间	18 000	18 000
厂　　部	2 000	2 000
合　　计		20 000

表5-61　实训14原始凭证2

偿还贷款凭证(付款凭证)

2011年1月1日

借款单位名称	天津华普电器有限公司	贷款账号	10004567	结算账号	02208070356328371 0086
还款金额（大写）	贰拾陆万元整			千 百 十 万 千 百 十 元 角 分	¥ 2 6 0 0 0 0 0 0
贷款种类	长期借款	借出日期	2008年1月1日	原约定还款日期：2011年1月1日	
上列款项已由本单位结算账户内偿还到期贷款260 000元					

（选作）

实训15　2009年1月1日，该公司发行5年期到期一次还本付息的公司债券100 000元，票面年利率为10%，用于筹集生产资金，债券的发行价格为：

（1）按面值发行，发行价格为100 000元。

（2）溢价发行，发行价格为108 115元。

（3）折价发行，发行价格为92 640元，发行款已收存银行。

发行费用略，编制发行债券的会计分录（分3种情况编制，原始凭证略）。

实训16　计算按面值发行债券每年应计利息并编制会计分录，相关原始凭证见表5-62。

表5-62　实训16原始凭证

按面值发行债券应计利息

计息日期	账面价值	应付利息[①]
		①=面值×票面利率
2004年1月1日	100 000	
2004年12月31日		
2005年12月31日		
2006年12月31日		
2007年12月31日		
2008年12月31日		
合　　计		

实训17 计算溢价发行债券每年应计利息，溢价摊销并编制会计分录，相关原始凭证见表5-63。

表5-63 实训17原始凭证

债券溢价摊销表（直线法）

计息日期	应付利息①	溢价摊销②	实际利息费用③	未摊销溢价④	账面价值⑤
	①=面值×票面利率	②=溢价总额÷5	③=①-②	④=④-②	⑤=⑤-②
2004年1月1日				8 115	108 115
2004年12月31日					
2005年12月31日					
2006年12月31日					
2007年12月31日					
2008年12月31日					
合　计					

实训18 计算折价发行债券每年应计利息，折价摊销并编制会计分录，相关原始凭证见表5-64。

表5-64 实训18原始凭证

债券折价摊销表（直线法）

计息日期	应付利息①	溢价摊销②	实际利息费用③	未摊销溢价④	账面价值⑤
	①=面值×票面利率	②=折价总额÷5	③=①+②	④=④-②	⑤=⑤+②
2004年1月1日				7 360	92 640
2004年12月31日					
2005年12月31日					
2006年12月31日					
2007年12月31日					
2008年12月31日					
合　计					

实训19 债券到期，以银行存款支付本金和利息，按以下3种情况编制会计分录（原始凭证略）：

（1）按面值发行债券。

（2）按债券溢价发行债券。

（3）按债券折价发行债券。

参 考 文 献

Reference

1. 余国艳．出纳实务 [M]. 北京：科学出版社，2009.
2. 沈宝燕．出纳员岗位实训 [M]. 北京：高教出版社，2012.
3. 林　彤．企业会计实务 [M]. 北京：科学出版社。
4. 杜怡萍．会计业务处理（采购及应付款项业务处理）[M]. 北京：高教出版社，2010.
5. 邹春美．会计业务处理（销售及应收款项业务处理）[M]. 北京：高教出版社，2010.
6. 杜怡萍．会计业务处理（财产物资业务处理）[M]. 北京：高教出版社，2010.
7. 韩　慧．会计业务处理（筹资业务处理）[M]. 北京：高教出版社，2010.
8. 于　坤．新编企业财务会计实训 [M]. 北京：电子工业出版社，2009.